高校经管类虚拟仿真实验室建设与管理

王晓磊 刘海宁 编著

上海大学出版社
·上海·

图书在版编目(CIP)数据

高校经管类虚拟仿真实验室建设与管理 / 王晓磊，刘海宁编著. -- 上海：上海大学出版社，2024.11.
ISBN 978-7-5671-5096-6
Ⅰ.F2-39
中国国家版本馆 CIP 数据核字第 20243BX527 号

责任编辑　严　妙
封面设计　缪炎栩
技术编辑　金　鑫　钱宇坤

高校经管类虚拟仿真实验室建设与管理
王晓磊　刘海宁　编著
上海大学出版社出版发行
(上海市上大路 99 号　邮政编码 200444)
(https://www.shupress.cn　发行热线 021-66135112)
出版人　余　洋
*
南京展望文化发展有限公司排版
上海华业装潢印刷厂有限公司印刷　各地新华书店经销
开本 710mm×1000mm　1/16　印张 15　字数 253 千
2024 年 12 月第 1 版　2024 年 12 月第 1 次印刷
ISBN 978-7-5671-5096-6/F・247　定价　68.00 元

版权所有　侵权必究
如发现本书有印装质量问题请与印刷厂质量科联系
联系电话: 021-56475919

前　　言

在当今快速发展变化的世界中,我国高校经济管理类专业学科正面临着前所未有的转变和挑战。随着经济全球化的深入发展和计算机技术的飞速进步,尤其是互联网、大数据、人工智能等数字信息技术的广泛应用,传统单一的理论教学模式已经难以满足社会对于高素质人才的需求。特别是在经济管理类专业学科领域,理论与实践的紧密结合、创新能力的培养以及对复杂环境的适应能力,成为我国高校教育工作者和学者们关注的焦点。在这样的背景下,虚拟仿真实验室作为一种创新的教学工具和载体,应运而生,它不仅为我国高校经济管理类专业的实验教学提供了新的教学理念和教学平台,也为科研工作带来了新的研究方法和研究手段。

虚拟仿真实验室,是一种利用计算机技术和网络技术构建的模拟现实环境的实验室。它通过高度模拟现实世界中的业务活动和场景,提供一个安全、可控且成本低廉的学习环境,允许教师、学生和研究人员在虚拟的环境中进行实验操作、数据分析和决策模拟,而无需过多的实际物理空间和昂贵的实验设备。这种实验室的建立,不仅极大地提高了教学资源的利用效率,降低了实验成本,而且为学生提供了更加安全、灵活和互动的学习环境。

在我国高校经济管理类专业的实验教学过程中,虚拟仿真实验室的应用尤为重要。经管类专业通常涉及复杂的经济模型、市场分析和企业运营等教学议题,这些议题往往需要大量的数据分析和实践操作。然而,现实中的业务活动和场景环境是多变的,充满了不确定性和风险。在这样的环境下,传统的教学方法往往难以满足学生对实践操作和风险管理能力培养的需求。虚拟仿真实验室的出现,为解决这一问题提供了可能。

首先,虚拟仿真实验室能够提供一个模拟的经济管理业务环境,让学生在没有风险的情况下进行实践操作。例如,在虚拟的股票市场中,学生可以模拟买卖股票、学习市场分析和投资决策;在虚拟的企业运营环境中,学生可以扮演CEO

的角色，进行战略规划和资源配置。通过这些模拟操作，学生不仅能够加深对理论知识的理解，而且能够培养其实际操作能力和风险意识。

其次，虚拟仿真实验室支持个性化和协作式学习。在虚拟环境中，学生可以根据自己的兴趣和学习进度选择不同的实验项目，进行个性化学习。同时，学生还可以通过网络与其他学生或教师进行协作，共同完成复杂的经济管理任务。这种协作不仅能够提高学习效率，而且有助于培养学生的团队合作能力和沟通协调能力。

再次，虚拟仿真实验室为教学和科研提供了新的平台。专业教师可以利用虚拟仿真实验室收集学生的学习数据，分析学生的学习行为和效果，从而优化教学方法和内容。同时，研究人员也可以利用虚拟仿真实验室进行经济管理专业领域的科学实验研究，探索新的理论模型和决策方法。

然而，经管类虚拟仿真实验室的建设和管理并非易事。它需要跨学科的知识和技能，包括高等教育学、计算机科学、应用经济学、管理学、数据科学等多个学科，并且随着信息技术和数字技术的飞速发展，这种跨学科的知识和技能融合的门槛也在日益提高。不仅如此，虚拟仿真实验室的建设和运营还需要大量的资金投入和技术支持。因此，如何有效地规划和实施我国高校经管类虚拟仿真实验室的硬件、软件等教学、科研设施的建设，如何对经管类虚拟仿真实验室进行高效的运营和管理，如何评估和提升虚拟仿真实验室的教学效果，成为当前我国高等教育领域亟待解决的重要问题。

本书正是在这样的背景下应运而生。它旨在为我国高校经管类虚拟仿真实验室的建设与管理提供全面的指导和参考。通过对经管类虚拟仿真实验室的理论基础、建设流程、教学应用、科研创新、运营管理、人才培养、考核评估、政策环境、未来展望等多方面的深入探讨，本书希望能够为我国高校从事经济管理专业实验教学与科研的专业教师、研究人员和政策制定者提供有价值的信息和建议。

在本书的各章节中，我们将详细分析我国高校经管类虚拟仿真实验室建设与管理的各个方面。首先，我们将探讨虚拟仿真实验室的理论基础和发展历程，为读者提供一个宏观的认识。然后，我们将进入虚拟仿真实验室建设的前期准备与规划阶段，讨论如何进行需求分析、资源评估和技术选型。接着，我们将详细介绍虚拟仿真实验室的硬件与软件建设，包括硬件设施的配置、软件平台的开发以及网络架构与信息安全的构建。在教学与科研应用部分，我们将探讨如何设计教学内容、实施教学方法和策略，以及如何进行科研与创新。在运营管理部分,我们将讨论如何进行日常管理、成本控制和质量保证。在人才培养与团队建设部分,我们将讨论实验室人才培养机制、教师与实验技术人员的专业发展以及团队协作与文化建设。在考核与评估部分,我们将关注在实验室建设与管理过程中,如何构建针对实验教学、科学研究等工作的考核与评估体系,以及针对实验教学效果的具体评估方法。在政策环境与法规遵守部分,我们将分析国家和地方政策、相关法律法规框架以及实验室合规性管理。最后,在未来展望与战略规划部分,我们将预测技术进步趋势、探讨实验室创新战略以及面向未来的实验室战略规划。

相信通过本书的阅读,读者将能够获得关于我国高校经管类虚拟仿真实验室建设与管理的全面认识,并在实践中取得成功。我们也希望本书能够激发更多的教育工作者和学者对虚拟仿真实验室进行研究和探索,共同推动我国高校实验教学与科研工作的发展。

本书背景

随着技术的进步以及知识经济和数字化的兴起与发展,社会对于经济管理专业人才的需求日益增长。这些人才不仅要掌握扎实的理论知识,还要具备解决实际问题的能力,能够在复杂多变的经济环境中作出明智的决策。然而,我国高校传统的经济管理专业教学往往侧重于理论教学,缺乏足够的实践环节,导致学生在毕业后难以迅速适应市场需求。为了应对这一挑战,教育改革势在必行,而虚拟仿真实验室正是这一改革过程中的关键工具。

信息技术和数字技术的飞速发展为虚拟仿真实验室的建立提供了技术基础。计算机图形学、虚拟现实(VR)、增强现实(AR)和人工智能(AI)等技术的应用,使得虚拟仿真实验室能够提供越来越真实的模拟环境。这些技术不仅能够模拟经济活动的复杂性,还能够提供个性化的学习体验,让教师、学生和研究人员在模拟环境中学习、互动和探索。

经济管理专业学科具有其特殊性,它涉及的专业领域广泛,包括但不限于金融、国际贸易、保险、电子商务、财政、产业经济、财务管理、市场营销、工商管理、战略规划、供应链管理等。在这些领域中进行决策往往需要综合考虑多种因素,包括市场动态、竞争对手行为、政策法规变化等。虚拟仿真实验室能够提供一个多维度的模拟环境,让学生在模拟的经济环境中进行决策实践、变量控制、数据分析和实证研究,从而更好地理解理论与实践的结合。

不仅如此,在全球化的背景下,经济管理专业学科培养的人才更需要具备国际视野和跨文化沟通能力。虚拟仿真实验室可以模拟不同国家和地区的经济环境,让学生在虚拟环境中体验国际商业实践,增强他们的全球竞争力。虚拟仿真实验室还可以促进国际学术交流和合作,通过远程协作项目,学生可以与世界各地的同龄人一起学习和研究。

随着虚拟仿真实验室在高等教育中的应用日益广泛,各国政府和教育部门也开始出台相关政策和法规,以支持虚拟仿真实验室的建设和发展。这些政策和法规不仅为虚拟仿真实验室的建设提供了资金和技术支持,还为其运营和管理提供了规范和指导。这些政策和法规的出台,为虚拟仿真实验室的健康发展提供了良好的外部环境和土壤。

综上所述,虚拟仿真实验室的发展不仅是技术进步的必然结果,也是高等教育改革、经济管理专业学科特殊性,以及应对全球化趋势和社会经济挑战的共同需求。虚拟仿真实验室为经济管理专业的实验教学提供了一个全新的平台,它不仅能够提高教学质量,还能够培养学生的创新能力、实践能力和国际竞争力。随着技术的不断进步和政策的支持,虚拟仿真实验室将在未来的经济管理专业实验教学中发挥更加重要的作用。

读 者 指 南

本书旨在为我国高校经管类虚拟仿真实验室的建设与管理提供较为全面的指导和参考。为了帮助读者更好地理解和利用本书的内容,下面简要介绍各章的内容,并提供如何有效地阅读本书的建议。

第一章 经管类虚拟仿真实验室的理论基础与发展历程
介绍虚拟仿真技术的基本概念、发展历程以及在经管专业实验教学中的应用价值。同时,述评国内外经管类虚拟仿真实验室的发展现状和未来趋势,为规划和建设虚拟仿真实验室提供宏观视角。

第二章 经管类虚拟仿真实验室建设的前期准备与规划
介绍如何进行实验室建设需求分析、资源评估和技术选型,确保经管类虚拟仿真实验室能够满足实验教学和科研的需求。

第三章 经管类虚拟仿真实验室的硬件与软件建设
介绍如何配置硬件设施、开发和集成软件平台以及构建安全的网络架构。这部分内容将帮助读者掌握经管类虚拟仿真实验室的技术基础。

第四章 经管类虚拟仿真实验室的教学设计与实施
探讨如何设计实验教学内容、创新教学方法和策略,以及如何通过经管类虚拟仿真实验室提高实验教学效果。

第五章 经管类虚拟仿真实验室的科研与创新
探讨如何利用经管类虚拟仿真实验室进行科研创新活动,包括科研项目管理、创新项目孵化以及产学研合作。

第六章 经管类虚拟仿真实验室的运营管理
提供日常管理、成本控制和质量保证的实践方案,以确保经管类虚拟仿真实验室的高效运营。

第七章　经管类虚拟仿真实验室的人才培养与团队建设

讨论如何建立人才培养机制，促进学生、专业教师和实验技术人员的专业发展，以及如何构建经管类虚拟仿真实验室的团队和文化。

第八章　经管类虚拟仿真实验室的考核与评估

介绍构建经管类虚拟仿真实验室考核与评估体系的目标、原则和具体内容，讨论如何收集学生反馈、利用工具评估实验教学效果。

第九章　经管类虚拟仿真实验室的政策环境与法规遵守

分析国家与地方政策、相关法律法规框架，以及如何确保经管类虚拟仿真实验室管理的合规性。

第十章　经管类虚拟仿真实验室的未来展望与战略规划

展望经管类虚拟仿真实验室的未来发展趋势，并提供战略规划的建议，帮助读者为实验室的长远发展做好准备。

在阅读本书时，笔者建议读者根据自己的需求和兴趣选择合适的章节。例如，处在实验室规划过程中的相关教师可能需要重点关注前期准备与规划、政策环境与法规遵守以及未来展望与战略规划等章节。从事实验教学和科研活动的专业教师或研究人员可能更需要关注教学设计与实施、科研与创新以及人才培养与团队建设等章节。同时，运营管理和硬件与软件建设等章节对于实验室的实验技术人员和日常管理人员同样重要。

本书鼓励读者跨章节阅读，以获得更全面的理解。例如，硬件与软件建设章节内容可以帮助读者更好地理解教学设计与实施的技术基础；科研与创新章节内容可以为经管类虚拟仿真实验室提供宝贵的创新管理支持；政策环境与法规遵守章节内容能够为经管类虚拟仿真实验室在运营管理过程中的合规性保驾护航；等等。

最后，衷心希望本书能够成为读者在经管类虚拟仿真实验室建设和管理过程中的得力助手。期待读者的反馈，以便我们不断改进和更新内容，共同推动我国经管类虚拟仿真实验室建设管理和实验教学与科研工作的发展。

CONTENTS 目录

第一章　经管类虚拟仿真实验室的理论基础与发展历程 ………… 1
　第一节　虚拟仿真技术概述 ………… 1
　　一、虚拟仿真技术的定义与分类 ………… 1
　　二、虚拟仿真技术的技术原理与发展历程 ………… 3
　第二节　经管类虚拟仿真实验室的教学理念 ………… 6
　　一、教学目标与学习理论 ………… 6
　　二、虚拟仿真技术在经管专业实验教学中的应用 ………… 8
　第三节　国内外经管类虚拟仿真实验室的发展现状与未来趋势 ………… 11
　　一、国内外发展现状与未来趋势 ………… 11
　　二、国外案例分析 ………… 17
　　三、国内案例分析 ………… 20

第二章　经管类虚拟仿真实验室建设的前期准备与规划 ………… 24
　第一节　需求分析与目标设定 ………… 24
　　一、教学与科研需求分析 ………… 24
　　二、建设目标设定与预期成果规划 ………… 26
　　三、前期调研执行步骤 ………… 28
　第二节　资源评估与预算规划 ………… 30
　　一、硬件资源评估 ………… 31
　　二、软件资源评估 ………… 32
　　三、预算编制与资金筹措 ………… 33
　第三节　技术选型与平台构建 ………… 36
　　一、技术标准与兼容性 ………… 36

二、平台架构设计 ………………………………………………………… 43

第三章　经管类虚拟仿真实验室的硬件与软件建设 ……………………… 51
第一节　硬件设施的配置与管理 ………………………………………… 51
　　一、服务器与存储设备 …………………………………………………… 51
　　二、网络设备与连接 ……………………………………………………… 56
　　三、用户终端与交互设备 ………………………………………………… 58
第二节　软件平台的开发与集成 ………………………………………… 61
　　一、操作系统与数据库选择 ……………………………………………… 61
　　二、应用软件与开发工具 ………………………………………………… 63
　　三、系统集成与兼容性测试 ……………………………………………… 67
第三节　网络架构与信息安全 …………………………………………… 69
　　一、网络架构设计原则 …………………………………………………… 69
　　二、安全策略与防护措施 ………………………………………………… 72

第四章　经管类虚拟仿真实验室的教学设计与实施 ……………………… 75
第一节　教学内容的规划与设计 ………………………………………… 75
　　一、实验课程体系构建 …………………………………………………… 75
　　二、虚拟仿真实验项目开发 ……………………………………………… 86
第二节　教学方法与教学策略的创新 …………………………………… 91
　　一、互动式学习与协作学习 ……………………………………………… 91
　　二、翻转课堂与混合式教学 ……………………………………………… 96
　　三、个性化学习路径设计 ………………………………………………… 99
第三节　典型虚拟仿真实验教学项目案例分析 ………………………… 102
　　一、跨境电商供应链选址管理虚拟仿真实验项目（东北财经大学）…… 102
　　二、基于全球贸易均衡模型的经济贸易政策虚拟仿真实验教学项目
　　　　（对外经济贸易大学）………………………………………………… 106
　　三、商业银行流动性风险管理虚拟仿真实验教学项目（广东金融
　　　　学院）…………………………………………………………………… 110

第五章 经管类虚拟仿真实验室的科研与创新 ······ 115
第一节 科研平台的构建与应用 ······ 115
一、科研平台的功能设计与构建 ······ 115
二、科研平台的应用与管理 ······ 118
三、案例分析——山东大学旅游行为研究虚拟仿真实验室 ······ 122
第二节 创新项目与成果转化 ······ 124
一、创新项目的培育与应用 ······ 124
二、产学研合作与成果转化 ······ 126

第六章 经管类虚拟仿真实验室的运营管理 ······ 129
第一节 日常管理与维护 ······ 129
一、实验室规章制度 ······ 129
二、设备维护与故障处理 ······ 136
第二节 成本控制与财务管理 ······ 143
一、成本核算与控制 ······ 143
二、实验室年度报告与财务管理 ······ 147

第七章 经管类虚拟仿真实验室的人才培养与团队建设 ······ 155
第一节 实验室人才培养机制 ······ 155
一、人才培养目标与路径 ······ 155
二、进修培训与人才激励 ······ 161
第二节 团队建设与文化建设 ······ 163
一、团队建设与凝聚力提升 ······ 163
二、实验室文化与价值观塑造 ······ 167

第八章 经管类虚拟仿真实验室的考核与评估 ······ 169
第一节 考核与评估体系的构建 ······ 169
一、考核与评估的目标与原则 ······ 169
二、考核与评估体系的构建内容 ······ 173
第二节 教学效果的考核与评估方法 ······ 175
一、教学组织与教学效果的关联 ······ 175

二、学生反馈收集机制 …………………………………………… 177
　　三、定量与定性评估工具 …………………………………………… 179
　　四、教学效果与学生表现分析 ……………………………………… 184

第九章　经管类虚拟仿真实验室的政策环境与法规遵守 ………… 187
　第一节　国家教育政策与实验室建设 ………………………………… 187
　　一、实验室政策环境的构建规则 …………………………………… 187
　　二、国家教育政策与实验室建设支持政策解读 …………………… 191
　第二节　相关法律法规与实验室合规性 ……………………………… 195
　　一、相关法律法规框架 ……………………………………………… 195
　　二、合规性检查与审计 ……………………………………………… 198

第十章　经管类虚拟仿真实验室的未来展望与战略规划 ………… 203
　第一节　技术进步趋势与实验室创新 ………………………………… 203
　　一、未来技术趋势预测 ……………………………………………… 203
　　二、创新实验室大模型与创新驱动战略 …………………………… 206
　第二节　面向未来的实验室发展战略规划 …………………………… 209
　　一、教育政策变化对实验室的影响 ………………………………… 209
　　二、长期发展目标制定 ……………………………………………… 211
　　三、战略规划方法与实施 …………………………………………… 212

参考文献 ………………………………………………………………… 216

后记 ……………………………………………………………………… 223

第一章
经管类虚拟仿真实验室的理论基础与发展历程

第一节　虚拟仿真技术概述

一、虚拟仿真技术的定义与分类

（一）定义

虚拟仿真技术，通常指的是利用计算机系统模拟现实世界或构想世界中的现象与环境，以便进行观察、分析和训练的技术。这种技术通过创建一个交互式的三维场景，允许用户在其中进行操作和实验，而无需实际的物理空间或设备。虚拟仿真技术的核心在于其高度的交互性和实时反馈能力，这使用户能够在虚拟环境中获得与现实世界相似的体验。

（二）分类

虚拟仿真技术凭借高度逼真的虚拟环境，为用户提供了一种全新的交互体验和学习方式。对于虚拟仿真技术，我们可以根据其应用领域、交互方式和实现技术进行分类。

1. 按应用领域分类

（1）教育仿真

在教育领域，虚拟仿真技术的应用极大地丰富了教学手段和学习方式。教育仿真技术通过模拟实验，使学生可以在没有风险和高昂成本的情况下进行各种实验操作，例如化学实验、物理实验等。通过模拟历史事件，使学生能够更加直观地理解历史，提高学习兴趣。在语言学习方面，通过模拟真实的对话场景，让学生可以在模拟的外语环境中提高语言能力。

（2）军事仿真

军事仿真技术在现代国防和军事训练中占据了重要地位。其通过模拟战场环境和战术对抗，可以有效地提高军事人员的战术素养和应对复杂情况的能力。同时，武器系统测试和评估也可以在虚拟环境中进行，这降低了实际测试的风险和成本。

（3）工业仿真

工业领域中的仿真技术主要用于产品设计、生产流程优化和安全培训。产品设计仿真有助于工程师在设计阶段预测产品的性能和潜在问题，从而优化设计方案。生产流程仿真有助于员工发现瓶颈和改进点，提高生产效率。安全培训仿真通过模拟各种可能发生的事故，提高员工的安全意识和应急处理能力。

（4）医疗仿真

医疗仿真技术在医学教育和临床实践中发挥着重要作用。其通过模拟手术过程，使医学生和医生可以在无风险的环境中练习手术技巧和临床决策。疾病诊断仿真则可以帮助医生更好地理解病理机制，提高诊断的准确性。

2. 按交互方式分类

（1）桌面仿真

桌面仿真是最常见的仿真形式，用户通过计算机屏幕和传统输入设备（如键盘、鼠标）与仿真环境进行交互。这种方式的优点在于易于实现和普及，用户可以在任何配备有计算机的环境下进行仿真体验。桌面仿真广泛应用于教育、游戏和商业领域。

（2）沉浸式仿真

沉浸式仿真为用户提供一种全方位的感官体验。通过使用头戴显示器（HMD）、数据手套、运动捕捉设备等高科技设备，用户仿佛置身于一个真实的虚拟世界中，可以进行自然的身体动作和手势交互。沉浸式仿真在游戏娱乐、飞行模拟和手术训练等领域有着广泛的应用。

（3）增强现实仿真

增强现实仿真是将虚拟信息叠加到现实世界中的仿真技术，用户通过智能设备如智能手机、平板电脑或特殊的AR眼镜与这些信息进行交互。这种方式结合了现实世界和虚拟信息，为用户提供了一种新的信息获取和交互方式。增强现实仿真在教育、旅游、零售等行业中有着广泛的应用前景。

3. 按实现技术分类

（1）基于图形的仿真

基于图形的仿真技术侧重于提供高质量的视觉体验。用户通过先进的三维图形渲染技术，可以生成逼真的图像和场景，能够在视觉上感受到与现实世界相似的环境。这种仿真技术在游戏、影视制作和建筑设计等领域有着广泛的应用。

（2）基于物理的仿真

基于物理的仿真技术则更加注重对现实世界物理规律的模拟。它包括对重力、碰撞、流体动力学等物理现象的精确计算和模拟，基于物理的仿真使得仿真结果更加真实可靠。这种技术在机械工程、汽车设计、航空航天等领域中发挥着重要作用。

（3）基于行为的仿真

基于行为的仿真技术关注的是模拟个体或群体的行为模式。用户通过建立代理模型，可以模拟人类或动物的行为、决策过程以及群体间的相互作用。这种仿真技术在社会科学、经济学、城市规划等领域中有着重要的应用价值，有助于研究和解决复杂的社会问题。

二、虚拟仿真技术的技术原理与发展历程

（一）技术原理

虚拟仿真技术的技术原理是基于计算机技术和相关算法，通过建立虚拟模型和环境来模拟真实世界中的各种特定现象和活动，其核心思想是将真实世界中的各种现象参数化、条件化和数字化，通过计算机图形学、计算机视觉、人机交互、传感技术和人工智能等多个领域的综合应用，利用三维模型、图像、声音等多媒体手段在虚拟环境中形成实验场景，再现这些真实世界中的各种现象。以下是虚拟仿真技术的几个关键技术原理：

1. 三维建模

三维建模是虚拟仿真技术的基础。通过使用专业的建模软件，设计师可以创建出具有高度真实感的三维对象和环境。这些模型不仅能够展示物体的外观，还能够模拟其在现实世界中的物理属性和行为，如重量、弹性、硬度等。三维建模技术的进步让我们可以创建出越来越精细和复杂的模型，为用户提供更加

真实和沉浸式的体验。

2. 图形渲染

图形渲染是将三维模型转换为用户可以在屏幕上看到的二维图像的过程。这个过程需要处理大量的数据和复杂的算法,包括光照模型、纹理映射、阴影生成等。光照模型决定了虚拟环境中的光线如何反射和折射,纹理映射让模型表面看起来更加真实,阴影生成则增加了场景的深度感。图形渲染技术的不断进步,使得虚拟环境的真实感和视觉效果不断提升。

3. 实时交互

虚拟仿真环境的一个重要特点是能够实时响应用户的输入。用户可以通过各种输入设备,如鼠标、键盘、触摸屏或动作捕捉设备,与虚拟环境进行交互。系统需要能够快速识别和处理用户的输入,然后在虚拟环境中作出相应的反馈,如移动视角、操作对象、触发事件等。实时交互的流畅性和准确性对于用户体验至关重要。

4. 物理模拟

为了让虚拟环境更加真实,虚拟仿真技术会模拟现实世界的物理规律。物理引擎是实现这一目标的关键工具,它可以计算物体之间的相互作用,如重力、碰撞、摩擦等。通过精确的物理模拟,虚拟环境中的物体会按照现实世界的物理规律进行运动和反应,这极大增强了用户的沉浸感和真实感。

5. 人工智能

在一些高级的虚拟仿真应用中,人工智能被用来模拟智能行为。例如,在经济模型中,人工智能可以用来模拟市场参与者的决策过程;在游戏设计中,人工智能可以用来控制虚拟角色的行为和反应。人工智能的引入使得虚拟仿真不再仅仅是静态的模拟,而是能够进行动态的、自适应的交互的环境,极大地丰富了虚拟仿真的应用范围和可能性。

(二)发展历程

1. 早期发展

虚拟仿真技术的早期发展阶段主要集中在军事和航空领域。20世纪60年代,随着计算机技术的出现,人们开始尝试使用计算机模拟复杂的飞行操作和战术决策。这些早期的模拟器通常非常庞大,需要专门的机房和昂贵的硬件支持。尽管如此,这些模拟器在飞行员训练和战术研究中发挥了重要作用,因为它们能够在不危及飞行员生命安全的情况下,模拟各种飞行条件和紧急情况。在教育领域,虚拟仿真技术的应用起步较晚,但随着个人计算机的普及,这一技术开始进入学校。20世纪70年代和80年代,计算机辅助教学(CAI)开始流行,虚拟仿真技术被用于模拟科学实验、重现历史事件等。这些应用虽然在技术上相对简单,但它们为后来的复杂虚拟仿真实验室奠定了基础。在工业设计领域,虚拟仿真技术的应用也逐渐增多。工程师们开始使用计算机辅助设计(CAD)软件来创建产品的三维模型,并进行结构分析和性能测试。这些技术的应用大大提高了设计效率,降低了原型制作的成本。

2. 技术突破

进入20世纪90年代,虚拟仿真技术迎来了重要的技术突破。随着图形处理单元(GPU)的发展和个人计算机性能的提升,虚拟仿真环境的质量和交互性得到了显著提高。这一时期,虚拟仿真技术开始从专业领域向消费市场扩展。游戏产业的兴起为虚拟仿真技术提供了新的应用场景,游戏开发者利用这些技术创造出丰富多彩的虚拟世界。在教育领域,虚拟仿真技术的应用开始多样化。除了传统的计算机辅助教学外,虚拟仿真实验室开始出现在大学和研究机构中,用于支持复杂的科学实验和工程研究。这些实验室通常配备高性能的计算机和专业的软件工具,使学生和研究人员能够在虚拟环境中进行实验操作和数据分析。在军事和航空领域,虚拟仿真技术的应用也更加广泛。除了飞行模拟器外,用于战术训练的虚拟战场环境也出现了,这些环境能够模拟复杂的战场条件,帮助军事人员进行决策训练和战术规划。

3. 现代发展

21世纪初,虚拟现实(VR)和增强现实(AR)技术的兴起为虚拟仿真技术带来了新的发展方向。VR技术通过头戴显示器(HMD)为用户提供了一个完全沉浸式的虚拟环境,而AR技术则将虚拟信息叠加到现实世界中。这些技术的出现极大地丰富了虚拟仿真的应用场景,使得用户能够在更加真实的环境中进行交互和学习。在教育领域,VR和AR技术的应用为学生提供了全新的学习体验。例如,在医学教育中,学生可以通过VR技术进行解剖学学习,观察人体内部结构,甚至模拟手术过程。在工程教育中,AR技术可以帮助学生理解复杂的机械系统,通过叠加的虚拟信息直观地看到机械设备的工作原理。在工业设计和制造领域,VR和AR技术的应用也日益增多,设计师可以在虚拟环境中预览产品设计,进行实时修改,而无须制造实体原型。在生产线上,AR技术可以辅助工人进行装配和维修工作,提高生产效率和安全性。

4. 未来趋势

随着人工智能(AI)、大数据和云计算技术的融合,未来的虚拟仿真实验室将更加智能化和个性化。AI技术可以分析学生的学习行为,提供定制化的学习内容和路径。大数据技术可以帮助研究人员处理和分析大量的仿真数据,发现新的模式和趋势。云计算技术则支持远程访问和协作,使虚拟仿真资源可以跨地域共享。随着5G网络的普及,虚拟仿真实验室将能够支持更大规模的在线协作和远程访问。这将使全球范围内的教育资源共享成为可能,打破地理和资源的限制,为学习者提供更加丰富和多样化的学习资源。在未来,虚拟仿真技术将继续推动教育和研究的创新。随着技术的不断进步,我们可以期待虚拟仿真实验室在经管专业教学中的应用更加广泛和深入,为培养未来的经济管理专业人才提供强大的支持。

第二节 经管类虚拟仿真实验室的教学理念

一、教学目标与学习理论

(一)教学目标

经管类虚拟仿真实验室的教学目标是多方面的:通过模拟商业环境,促进学生将理论知识与实践技能相结合,培养学生决策能力,激发学生创新思维,提升学生的团队协作能力与领导力,并促使学生适应全球化与数字化的商业趋势,为学生的全面发展和未来职业生涯打下坚实基础。

1. 促使学生将理论知识与实践技能相结合

在经管类专业教学中,掌握理论知识是基础,但更重要的是将这些理论应用于实际问题的解决。虚拟仿真实验室提供了一个平台,让学生在模拟的商业环境中进行实践操作。例如,学生可以在虚拟环境中进行市场分析、财务规划和战略决策,这些活动帮助他们理解理论背后的实际应用,提高解决复杂问题的能力。通过这种结合,学生能够更好地将课堂知识与现实世界相联系,为未来的职业生涯作好准备。

2. 培养学生决策能力

经济管理专业业务领域充满了不确定性和复杂性,决策能力是经管专业人才的核心技能之一。虚拟仿真实验室通过模拟各种商业情境,如市场变化、竞争对手行为和经济危机,为学生提供了一个无风险的环境来练习决策。在这个环境中,学生可以尝试不同的策略,观察结果,并从中学习。这种实践不仅可以增强他们的分析和判断能力,还可以提高他们在面对压力时作出快速决策的能力。

3. 激发学生创新思维

在当今快速变化的商业环境中,创新思维是成功的关键。虚拟仿真实验室鼓励学生跳出传统思维模式,尝试新的方法和策略。通过模拟不同的商业模型和市场策略,学生可以探索创新的可能性,评估创新方案的可行性。这种探索和实验的过程有助于培养学生的创新意识,激发他们的创造力和创业精神。

4. 提升学生团队协作能力与领导力

经济管理活动往往需要团队合作和领导力。虚拟仿真实验室支持多用户同时在线,使学生可以在模拟项目中扮演不同的角色,进行团队协作。在这些模拟活动中,学生不仅要学会如何与他人沟通和协调,还要学会如何领导团队、解决冲突、达成共同目标。这些经验对学生未来在职场中领导和管理团队至关重要。

5. 促使学生适应全球化与数字化的商业趋势

全球化和数字化是当代商业环境的两大趋势。虚拟仿真实验室可以帮助学生适应这些趋势,通过模拟国际市场和数字化商业流程,让学生了解全球经济的运作方式。虚拟仿真实验室还可以提供跨文化沟通和国际商务谈判的模拟,增强学生的全球视野和数字化技能。这些能力对于学生在全球化和数字化时代中保持竞争力至关重要。

(二) 学习理论

1. 建构主义学习理论

建构主义强调学习者通过主动探索和构建知识来学习。在虚拟仿真实验室中,学生被鼓励在模拟的商业环境中自主发现问题、寻找解决方案。这种学习方式要求学生将新信息与已有知识相结合,形成对复杂经济现象的深入理解。例如,学生可能需要在虚拟市场中分析消费者行为,构建营销策略,这一过程可以促进他们对市场营销理论的深刻把握。

2. 认知主义学习理论

认知主义关注学习者对信息的处理过程,包括感知、记忆、思维和理解。虚拟仿真实验室提供了丰富的信息和数据，学生需要运用认知策略来处理这些信息。例如，学生可能需要分析财务报表，识别潜在的风险和机会，这要求他们运用认知技能来理解和记忆复杂的财务概念。通过这种信息处理，学生能够提高他们的分析能力和决策效率。

3. 行为主义学习理论

行为主义理论认为学习是通过刺激和反应的模式来实现的，强调可观察的行为变化。在虚拟仿真实验室中，学生的行为反应，如决策选择和操作结果，可以被记录和分析。例如，学生在模拟股市交易中的表现可以作为评估他们学习效果的依据。这种反馈机制有助于学生了解自己的学习进度，调整学习策略，以提高学习效果。

4. 社会文化理论

社会文化理论强调学习是在社会互动和文化背景中发生的。虚拟仿真实验室支持学生在模拟环境中进行团队合作和交流，这不仅可以促进知识的共享，还可以培养他们的社会技能。例如，学生在模拟企业运营中可能需要与团队成员讨论战略，解决冲突，这种互动有助于他们理解团队动力和领导力的重要性。

5. 混合学习理论

混合学习理论提倡结合面对面教学和在线学习的优势。虚拟仿真实验室可以作为在线学习的一部分，与传统的课堂教学相结合。例如，学生可以在课堂上学习经济学理论，然后在虚拟仿真实验室中应用这些理论进行模拟经营。这种混合模式提供了灵活性，允许学生根据自己的学习节奏和偏好选择学习方式，同时也能够充分利用教师的指导和同伴的支持。

二、虚拟仿真技术在经管专业实验教学中的应用

虚拟仿真技术在经管专业实验教学中的应用，主要通过构建金融市场、国际贸易、产业运营、市场策略、财务管理、企业运营、战略规划、创新与创业、宏观经济政策等专业教学领域的实验项目，为学生模拟出一个互动性强、沉浸感深的学习环境。这种模拟环境使学生能够在接近现实的实验场景中，深入理解和应用理论知识，同时锻炼他们的决策制定、风险管理、团队合作和创新思维等关键能力。

（一）金融领域

在金融专业领域的教学中，虚拟仿真实验室提供了一个模拟金融市场的环

境,让学生能够深入理解金融市场的运作机制。学生可以模拟股票、债券、外汇等金融产品的交易,学习如何分析市场动态、评估投资风险和制定投资策略。通过进行这些模拟活动,学生不仅能够掌握金融分析的基本技能,还能够体会到在真实市场条件下作出快速决策的重要性。虚拟仿真实验室还可以模拟金融危机等极端情况,让学生了解系统性风险的传播机制和应对策略,提高他们的风险管理能力。

（二）贸易领域

国际贸易模拟是虚拟仿真技术在经管类专业教学中的一个重要应用。学生可以通过虚拟仿真实验室模拟国际贸易的全过程,包括货物的进出口流程、国际合同的谈判、关税和非关税壁垒的影响,以及国际支付和结算方式。这些模拟活动不仅能够帮助学生理解全球贸易的复杂性,还能够让他们在模拟环境中应对各种贸易障碍和挑战。通过进行这些实践,学生可以培养出在不同国家的法律和文化背景下进行有效商业活动的能力。

（三）产业运营

虚拟仿真技术在产业运营领域的应用,使学生能够在模拟环境中全面了解产业链的运作。从原材料采购、生产制造到产品分销,学生可以学习如何在产业链中定位自己的企业,分析竞争对手的战略,以及如何通过供应链优化来提高整体效率。虚拟仿真技术通过模拟产业政策变化对企业运营的影响,使学生能够理解政策环境对商业决策的重要性,以及如何在政策变化中寻找新的商业机会。

（四）市场分析与策略制定

在市场分析和策略制定方面,虚拟仿真实验室为学生提供了一个模拟市场环境,让他们能够进行市场调研、分析消费者行为、制定市场进入策略和进行产品定位。学生可以通过模拟不同的市场策略,评估其对品牌知名度、市场份额和销售收入的影响。这种模拟活动有助于学生理解市场策略的复杂性,以及如何在不断变化的市场环境中作出有效的商业决策。

（五）财务管理

财务管理是经管类专业教学中的核心内容,虚拟仿真实验室在这方面为学生提供了一个实践平台。学生可以在虚拟环境中进行财务分析、预算制定和财务决策,学习如何解读财务报表,进行资本结构优化,以及如何通过财务规划支持企业的战略目标。通过这些模拟活动,学生不仅能够掌握财务分析的基本技能,还能够体会在实际经营中财务管理的重要性。

(六) 企业运营与供应链管理

企业运营与供应链管理是经管类专业教学中的重要实践领域。虚拟仿真实验室可以模拟企业的运营管理，包括生产计划、库存控制和物流管理。学生可以在模拟环境中学习如何在不断变化的市场环境中保持供应链的灵活性和响应性，如何应对供应链中断等突发事件。这些模拟活动有助于学生理解企业运营的复杂性，以及如何通过有效的供应链管理提高企业的竞争力。

(七) 战略规划与决策模拟

虚拟仿真技术在战略规划与决策模拟方面的应用，使学生能够在模拟环境中进行长期的战略规划。学生可以设定企业的长期目标，分析外部环境，制定相应的业务战略和竞争策略。通过模拟不同的战略选择和市场反应，学生可以评估战略的有效性和潜在风险，提高他们在复杂环境中作出决策的能力。

(八) 创新与创业

对于创新创业教学，虚拟仿真实验室可以提供一个模拟创业环境，让学生体验从商业计划书撰写到产品开发、市场推广的全过程。这种模拟活动有助于学生理解创业过程中的挑战，以及如何通过创新来克服这些挑战。学生可以在虚拟环境中测试他们的商业模型和创新想法，学习如何在资源有限的情况下作出有效的商业决策。

(九) 宏观经济政策模拟

在宏观经济学的教学中，虚拟仿真可以模拟政府的财政政策和货币政策对经济的影响。学生可以扮演政策制定者的角色，尝试不同的政策组合，观察其对经济增长、通货膨胀和就业的影响。这种模拟活动有助于学生理解宏观经济政策的复杂性和实施的挑战，以及政策如何影响经济的长期发展。

通过这些应用，虚拟仿真实验室不仅可以为学生提供一个实践操作的平台，而且能够帮助他们理解经管专业理论在现实世界中的应用。学生未来无论是在金融、贸易还是产业领域展开职业生涯，这些经验对他们而言都将是宝贵的资产。随着虚拟仿真技术的不断发展，其在经管专业教学中的应用将更加多样化和深入。

第三节 国内外经管类虚拟仿真实验室的发展现状与未来趋势

一、国内外发展现状与未来趋势

（一）国外发展现状

在世界范围内，虚拟仿真实验室已经成为经济管理专业实验教学的创新高地。这些实验室通过模拟复杂的商业环境，为学生提供了一个实践和探索的平台，使他们能够在没有实际风险的情况下，体验和学习经济管理专业领域的各个方面。北美的顶尖商学院，如哈佛商学院和斯坦福大学商学院，已经将虚拟仿真技术融入其课程，提供了高度互动性和真实感的模拟环境。欧洲的商学院，如伦敦商学院和巴黎高等商学院，也在虚拟仿真实验室的建设上取得了显著成就，结合了最新的技术趋势，为学生提供了前沿的商业实践体验。亚洲的高校，如新加坡国立大学，通过与当地企业的合作，为学生提供了与实际商业环境紧密结合的学习机会。这些实验室的发展不仅提高了教育质量，也促进了学生创新能力和实践技能的培养，为全球经济管理教育的发展作出了贡献。

（二）国内发展历史和现状

在中国，随着教育信息化的深入推进，虚拟仿真实验室在经济管理专业教学中的应用也日益广泛。国内许多高校已经开始建设或升级其虚拟仿真实验室，以适应新时代教育的需求。清华大学和北京大学等国内顶尖高校的虚拟仿真实验室，不仅支持传统的经济管理专业理论课程，还与数据科学、人工智能等新兴专业领域相结合，提供了更加丰富的实践教学内容。地方高校如浙江大学和上海交通大学等，通过与地方政府和企业的合作，为学生提供了与地方经济发展紧密结合的学习平台。教育部对高校虚拟仿真实验室的建设给予高度重视，出台了一系列政策予以支持，同时，国内高校在虚拟仿真技术的研究和应用方面也取得了显著成果。这些实验室的建设和发展，不仅提升了国内经济管理专业实验教学的整体质量，也为培养具有国际视野和创新能力的经济管理专业人才作出了重要贡献。纵观我国高校经管类虚拟仿真实验室建设的历史进程，主要可以分为以下三个阶段：

1. 萌芽发展阶段

早在 1994 年,中国人民大学信息学院陈禹教授和方美琪教授团队仿照美国亚利桑那大学经济科学实验室的模式建立了我国第一个经管类专业教学实验室——中国人民大学经济科学实验室。实验室成立后,信息学院陈禹教授和方美琪教授团队又先后开发了电子商务模拟教学环境系统 SIMEC 和电子商务网上学习系统 ECGAME,这是我国高校最早的两个虚拟仿真实验教学软件,这两个教学软件寓教于乐,使学生在轻松愉快的模拟环境中学习有关电子商务的基础知识。系统从 C/S 结构发展到 B/S 结构,软件不断升级,并先后在广东商学院、西安石油学院等数十所高校用于电子商务实验教学,成为我国经管类实验教学与虚拟仿真实验室建设的雏形。

除此之外,中国人民大学经济科学实验室还基于 SWARM 虚拟仿真平台开展了基于多主体的中国特色宏观经济模型的研究,以 SWARM 框架开发了中国宏观经济模拟环境 SFEE 系统并建立了信息经济学、货币政策等经济模拟模型,用于研究生教学和实验经济研究,开启了我国实验经济学教学与研究的大门。

围绕经管类虚拟仿真实验室建设和虚拟仿真技术应用,以中国人民大学、广东商学院等高校为首的一批国内高校在 1999 年联合召开了第一届全国高校经济管理类专业实验室建设研讨会,并且形成了每年一届的会议惯例,这对于在全国范围内启蒙和推动经管类虚拟仿真实验室建设和引入先进实验技术产生了重大的影响。

2. 奠基发展阶段

为贯彻落实国务院批转教育部《2003—2007 年教育振兴行动计划》和教育部第二次普通高等学校本科教学工作会议的精神,推动高等学校加强学生实践能力和创新能力的培养,加快实验教学改革和实验室建设,促进优质资源整合和共享,提升办学水平和教育质量,教育部在 2005 年决定评审建立全国第一批国家级实验教学示范中心。

教育部此项决议的颁布正式奠定了我国经管类实验教学和虚拟仿真实验室建设的地位和方向。从 2005 年到 2007 年,全国范围内分批建立了 100 个国家级实验教学示范中心,其中广东商学院经济与管理实验教学中心和上海理工大学经济管理实验教学中心成为全国首批经济管理类的国家级实验教学示范中心,并由此形成了以国家级示范中心为首的全国经管类实验教学示范体系。

不仅如此,2007 年,教育部又在 2005 年的决议基础上颁布了《教育部关于开展高等学校实验教学示范中心建设和评审工作的补充通知》,进一步完善规划布局,对建设总量、建设范围、建设方式等进行调整,继续开展国家级实验教学示范中心的建设和评审工作,并决定 2010 年之前在全国重点建设 500 个国家级实验教学示范中心,构建学科和实验教学中心类型齐全、区域和学校类型分布合理的实验教学示范体系。在这样的政策背景下,2005 年至 2009 年国家"十一五"教育质量工程期间,教育部先后批准建设了 501 个国家级实验教学示范中心,其中经济管理类国家级实验教学示范中心 29 个(表 1-1)。

表 1-1 "十一五"期间经济管理类国家级实验教学示范中心建立情况[①]

年　度	建　立　情　况
2006	广东商学院经济与管理实验教学中心 上海理工大学经济管理实验教学中心
2007	厦门大学经济与管理教学实验中心 山东大学管理学科实验中心 北京大学经济管理实验教学中心 重庆大学经济管理实验教学中心 中南财经政法大学经济管理实验教学中心 嘉兴学院经济管理实验中心 重庆工商大学经济管理实验教学中心 上海对外贸易学院国际商务实验中心 北京工商大学经济管理实验中心 江西财经大学经济管理与创业模拟实验教学中心 贵州财经学院经济管理实验中心 河北经贸大学经济管理实验中心 内蒙古财经学院经济管理实验实训中心
2008	安徽大学经济管理实验教学中心 东北财经大学经济管理实验教学中心 广西大学经济与管理实验中心 哈尔滨商业大学经管综合实践中心 兰州商学院经济管理实验教学中心 南京财经大学经济管理实验教学中心 南开大学经济实验教学中心 上海财经大学经济与管理实验教学中心 石河子大学经济与管理实验中心 首都经济贸易大学经济管理实验教学中心 武汉大学经济与管理实验教学中心 西安交通大学管理教学实验中心 西南财经大学经济管理实验教学中心 中国人民大学经济与管理实验教学中心

① 表格内容根据教育部网站相关资料整理。

3. 稳定发展阶段

为了加强高等学校国家级实验教学示范中心之间的合作与交流，推动示范中心建设工作的深入开展，更好地发挥示范中心优质资源的示范作用和辐射效应，实现共同发展的目标，经各示范中心协商，教育部决定建立国家级实验教学示范中心联席会议制度。按照《高等学校国家级实验教学示范中心联席会议章程(试行)》的规定，经过各学科组的提名，推荐产生了国家级实验教学示范中心联席会议工作委员会、工作委员会主任和秘书长，并确定第一届国家级实验教学示范中心联席会议挂靠在北京大学。2008年2月，教育部高教司转发了《高等学校国家级实验教学示范中心联席会议章程(试行)》。同年7月，国家级实验教学示范中心联席会经济与管理学科组主任联席会议召开，正式在部委体制和学科组制度上保证了我国高校经管类虚拟仿真实验室的建设，为实验室建设的稳定发展打下了坚实的基础。

2010年，国务院印发了《国家中长期教育改革和发展规划纲要(2010—2020年)》，教育部于2011年发布了《教育部、财政部关于"十二五"期间实施"高等学校本科教学质量与教学改革工程"的意见》，并在2012年发布了《关于进一步开展"十二五"高等学校实验教学示范中心建设工作的通知》，研究决定在国家"十二五"本科教学工程期间，首批建立100个国家级实验教学示范中心，其中包括11个经济管理类国家级实验教学示范中心(首批名单见表1-2)。在此基础上，2013年，教育部根据《教育信息化十年发展规划(2011—2020年)》，决定开展国家级虚拟仿真实验教学中心建设工作(表1-3)，计划在建立国家级实验教学示范中心的同时，建立100个国家级虚拟仿真实验教学中心，其中包括10个经济管理类国家级虚拟仿真实验教学中心。

表1-2 "十二五"期间经济管理类国家级实验教学示范中心建立情况[①]

年　度	建　立　情　况
2012	中国人民大学信息技术与管理实验教学中心 北京外国语大学跨国经济管理人才培养实验教学中心 中央财经大学经济与管理实验教学中心 对外经济贸易大学现代服务业人才培养实验教学中心 中国民航大学空管实验教学中心 上海财经大学经济与管理实验教学中心 华侨大学旅游实验教学中心 中山大学经济管理实验教学中心

① 表格内容根据教育部网站相关资料整理。

续 表

年 度	建 立 情 况
2012	暨南大学经济管理实验教学中心 西南财经大学现代金融创新实验教学中心 中国劳动关系学院劳动关系协调与发展综合实验教学中心
2013	山西财经大学经济管理实验教学中心 东北财经大学金融学综合实验教学中心 上海商学院现代流通实验教学中心 湘潭大学经济管理实验教学中心 广东金融学院金融学科实验教学中心 北京物资学院物流系统与技术实验教学中心
2014	石家庄经济学院经济管理实验中心 河北金融学院金融实验教学中心 山东财经大学经济与管理实验教学中心 湖北经济学院经济管理实验教学中心 西北大学应用经济学与管理学实验教学中心
2015	广西财经学院经济与管理实验教学中心

表1-3 "十二五"期间经济管理类国家级虚拟仿真实验教学中心建立情况[①]

年 度	建 立 情 况
2013	南开大学经济虚拟仿真实验教学中心 东华大学管理决策虚拟仿真实验教学中心 南京大学社会经济环境系统虚拟仿真实验教学中心 中南财经政法大学经济管理行为仿真实验中心 西南财经大学现代金融虚拟仿真实验教学中心 北京工商大学经济管理虚拟仿真实验教学中心 哈尔滨商业大学现代企业商务运营虚拟仿真实验教学中心 福州大学企业经济活动虚拟仿真实验教学中心 广东财经大学企业综合运作虚拟仿真实验教学中心 贵州财经大学经济管理虚拟仿真实验教学中心
2014	华北电力大学电力经济管理虚拟仿真实验教学中心 北京林业大学农林业经营管理虚拟仿真实验教学中心 河北经贸大学企业运营虚拟仿真实验教学中心 上海财经大学金融科学虚拟仿真实验中心 上海对外经贸大学全球运营虚拟仿真实验教学中心 江西财经大学经济管理与创业模拟实验中心 山东大学管理学科虚拟仿真实验教学中心 广东金融学院金融虚拟仿真实验教学中心 云南师范大学经济与管理虚拟仿真实验教学中心

---

① 表格内容根据教育部网站相关资料整理。

续　表

年　度	建　立　情　况
2015	中央财经大学经管学科虚拟仿真实验教学中心 上海交通大学数字化工厂虚拟仿真实验教学中心 上海理工大学现代企业运营虚拟仿真实验教学中心 浙江工商大学电子商务虚拟仿真实验教学中心 厦门大学经济学科虚拟仿真实验教学中心 重庆工商大学经济管理虚拟仿真实验教学中心 西安交通大学应急管理决策虚拟仿真实验教学中心 北京交通大学经济管理虚拟仿真实验教学中心

在国家政策和制度的扶持和管理下，我国经管类虚拟仿真实验室建设的整体体系已经非常成熟，并且已然形成了国家级、省市级和校级经管类虚拟仿真实验室的建设梯队，很好地为各个高校经管类虚拟仿真实验室的建设明确了发展方向和建设目标。

（三）未来发展趋势

随着科技的不断进步和教学理念的更新迭代，经管类虚拟仿真实验室的未来发展趋势将呈现出多元化和深层次的变革。

1. 技术融合与创新

未来的虚拟仿真实验室将更加依赖于先进技术的融合，尤其是人工智能（AI）、大数据分析、云计算和物联网（IoT）等。AI技术的应用将使虚拟仿真环境更加智能化，能够提供个性化的学习路径和实时反馈。大数据分析将帮助实验室收集和分析学生的学习行为，从而优化教学内容和方法。云计算的普及将使虚拟仿真资源更加易于共享，同时支持远程访问和协作学习。物联网技术则可以将虚拟仿真实验室与现实世界的设备和系统连接起来，提供更加真实的模拟体验。

2. 跨学科整合

经管类虚拟仿真实验室将越来越多地与计算机科学、心理学、认知科学等其他学科整合。这种跨学科的整合将促进实验室在设计和实施上更加符合学习者的认知规律，提高学习者的学习效率。同时，这也将拓展实验室在模拟复杂经济现象和商业决策过程中的深度和广度，为学生提供更加全面和深入的学习体验。

3. 全球化与本土化结合

随着全球化的深入发展，经管类虚拟仿真实验室将更加注重国际化视野的培养，实验室将模拟全球市场环境，让学生了解不同国家和地区的经济特点和商业文化。同时，实验室也将注重本土化，结合本国的经济环境和企业文化，为学生提供更加贴近实际的学习内容。这种全球化与本土化的结合将有助于学生在国际舞台上展现竞争力，同时也能够更好地服务于本国的经济社会发展。

4. 沉浸式学习体验

虚拟现实（VR）和增强现实（AR）技术的发展将为经管类虚拟仿真实验室带来沉浸式的学习体验。学生将能够通过头戴设备进入一个三维的虚拟商业环境，进行模拟操作和决策。这种沉浸式体验将极大地提高学生的学习兴趣和参与度，同时也能够提高他们的空间认知能力和决策能力。

5. 继续教育与职业发展

未来的虚拟仿真实验室将不仅服务于高等教育，还将扩展到继续教育和职业发展领域。实验室将为在职人员提供最新的经济管理专业知识和技能培训，帮助他们适应快速变化的商业环境。实验室还将与企业合作，为学生提供实习和就业机会，使他们能够在虚拟环境中获得实际工作经验。

综上所述，无论国内外，虚拟仿真实验室都在经济管理专业实验教学中发挥着越来越重要的作用。这些实验室通过提供模拟的商业环境，不仅提高了学生的实践操作能力和创新思维，还推动了教学方法的创新和科研活动的深入。随着技术的不断进步，预计未来将有更多的经管类虚拟仿真实验室在全球范围内的高校中建立，为经济管理类专业教学的发展提供新的动力，培养出更多适应未来商业环境的高素质人才。

二、国外案例分析

（一）斯坦福大学商学院的金融投资虚拟仿真实验室

1. 背景与目标

斯坦福大学商学院的金融投资虚拟仿真实验室（Stanford Financial Investment Simulation Lab）是为了提供给学生一个模拟真实金融市场环境的学习平台而建立的。该实验室的目标是让学生在没有实际风险的情况下，通过模拟交易和投资决策，学习金融市场的运作机制，提高他们的金融分析、风险管理和决策制定能力。实验室旨在通过实践操作，帮助学生理解复杂的金融工具和市场动态，为他们未来的金融职业生涯做好准备。

2. 实验室设计与实施

斯坦福大学商学院的金融投资虚拟仿真实验室采用了行业标准的应用程序,如 FactSet 数据分析、RIT 封闭市场交易平台、Portfolio123 投资回测工具等,为学生提供了一个全面的金融实训环境。实验室的空间布局模仿交易大厅,配备先进的工作站,并通过播放 CNBC 广播,营造出真实的交易环境。学生可以在实验室中进行股票、债券、外汇等金融产品的模拟交易,体验市场波动对投资组合的影响。

3. 教学与科研应用

在教学方面,斯坦福大学的金融投资虚拟仿真实验室被用于金融学、投资学和风险管理等课程。学生通过参与模拟交易,不仅能够掌握金融市场分析的基本技能,还能够学习如何在不确定性中作出决策。实验室还支持科研活动,研究人员可以利用实验室的数据和模拟环境进行金融市场行为研究、风险模型开发和金融工具创新。

4. 实验室综合影响

斯坦福大学商学院的金融投资虚拟仿真实验室对金融教育产生了显著影响。它不仅提高了学生对金融市场的理解,还激发了他们对金融创新的兴趣。实验室的成功运营吸引了全球范围内的关注,成为其他教育机构和研究机构学习和借鉴的典范。随着技术的不断进步,预计未来虚拟市场实验室将在功能和效果上不断提升,为金融教育和科研提供更加强大的支持。

(二)哈佛商学院虚拟仿真实验室

1. 背景与目标

哈佛商学院虚拟仿真实验室是其教育创新的重要组成部分,旨在通过模拟商业决策过程,提升学生的战略思维和领导能力。该实验室的建立反映了哈佛商学院对于教育方法的持续革新,以及对于理论与实践相结合的重视。实验室的目标是让学生在模拟的商业环境中面对各种管理挑战,从而培养他们的决策制定、风险评估和团队协作能力。

2. 实验室设计与实施

哈佛商学院虚拟仿真实验室采用高级的模拟软件,这些软件能够模拟复杂的商业运营环境,包括市场变化、竞争策略、组织行为和财务决策等。学生在实验室中可以参与到模拟的公司运营中,从战略规划到日常管理,从产品开发到市场推广,全方位体验商业运作的各个环节。实验室的设计强调了用户交互性和实时反馈,确保学生能够即时看到他们的决策如何影响模拟公司的运营结果。

3. 教学与科研应用

虚拟仿真实验室在哈佛商学院的教学中扮演了关键角色。它不仅用于传统的 MBA 课程,还支持高管教育和特定行业培训。在科研方面,实验室提供了一个平台,使研究人员能够测试新的管理理论,分析商业策略的效果,以及探索领导力在不同情境下的表现。实验室还与哈佛商学院的研究项目紧密合作,为学术研究提供了实证数据。

4. 实验室综合影响

哈佛商学院的虚拟仿真实验室对商业教育领域产生了显著影响。它不仅提高了学生对商业环境复杂性的认识,还促进了学生批判性思维和问题解决能力的发展。实验室的实践教学模式也被其他商学院所采纳,推动了全球商业教育的创新。随着技术的不断进步,哈佛商学院的虚拟仿真实验室将继续在教育和研究中发挥重要作用,为培养下一代商业领袖作出贡献。

(三) 新加坡国立大学供应链管理模拟实验室

1. 背景与目标

新加坡国立大学供应链管理模拟实验室是为了应对全球化供应链管理的挑战而建立的。新加坡作为亚洲重要的金融、服务和航运中心,其地理位置优势和高度发达的供应链运营水平为供应链管理教育提供了独特的实践环境。该实验室的目标是培养学生在全球化背景下规划和运营现代供应链的能力,特别是在亚洲地区,帮助学生在物流和供应链行业中发展早期至中期的职业生涯。

2. 实验室设计与实施

新加坡国立大学供应链管理模拟实验室的设计旨在提供一个高度仿真的供应链环境,让学生能够体验从供应商到最终客户的整个供应链流程。实验室利用先进的信息技术和软件工具,如 ERP 系统、供应链规划和执行系统以及大数据分析工具,来模拟真实的供应链操作。学生可以在实验室中进行库存管理、需求预测、运输规划、采购决策等模拟活动,学习如何应对供应链中的不确定性和复杂性。

3. 教学与科研应用

在教学方面,实验室支持供应链管理、物流工程、运营管理等相关课程。学生通过参与模拟项目,不仅能够掌握理论知识,还能够获得实际操作经验。实验室也为科研活动提供了平台,研究人员可以利用实验室的资源进行供应链优化、风险管理、绿色供应链等前沿领域的研究。

4. 实验室综合影响

新加坡国立大学的供应链管理模拟实验室对供应链教育和科研产生了显著影响。它不仅提高了学生对供应链管理的理解,还增强了他们在实际工作中应对挑战的能力。实验室的成功运营吸引了全球范围内的关注,成为其他教育机构和研究机构学习和借鉴的典范。随着技术的不断进步,实验室将继续扩展其功能,为供应链管理教育和科研提供更加强大的支持。

三、国内案例分析

(一)南开大学经济虚拟仿真实验教学中心

1. 背景与目标

南开大学经济虚拟仿真实验教学中心自1988年成立以来,始终致力于提供高质量的经济管理实验教学环境。该中心的建立是响应国家高等教育发展战略,特别是"211工程"和"985工程"的直接成果,该中心旨在通过实验教学和科研活动,培养学生的实践操作能力、分析问题和解决问题的能力以及适应未来商业环境的能力。该中心的目标是通过整合资源、优化管理、深化教学改革,建立一个高效、开放的实验教学平台,全面提高实验教学质量。

2. 设计与运行

南开大学经济虚拟仿真实验教学中心总面积约950平方米,拥有设备853台(件),软件87件,数据库近30套,设备总值1 527万元。该中心拥有9个专业实验室、1个经济社会调查中心、1个高性能计算中心、1个实验室技术管理中心。该中心的设计充分考虑经济管理专业学科的特点和需求,配备了先进的计算机模拟技术和决策支持系统,如新中大CRP软件、南京世格国际贸易教学软件、南北外贸实训仿真系统等,以及EViews、Mathematica、SPSS、STATA、R、MATLAB等统计和计量软件。该中心不仅模拟金融市场、企业运营、供应链管理等经济管理的核心领域,还提供丰富的案例库和实时数据,以支持学生进行基于数据的决策分析。该中心的运行过程注重用户体验和互动性,确保学生能够在模拟环境中进行有效的学习和实践。

3. 教学与科研应用

在教学方面,南开大学经济虚拟仿真实验教学中心面向经济学院的本科生、硕士研究生和博士研究生开放,承担相应的实验教学课程,虚拟仿真实验项目被广泛应用于财务管理、市场营销、战略规划等经济管理类课程。同时,该中心对学生进行全天候开放,支持学生的课外实验、自主实验、"百项工程"、"国家创新性实验计划"项目、各种学科竞赛、毕业论文设计等教学科研活动。学生可以通过参与模拟项目,将课堂上学到的理论知识应用于实际情境中,提高解决复杂问题的能力。该中心还支持教师进行教学方法的创新,如案例教学、团队项目等。在科研方面,该中心还提供社会经济数量分析与研究云平台,为师生提供高性能、先进的计算机实验环境和丰富的数据资源。

4. 综合影响

南开大学经济虚拟仿真实验教学中心已经成为南开大学经济学科本科生和硕博士研究生的实验教学基地,成为科研和社会服务重要的基础支撑。该中心秉承培养高端人才的理念,将教学、科研、信息建设和社会服务有机地结合起来,为经济学人才培养和学科发展作出很大的贡献。其成功经验为其他高校提供了宝贵的参考,推动了虚拟仿真技术在经济管理专业教学中的应用和发展。

(二)北京交通大学经济管理虚拟仿真实验教学中心

1. 背景与目标

北京交通大学经济管理虚拟仿真实验教学中心成立于2013年,并于2015年获批为国家级虚拟仿真实验教学示范中心。该中心的建立是为了适应数字化转型对经济管理专业教学提出的新要求,通过模拟企业运营和市场环境,为学生提供一个实践平台,使他们能够在虚拟环境中学习经济管理的核心知识,培养解决实际问题的能力。该中心的目标是将理论与实践相结合,提高学生的创新能力和适应未来商业环境的能力。

2. 设计与运行

北京交通大学经济管理虚拟仿真实验教学中心采用了集成的模拟平台,该平台能够模拟企业从成立到运营的各个阶段。该中心的设计包括企业战略规划、财务管理、市场营销、人力资源管理等多个模块,学生可以在这些模块中进行角色扮演,体验不同的管理职能。该中心还提供丰富的案例库和实时数据,以支持学生进行基于数据的决策分析。另外,该中心还与企业合作,如与华为公司联合开设基于华为人工智能芯片Atlas200开发平台的仿真实验项目,为学生提供了丰富的实践机会。

3. 教学与科研应用

在教学方面,北京交通大学经济管理虚拟仿真实验教学中心的虚拟仿真实验项目广泛应用于北京交通大学的经济管理专业课程。学生通过实验室的模拟活动,不仅能够将理论知识应用于实际情境,还能够在模拟环境中学习如何应对不确定性和复杂性。该中心还为学生提供了一个平台,用于开展团队合作项目,培养他们的沟通协调能力和团队精神。在科研方面,该中心为教师提供了一个研究平台,用于分析商业决策过程、市场行为和经济政策影响。

4. 综合影响

北京交通大学经济管理虚拟仿真实验教学中心的建立,对中国高校经管专业实验教学产生了积极的影响。它不仅提高了学生的实践技能和创新能力,还推动了教学方法的创新和科研活动的深化。其成功经验为其他高校提供了宝贵的借鉴,促进了虚拟仿真技术在经济管理专业教学中的应用和发展。

(三)广东财经大学经济与管理国家级实验教学示范中心

1. 背景与目标

广东财经大学经济与管理国家级实验教学示范中心成立于1992年,经过多年的发展,于2006年获批为经济管理类首批国家级实验教学示范中心,2013年入选首批国家级虚拟仿真实验教学中心。该中心的目标是通过整合校内外资源,构建一个立体化、网络状的实验实践教学平台,以提高学生的创新精神和实践能力,培养适应现代经济管理需求的高素质人才。

2. 设计与运行

广东财经大学经济与管理国家级实验教学示范中心拥有22名专职人员和74名兼职教师,实验教学面积达10 953平方米,资产总额2 659.8万元,设备数量达到3 184台。该中心面向全院经管类专业开设实验课程,每年承担约13 000人次学生的实验、实习教学任务。该中心以"资源共享有效整合、教学科研紧密结合、协同创新产教融合"为建设指导思想,加强校内融合、省内共享、国内辐射、国际合作的四位一体实验实践平台建设。

3. 教学与科研应用

广东财经大学经济与管理国家级实验教学示范中心在实验教学改革方面取得了显著成果,荣获国家级教学团队、国家级精品课程、国家级教学成果奖、国家级虚拟仿真一流课程等多项标志性成果。该中心通过课程单项型实验、课程综合型实验、专业综合型实验、跨专业跨学科综合型实验的分类模式,突破专业学科界限,整合知识、能力、素质三大目标,推动经管类人才培养模式创新。该中心还积极组织学生参加各类专业大赛,如国际企业管理挑战赛(GMC)、尖烽时刻商业模拟大赛等,取得了优异成绩。

4. 综合影响

广东财经大学经济与管理国家级实验教学示范中心的成功运营,不仅提升了学校的教学质量和学生的实践能力,也为其他高校提供了宝贵的经验。其实践教学模式和教学改革成果,对于推动经管类教育的现代化和国际化具有重要意义。

第二章
经管类虚拟仿真实验室建设的前期准备与规划

第一节 需求分析与目标设定

一、教学与科研需求分析

在全球化和数字化的浪潮中,经济管理专业的教育和科研面临着前所未有的挑战。为了适应这些变化,经管类虚拟仿真实验室的建设必须满足一系列复杂的需求,以培养能够适应快速变化的商业环境的人才,并支持科研人员在经济管理领域进行深入研究。

(一)教学需求分析

1. 人才培养与实践操作的结合

经管类虚拟仿真实验室的建设应紧密围绕人才培养目标,提供模拟真实商业环境的平台。这不仅包括基础的经济管理知识传授,还应涵盖决策、运营和风险管理等实践操作。通过这样的实践活动,学生能够将理论知识与实际操作相结合,提高解决实际问题的能力。

2. 资源建设的实用性和前瞻性

经管类虚拟仿真实验室的资源建设应注重实用性和前瞻性,收集和整合最新的经济管理数据、案例和工具。同时,引入先进的教学软件和平台,使学生能够在虚拟环境中接触到最新的市场动态和商业趋势,从而更好地理解理论与实践的结合。

3. 教学方法的多样化

经管类虚拟仿真实验室应支持多样化的教学模式,如案例教学、项目驱动、团队合作等，以促进学生的自主学习和批判性思维。实验室应提供跨学科的学习机会，结合信息技术、数据分析等领域的知识，培养学生的复合型能力。

4. 技术与教学的深度融合

利用云计算、大数据、人工智能等现代信息技术，经管类虚拟仿真实验室应构建一个高效、互动和智能化的学习环境。这样的环境能够提供丰富的教学资源，并实现个性化学习路径，满足不同学生的学习需求。

（二）科研需求分析

1. 模拟经济管理运行环境的平台

科研需求的核心在于提供一个能够模拟真实经济管理业务活动运行环境的科研平台。这样的平台应能复现市场动态、企业运营、消费者行为等关键经济活动，使科研人员能够在受控环境中进行实验和分析。

2. 数据处理与分析能力的提升

经济管理专业领域的研究往往涉及大量的数据收集和处理工作。经管类虚拟仿真实验室应具备强大的数据处理能力，能够处理和分析不同来源的大数据，包括结构化数据和非结构化数据。同时，实验室应提供先进的数据分析工具，如统计软件、预测模型、优化算法等。

3. 跨学科研究与创新方法的探索

经济管理问题往往需要结合心理学、社会学、信息技术等多个学科的知识来解决。经管类虚拟仿真实验室应提供一个跨学科的研究环境，支持不同领域的科研人员共同工作，促进知识的交流和融合。同时，实验室应鼓励和支持科研人员尝试新的研究方法，如机器学习算法和虚拟现实技术，以提高研究的效率和质量。

4. 成果传播与科研环境的优化

经管类虚拟仿真实验室应提供一个平台，使科研成果能够快速地被同行评审、发表和传播。同时，实验室应与企业和政府部门建立合作关系，将科研成果转化为实际应用，解决实际问题。实验室还应提供一个舒适、便捷、高效的工作环境，包括高速的网络连接、先进的硬件设施、丰富的软件资源等，并提供专业的技术支持和服务。

由此可见，经管类虚拟仿真实验室的建设是一个多方面、多层次的过程。它不仅需要满足教学上的需求，为学生提供实践操作的机会，还需要支持科研人员在经济管理领域进行深入研究。通过这样的实验室，我们可以期待更多具备国际视野、创新精神和实践能力的经济管理专业人才能够被培养出来，经济管理专业领域的科研工作能够取得新的突破。

二、建设目标设定与预期成果规划

（一）建设目标的设定

设定经管类虚拟仿真实验室的建设目标是一个多维度的规划过程，它需要综合考虑教学目标、技术发展、行业需求、学生需求以及社会发展趋势。我国经管类高校虚拟仿真实验室的建设应该设定以下六条建设目标。

1. 促进教学目标与技术趋势相融合

在设定建设目标时，需要明确经管类虚拟仿真实验室如何支持经济管理专业的教学目标，这包括培养学生的分析、决策、创新和领导能力，以及适应数字化和全球化商业环境的能力。同时，需要考虑当前和未来的技术发展趋势，如云计算、大数据、人工智能等，确保实验室的技术平台能够支持这些技术的应用，并为学生提供最新的学习工具。这一步骤的目的是创建一个既符合教育标准又紧跟技术发展的实验室环境。

2. 促进行业需求与学生期望相对接

需要通过与行业专家的合作和对学生需求的调研，了解行业对经济管理人才的具体要求，这包括技能要求、知识结构和职业素养。同时，通过问卷调查、访谈等方式，收集学生对经管类虚拟仿真实验室的期望，包括他们希望在实验室中获得哪些技能和经验。这一步骤旨在确保实验室的建设能够满足行业实际需求，同时满足学生的学习需求，为学生提供与未来职业发展紧密相关的实践机会。

3. 促进教学需求与科研需求相结合

应当考虑如何将教学需求与科研需求相结合，使经管类虚拟仿真实验室成为教师进行教学改革和科研创新的基地，这包括提供支持跨学科研究的资源，鼓励教师开发新的教学方法和课程，以及为学生提供参与科研项目的机会。这一步骤的目的是提升实验室的教学和科研能力，促进知识创新和应用。

4. 建立质量监控体系，持续改进质量

应当建立一套质量监控体系，确保经管类虚拟仿真实验室的建设和运营能够达到预期的教育和科研效果，这包括定期评估实验室的教学质量、科研成果以及学生满意度。同时,根据评估结果进行持续改进,以适应教育和科研的变化。这一步骤的目的是确保实验室能够长期提供高质量的服务,保持其先进性和实用性。

5. 加强国际合作,提升国际影响力

应当考虑如何通过国际合作提升经管类虚拟仿真实验室的国际影响力,这包括与国际知名学府和研究机构建立合作关系,参与国际项目,以及吸引国际学生和学者。这一步骤旨在使实验室成为全球经济管理教育和科研的重要平台,提升其国际竞争力。

6. 考虑社会服务与可持续发展

应当考虑经管类虚拟仿真实验室如何服务于社会,包括为政府和企业提供决策支持,参与解决社会经济问题。同时,考虑实验室的长期发展目标,确保其能够适应未来教育和科研的变化,持续提供高质量的服务。这一步骤的目的是使实验室成为社会经济发展的有力支持者,同时确保其可持续发展。

(二)预期成果的规划

我国高校经管类虚拟仿真实验室的建设,旨在通过创新的教育模式和技术应用,基于所在高校设定的一系列具体的建设目标,规划和实现不少于以下六个方面的预期成果。

1. 增强学生的实践技能,助力学生做好职业准备

经管类虚拟仿真实验室将提供一个模拟的商业环境,使学生能够在没有实际风险的情况下进行决策、运营和风险管理的实践。这种模拟实践不仅能够加深学生对理论知识的理解,还能够提高他们解决实际问题的能力,从而为他们的职业发展打下坚实的基础。学生将能够在毕业后迅速适应工作环境,展现出较强的职业竞争力。

2. 推动教学方法的创新与多样化

经管类虚拟仿真实验室将鼓励教师采用案例教学、项目驱动、团队合作等多样化教学方法。这些方法能够激发学生的学习兴趣,促进他们的自主学习,增强他们的批判性思维。同时,实验室还将支持教师开发新的课程内容,将最新的研究成果和行业动态融入教学中,提高教学质量。

3. 拓展科研工作的深度与广度

经管类虚拟仿真实验室将为科研人员提供一个强大的研究平台,支持他们在经济管理领域进行深入研究。通过模拟复杂的经济活动,科研人员可以在受

控的环境中测试新的理论假设和研究方法。实验室还将支持跨学科研究,促进不同领域知识的交流和融合,从而推动科研工作的创新。

4. 提升教育内容的时效性和相关性

经管类虚拟仿真实验室将不断更新教学资源,包括最新的经济管理数据、案例和工具,确保教育内容与行业发展同步。这将使学生能够接触到最新的市场动态和商业趋势,提高他们的市场意识和适应能力。同时,实验室还将与行业企业建立紧密的合作关系,使教学内容和实践项目更加贴近实际需求。

5. 扩大国际视野,拓展合作领域

通过与国际知名学府和研究机构合作,经管类虚拟仿真实验室将为学生和教师提供国际交流的机会。这不仅能够提升他们的国际视野,还能够促进国际合作项目的发展,提高实验室的国际知名度和影响力。

6. 实现教育与科研的可持续发展

经管类虚拟仿真实验室将建立一套完善的质量监控体系,确保教育和科研活动的持续改进。通过定期评估和反馈,实验室将能够及时调整教学和科研策略,适应教育和科研的发展变化。实验室还将注重资源的合理利用和环境的可持续性,确保其长期稳定运营。

通过上述六个预期成果的规划,经管类虚拟仿真实验室的建设将为学生提供一个高质量的学习环境,为教师提供一个创新的教学和研究平台,为学校带来国际合作的机会,同时为社会经济发展提供支持。这些成果将有助于提升高校教育质量,培养适应未来市场需求的高素质经济管理人才,推动经济管理专业领域的科研进步,实现教育与科研的可持续发展。

三、前期调研执行步骤

经管类虚拟仿真实验室建设的前期调研是确保项目成功实施的重要基础,一般来说,执行完成前期调研主要分以下六个步骤:

(一)明确调研目标

在前期调研的起始阶段,首先,需要设定清晰的调研目标,这包括识别经管类虚拟仿真实验室的主要功能、预期的教学和科研效果,以及了解如何满足学生和教师的需求。其次,需要界定调研的范围,确保调研涵盖所有相关的学科领域、潜在用户群体以及可能的技术解决方案。这一步骤的目的是为整个调研工作提供方向和焦点,确保后续活动的有效性和针对性。

（二）组织焦点小组讨论

焦点小组讨论是一种有效的定性研究方法，在经管类虚拟仿真实验室的调研中，可以通过组织教师和学生的小组讨论，收集他们对实验室建设的看法和建议。这些讨论有助于了解未来使用者的实际需求，如对实验室功能的具体期望、对教学和科研活动的改进意见等。通过这种方式，可以深入探讨实验室如何更好地服务于教学和科研工作。

（三）进行深度访谈

深度访谈是一种获取详细信息和见解的有效手段。在经管类虚拟仿真实验室的调研中，可以对学院领导、教师代表、学生代表以及技术支持人员进行一对一访谈。通过开放式的对话，了解他们对实验室建设的具体期望、可能的使用场景、功能需求以及对技术应用的看法。深度访谈有助于收集到更为细致和个性化的信息，为实验室的设计和实施提供重要依据。

（四）开展现场观察与案例研究

现场观察和案例研究是了解其他机构经管类虚拟仿真实验室运作情况的重要手段。通过访问已经建立此类实验室的高校或研究机构，可以直接观察实验室的使用情况、用户互动模式以及技术应用效果。通过分析这些实验室的成功经验和面临的挑战，可以为自身的实验室建设提供宝贵的参考和启示。

（五）进行技术评估与需求分析

技术评估是确定经管类虚拟仿真实验室技术基础的关键步骤，这包括对当前市场上可用的仿真软件、硬件设备和平台进行评估，分析它们的功能、性能、成本效益以及与经管类教学和科研活动的契合度。同时，还需考虑技术的未来发展和可扩展性，确保实验室能够适应未来技术的变化和发展需求。

（六）整合调研结果并提出建议

在完成上述调研活动后，需要对收集到的信息进行整合和分析。这一步骤涉及对焦点小组讨论、深度访谈、现场观察和技术评估的结果进行综合，以识别共同的主题和关键需求。基于这些数据，可以提出关于经管类虚拟仿真实验室建设的详细建议，包括技术选型、功能设计、实施计划和预算评估。这些建议将为实验室的最终设计和建设提供指导，确保其能够有效地支持经管类专业的实验教学和科研活动。

第二节　资源评估与预算规划

经管类虚拟仿真实验室的建设是一个涉及多方面资源和资金投入的复杂项目。为了确保实验室能够有效地支持教学和科研活动，必须对硬件资源和软件资源进行全面的评估，并进行详细的预算编制，制定详细的资金筹措计划。

硬件资源评估是经管类虚拟仿真实验室建设的基础。这一评估需要细致考虑实验室所需的所有物理设备，包括但不限于高性能服务器、工作站、数据存储解决方案、网络设备、显示设备（如大屏幕、触摸屏）、输入设备（如键盘、鼠标、专业仿真控制台）以及其他辅助设备（如打印机、扫描仪）。评估过程中，需要考虑设备的性能指标、可靠性、兼容性以及未来的可扩展性。还应评估设备的安全性，确保实验室的数据和网络不受威胁。硬件资源评估的结果将直接影响到实验室的运行效率和维护成本。

软件资源评估聚焦于经管类虚拟仿真实验室所需的各类软件，包括操作系统、仿真软件、数据库管理系统、数据分析工具、网络安全软件等。评估时应考虑软件的许可成本、功能需求、用户界面友好性、技术支持和维护服务。对于特定的教学和科研需求，可能还需要定制或开发专门的软件工具。软件资源的评估还需要考虑到与现有系统的兼容性，以及软件升级和数据迁移的潜在需求。

在完成了硬件和软件资源的评估之后，接下来需要编制详细的预算计划。预算编制应基于评估结果，包括所有预期的硬件和软件成本，以及人员工资、培训费用、运营成本等其他相关费用。预算应详细到每一项支出，并考虑到可能出现的价格波动和意外支出。预算编制还应包括对未来几年的预测，以便进行长期规划。资金筹措是虚拟仿真实验室建设过程中的关键环节。根据预算计划，需要确定资金的来源，可能的资金来源包括政府资助、学校拨款、企业赞助、捐赠、贷款等。在筹资过程中，需要准备详细的项目提案，明确展示实验室的建设目标、预期成果以及资金的使用计划。同时，还需要考虑资金的管理和监督机制，确保资金的合理使用和项目的透明度。

一、硬件资源评估

（一）计算能力

在经管类虚拟仿真实验室中，计算能力是核心资源之一。评估计算能力时，需要考虑服务器和工作站的处理能力，包括 CPU 的型号、核心数、频率以及多任务处理能力。这些硬件应具备足够的性能来运行复杂的仿真软件和数据分析工具，如经济模型分析、市场趋势预测等。同时，内存容量也是一个重要因素，它直接影响到系统运行的流畅度和多任务处理能力。还需要考虑 GPU 的使用情况，特别是在涉及大规模数据处理和图形渲染时，GPU 可以显著提高计算效率。因此，在评估计算能力时应充分考虑实验室的具体需求，选择最合适的硬件配置，以确保实验室能够高效地完成各项计算任务。

（二）数据存储

数据存储是经管类虚拟仿真实验室不可或缺的一部分，它涉及教学材料、仿真结果、数据库和学生项目的存储。评估数据存储需求时，首先要确定所需的存储容量，考虑到实验室可能需要保存大量的历史数据和实时数据。同时，存储设备的性能也非常重要，包括读写速度、数据传输速率和并发访问能力。为了保障数据的安全性，还需要考虑数据备份和灾难恢复方案，如使用 RAID 技术、定期备份到云存储或使用专业的数据备份设备。数据的加密和访问控制也是评估中不可忽视的方面，可以防止未授权访问和数据泄露。

（三）网络基础设施

网络基础设施是经管类虚拟仿真实验室中另一个至关重要的组成部分。一个稳定、高速的网络环境是实现远程访问、数据传输和多用户协作的基础。在评估网络需求时，需要考虑实验室的网络带宽、连接速度和稳定性。无线网络的覆盖范围和信号强度也是评估中需要考虑的因素，特别是在实验室空间较大或需要移动设备支持的情况下。网络安全同样重要，需要评估防火墙、入侵检测系统和其他网络安全措施，保护实验室的网络不受外部威胁。

（四）显示与交互设备

显示和交互设备对于提供沉浸式学习体验至关重要。在评估这类设备时，需要考虑显示器的分辨率、响应时间和屏幕尺寸，以确保用户可以获得清晰、流畅的视觉体验。对于需要进行图形密集型仿真的应用，可能还需要考虑专业的图形工作站和高分辨率显示器。触摸屏和虚拟现实头盔等交互设备可以提供更加直观和互动的学习体验，评估时应考虑这些设备的性能和兼容性。同时，还需要考虑这些设备的耐用性和维护成本，以确保其长期稳定运行。

（五）仿真与模拟设备

经管类虚拟仿真实验室可能需要特定的仿真和模拟设备来支持教学和科研活动。这些设备可能包括经济模型模拟器、市场分析工具、财务决策支持系统等。在评估这些设备时，需要考虑它们的功能、性能、用户友好性以及与现有教学内容的兼容性。还需要考虑设备的可扩展性和升级路径，以适应未来教学和科研需求的变化。对于需要特殊硬件支持的仿真软件，还需要评估这些硬件的可用性和成本效益。

（六）成本效益分析

在评估硬件资源时，成本效益分析是不可忽视的一环。需要对比不同硬件解决方案的成本和性能，以确定最经济高效的配置，这包括对硬件的初始购买成本、运行维护费用、能耗和潜在的升级成本进行综合评估。同时，需要考虑硬件的可扩展性，确保经管类虚拟仿真实验室能够根据未来的发展需要进行升级和扩展，而不需要频繁更换整个系统。在评估过程中，还应考虑硬件的生命周期和折旧，以及可能的技术支持和保修服务，这些都是影响总体成本效益的重要因素。

二、软件资源评估

（一）操作系统与平台兼容性

在评估操作系统时，需要考虑其与实验室硬件的兼容性，以及其是否支持所需的仿真软件和工具。操作系统的稳定性、安全性和易用性也是需要考虑的重要因素。虚拟化技术的使用可以提供灵活的操作系统环境，允许多个系统在同一硬件上运行，从而为不同的教学和科研活动提供支持。同时，还需要考虑操作系统的许可成本和长期维护费用。

（二）专业仿真软件

专业仿真软件是经管类虚拟仿真实验室的核心，需要根据经管类专业的具体教学和科研需求进行选择。这些软件应能够模拟真实世界的经济管理活动，提供丰富的数据分析和可视化功能。评估时，应考虑软件的功能、性能、用户界面和技术支持。同时，还需要考虑软件的许可模式，包括一次性购买、订阅服务或按需付费等。

(三)数据库管理系统

数据库管理系统的选择和配置对于存储和管理实验室产生的大量数据至关重要。评估时,应考虑数据库的性能、可靠性、安全性和扩展性,还需要考虑数据库的维护成本和技术支持。数据库的设计应能够支持高效的数据检索、更新和备份操作。

(四)数据分析与统计软件

数据分析和统计软件对于处理和分析实验数据、进行统计测试和建立经济模型至关重要。评估时,应考虑软件的分析能力、数据处理速度和用户友好性,还需要考虑软件与数据库和其他虚拟仿真软件工具的集成能力,以确保数据分析流程的顺畅。

(五)教学支持软件与在线协作工具

教学支持软件和在线协作工具对于提高教学效率和学生参与度至关重要。评估时,应考虑软件的功能,如在线课程管理、作业提交和评分、实时互动和反馈等,还需要考虑软件的可用性和技术支持,以及其如何与现有的教育技术基础设施集成。

(六)网络安全与数据保护措施

网络安全和数据保护是经管类虚拟仿真实验室不可或缺的组成部分。评估时,应考虑防病毒软件、防火墙、入侵检测系统等安全工具的需求,还需要考虑数据加密和备份解决方案,以保护实验室的数据安全。网络安全策略应定期更新,以应对不断变化的网络威胁。

(七)软件许可成本与长期维护

软件许可成本和长期维护是预算规划中的重要考虑因素。评估时,应考虑软件的购买价格、订阅费用、更新和维护费用。对于商业软件,还需要考虑开源软件作为可能的替代方案,以降低成本。同时,还需要考虑软件升级的频率和成本,以及可能的技术支持需求。

三、预算编制与资金筹措

(一)预算编制

1. 硬件采购预算

硬件是经管类虚拟仿真实验室的基础,预算需要详细列出所有必要的硬件设备,包括服务器、工作站、网络设备、存储设备、输入输出设备等。在评估硬件采购费用时,不仅要考虑初始购买费用,还要考虑运输、安装、配置和调试的费用。应预留资金用于硬件的定期维护、升级和可能的紧急更换。在预算编制中,还应考虑设备折旧和残值,以及可能的能源消耗成本。

2. 软件采购预算

软件成本包括操作系统、专业仿真软件、数据库管理系统、数据分析工具、网络安全软件等的购买或订阅费用。在评估软件采购费用时,需要考虑软件的许可模式,包括一次性购买、年度订阅或按用户数量计费等。同时,还应考虑软件的更新、维护和技术支持费用。对于开源软件,虽然核心软件可能免费,但仍可能涉及定制开发和技术支持的成本。

3. 人力资源与培训费用

人力资源成本涉及实验室管理和技术支持人员的招聘、培训、工资和福利费用。预算应包括为实验室人员提供的培训费用,以确保他们能够有效管理和维护实验室。还需要考虑为教师和学生提供的培训费用,以确保他们能够充分利用实验室资源。在预算编制中,还应考虑人员流动和市场薪资变化的影响。

4. 基础设施与空间改造费用

如果实验室需要新建或改造现有空间,预算应包括相关的建筑、装修和设施升级费用。这可能涉及电力、照明、空调、安全系统等的改造。预算编制时,需要考虑空间布局的合理性、未来扩展的可能性以及符合安全和环保标准的要求。还应预留资金用于日常维护和可能的紧急维修。

5. 运营与维护成本

运营成本包括日常维护、能源消耗、网络服务费、耗材更换等费用。预算应详细列出这些经常性支出,并考虑其随时间的变化趋势。还应包括实验室日常管理费用,如清洁、安全监控等。在预算编制中,应考虑运营成本的长期趋势和可能的节约措施。

6. 预算审查与预算调整

在经管类虚拟仿真实验室建设的预算编制过程中,审查和调整是确保预算准确性和适应性的关键环节。预算审查涉及对所有预算条目的仔细检查,以确保每一项支出都是必要和合理的。这包括对硬件、软件、人力资源、基础设施改造以及运营成本的详细评估,确保预算反映了项目的实际需求和市场条件。预算审查还应考虑潜在的价格波动、技术进步和市场变化等因素,以便及时调整预算分配。

（二）资金筹措

1. 政府资助

政府资助通常包括教育和科研相关的专项资金，这些资金可能来自国家级、省级或市级的教育和科技部门。为了获得政府资助，项目团队需要准备详尽的项目方案，其中包括实验室建设的目标、预期的社会和经济效益、实施计划以及资金使用明细。申请必须严格遵守政府的申请指南和要求，包括项目的时间节点、预算编制规范以及报告提交格式。政府资助的优势在于资金规模通常较大，且可能伴随政策支持和技术指导，但申请和审批流程可能较为复杂，需要项目团队具备良好的项目管理和沟通协调能力。

2. 学校拨款

学校拨款是实验室建设资金的另一重要来源。这通常涉及学校内部的科研基金、教学改革基金或其他专项基金。申请学校拨款需要通过学校的内部审批流程，包括提交项目计划书、预算报告以及预期成果的详细说明。学校拨款的优势在于流程相对简洁，资金下拨速度快，但资金规模可能有限，且可能需要与学校其他项目竞争。学校拨款可能需要项目团队提供配套资金或资源，因此项目团队需要充分了解学校的资助政策和程序。

3. 企业赞助与合作

企业赞助与合作是筹措资金的有效途径，特别是对于与企业实际需求紧密相关的经管类虚拟仿真实验室。企业可能出于提升品牌形象、支持教育事业或寻求研发合作等原因，对实验室建设提供资金或资源支持。筹措企业赞助时，双方需要制定合作方案，明确双方的权益和责任，包括企业的品牌曝光、实验室的命名权、研究成果的共享等。企业赞助的优势在于资金规模可能较大，且可能伴随实际项目合作机会，但同时项目团队也需要确保实验室的学术独立性和教学质量不受影响。

4. 捐赠和众筹

捐赠和众筹也是筹措资金的方式，尤其适用于具有社会影响力和公众参与性的项目。项目团队通过向校友、社会人士或专业机构寻求捐赠，通过网络平台向公众募集资金，可以为实验室建设筹集资金。众筹通常更需要一个吸引人的项目介绍和激励措施来吸引支持者。捐赠与众筹的优势在于可以调动广泛的社会资源，提高项目的公众知名度，但筹资规模可能不稳定，且需要投入大量时间和精力进行宣传和沟通。

5. 资金管理与监督

筹措到资金后,项目团队需要建立严格的资金管理制度,确保资金的合理使用和有效监督。这包括制定资金使用计划、建立财务报告机制以及定期进行审计。良好的资金管理与监督机制可以提高资金使用效率,防止资金滥用,并确保项目按照既定目标顺利进行。

第三节 技术选型与平台构建

经管类虚拟仿真实验室的技术选型与平台构建是实验室建设过程中的重要环节,它直接影响到实验室的运行效率、教学科研质量以及未来的发展潜能。在经管类虚拟仿真实验室中,数据库技术用于存储和管理大量的教学资源、实验数据和用户信息。技术标准应确保数据的一致性、完整性和安全性。选择标准化的数据库管理系统(如 SQL Server、Oracle 或 MySQL)可以提高数据管理的效率和可靠性。网络技术也是经管类虚拟仿真实验室中不可或缺的组成部分,它支持数据传输、远程访问和用户协作。技术标准应遵循国际通行的网络协议(如 TCP/IP、HTTP/HTTPS),确保网络通信的稳定性和安全性。虚拟仿真软件技术是经管类虚拟仿真实验室技术选型的核心,用于模拟经济管理的各种场景和活动。技术标准应确保软件的高效性、准确性和用户友好性。选择符合国际标准的仿真软件(如 MATLAB、Simulink 或专业经济仿真平台)可以提高仿真的质量和效率。

一、技术标准与兼容性

(一)数据库技术

数据库技术是经管类虚拟仿真实验室技术选型的重要基础。所谓数据库,指的是以一定分布式的组织方式存储在一起的、相互关联的、无不必要冗余的数据集合,是按照数据结构来组织、存储和管理数据的仓库。数据库独立于应用程序,并能够为多项任务和多名用户所共享。数据库技术是从 20 世纪 60 年代开始逐步形成发展起来的,它是计算机科学的一个重要分支,伴随 21 世纪信息技术革命,数据管理不再仅仅是存储和管理数据,而是转变成用户所需要的各种数据管理的方式,也成为现代信息管理的重要工具。

数据库有很多种类型，从最简单的存储有各种数据的表格到能够进行海量数据存储的大型数据库系统都在各个方面得到了广泛的应用。在经管类虚拟仿真实验室中，充分有效地管理和利用各类信息资源，是进行系统管理和科学研究的前提条件。数据库技术是虚拟仿真实验平台、管理信息系统、办公自动化系统、决策支持系统等各类虚拟化系统的核心部分，也是进行实验教学、科学研究和系统管理的重要技术手段。

1. 数据库系统的基本构成

数据库系统是一个经管类虚拟仿真实验室的通用数据处理系统，它存储的是该实验室所有数据信息的集合。数据库系统中的数据是从全局观点出发建立的，按一定的数据结构进行组织、描述和存储。其结构基于数据间的自然联系，也基于实验室内部业务活动间的逻辑关系，从而可提供一切必要的存取路径。经管类虚拟仿真实验室数据库系统中的数据是为实验室用户和实验室所在学校用户共享其信息而建立的，不同用户可以按各自的用法使用数据库中的数据；多个用户可以同时共享数据库中的数据资源，即不同的用户可以同时存取数据库中的同一个数据。数据共享性不仅满足了各用户对信息内容的要求，同时也满足了各用户之间信息通信的要求。

数据库系统是一个基于数据库、利用数据库管理系统软件进行管理的计算机应用系统。其中，数据库管理系统是一种操纵和管理数据库的大型软件，用于建立、使用和维护数据库，它对数据库进行统一的管理和控制，以保证数据库的安全性和完整性。常见的SQL Server、Oracle、DB2等都是著名的数据库管理系统软件。数据库管理系统是数据库系统的核心，是管理数据库的软件。数据库管理系统就是实现把用户意义下抽象的逻辑数据处理，转换成为计算机中具体的物理数据处理的软件。有了数据库管理系统，用户就可以在抽象意义下处理数据，而不必顾及这些数据在计算机中的布局和物理位置。所以，一个完整的数据库系统是以数据库为核心的计算机应用系统，通常包括四个组成部分：数据库、数据库管理系统、应用软件和数据库管理员（图2-1）。简单来说，首先，用户利用这个数据库来存放实验室各类数据信息；其次，利用数据库管理系统把这些数据信息有效管理起来；然后，利用应用开发工具对这些数据进行开发操作并建立让其发挥作用的应用软件；最后，数据库管理员需要维护整个数据库系统的正常运行。因此，数据库是实验室数据信息的汇集仓库，它以一定的组织形式保存在存储介质上；数据库管理系统是管理数据库的系统软件，它能够实现数据库系统的各种基础功能,是整个数据库系统的核心;应用软件是指以数据库及数据库中的数据信息为基础而开发的应用程序;数据库管理员负责数据库的规划、设计、协调、维护和管理等相关工作。

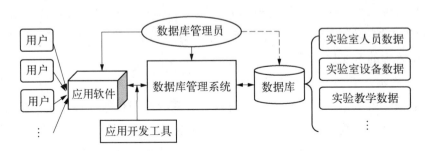

图 2-1 经管类虚拟仿真实验室数据库系统的基本构成

不仅如此,数据库系统的正常运行还需要计算机硬件环境、网络环境和软件环境的支持,同时还要有使用应用软件的用户。硬件环境指的是保证数据库系统运行的基本内存、外存等硬件资源;网络环境指的是保证数据库与系统之间建立网络通信的连接环境;软件环境指的是保证数据库管理系统正常运行的合适的操作系统环境,比如 Microsoft Windows 操作系统、Linux 操作系统等。

2. 数据库系统的逻辑关系模型

经管类虚拟仿真实验室数据库系统的设计主要分为四个阶段,分别是需求分析、概念设计、关系设计和结构设计。需求分析指的是对经管类虚拟仿真实验室的业务活动进行详细的分析,并联系已有的实验室数据信息,构建实验室信息管理系统的功能需求框架;概念设计指的是将经管类虚拟仿真实验室信息管理系统所希望实现的功能需求在底层数据库系统中进行功能概念化,并分解成数据库语言;关系设计指的是依据顶层功能需求所对应的底层数据库概念,将各种功能对应概念建立逻辑关系;结构设计指的是根据数据库逻辑关系设计建立数据库系统的基本结构。

在经管类虚拟仿真实验室数据库系统中,需求分析是起点,而关系设计是整个系统设计的核心,经管类虚拟仿真实验室数据库系统一般通过建立逻辑关系模型来进行设计,并使用 E-R 图来描述。总的来说,不同的经管类虚拟仿真实验室有不同的特色,因此其信息管理系统的功能需求也会有所不同,但是普遍都会具有一些基本功能需求。基本的经管类虚拟仿真实验室数据库系统的逻辑关系模型 E-R 图如图 2-2 所示。

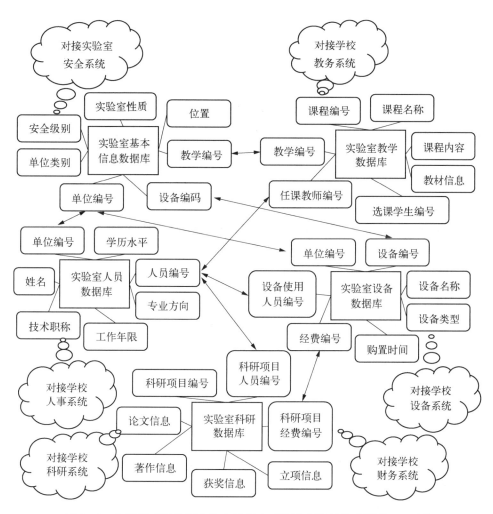

图 2-2 经管类虚拟仿真实验室数据库系统基本逻辑关系模型 E-R 图

实验室基本信息数据库、实验室人员数据库、实验室教学数据库、实验室科研数据库和实验室设备数据库是经管类虚拟仿真实验室五个最基本的信息数据库，也是构成经管类虚拟仿真实验室数据库系统的最基本成分。每一个数据库中的数据信息都按照信息规范化处理，以编码和编号为逻辑关系关键字，从而确定数据库的存储结构和存取方法，用于建立数据索引和关系模型，同时也便于和学校其他业务系统进行数据对接。通过建立逻辑关系模型，可以构建经管类虚拟仿真实验室数据库系统的基本结构框架，也能进一步利用数据库中存储的数据信息来实现实验室信息管理系统的功能需求。同时，实验室数据库系统中的数据信息又以逻辑关系关键字与学校其他业务系统对接,因此也能打通实验室数据库系统和信息管理系统的对外关系,使得系统在整个学校信息体系中寻找到支撑点。

(二)网络技术

网络技术在经管类虚拟仿真实验室技术选型和平台构建过程中扮演着至关重要的角色。它不仅支撑着实验室内部的数据传输和资源共享,还连接着远程用户和外部合作伙伴,使实验室能够实现更广泛的协作和更高效的教学科研活动。

1. 网络技术的基本概念

网络技术指的是通过硬件设备和软件系统实现数据在不同计算机或网络设备之间的传输和交换的技术。在虚拟仿真实验室中,网络技术的应用包括但不限于局域网(LAN)、广域网(WAN)、无线网络(Wi-Fi)、虚拟私人网络(VPN)以及云计算服务。

局域网是实验室内部网络的基础,它通过有线或无线的方式连接实验室内的计算机、服务器和其他设备。广域网则扩展了网络的覆盖范围,使实验室能够与远程用户和其他实验室进行通信。无线网络提供了灵活的网络接入方式,使用户可以在实验室内部自由移动而不受网络连接的限制。虚拟私人网络则通过加密技术确保数据在公共网络上的安全传输。云计算服务则使实验室能够利用远程服务器的计算资源和存储能力,支持大规模的数据处理和复杂的仿真计算。

2. 网络技术的拓扑结构

如果把计算机网络中的计算机、工作站或服务器主机等设备抽象为点,把网络中的通信连接介质抽象为线,就会形成由点和线组成的几何图形,即用拓扑学方法抽象出的网络结构,这称为计算机网络拓扑结构。常见的计算机网络拓扑结构包括星型网络拓扑结构、环型网络拓扑结构、网状网络拓扑结构、总线型网络拓扑结构、树型网络拓扑结构和混合型网络拓扑结构(图2-3)。

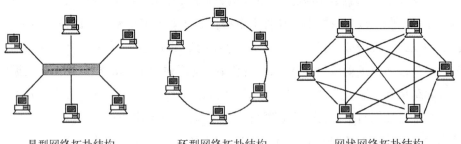

星型网络拓扑结构　　　环型网络拓扑结构　　　网状网络拓扑结构

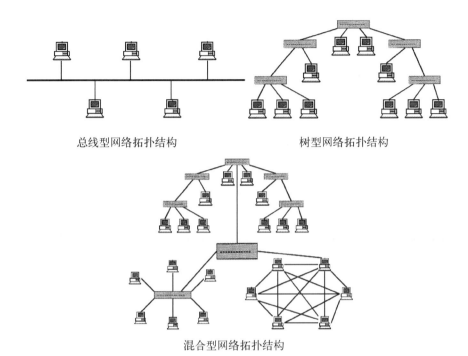

总线型网络拓扑结构　　　　树型网络拓扑结构

混合型网络拓扑结构

图2-3　常见计算机网络拓扑结构

其中,星型网络拓扑结构有一个中心节点,其他的节点与其构成点对点的网络连接,它的主要特点是便于集中式控制,容易安装网络,网络结构中某个主机或线路出现故障也不会影响整个网络系统的正常工作;环型网络拓扑结构是所有节点连接成一个闭合环的网络结构,它的主要特点是环型网络结构中各主机发出的信息沿环流动,这种网络结构在负载较重的情况下仍能传输数据信息,但当结构中某一节点出现故障时,将会影响整个网络系统的运行;网状网络拓扑结构的各个节点相互连接,每一个节点至少与其他两个节点相连,它的主要特点是结构复杂,网络稳定性和可靠性较高,但不利于管理和维护;总线型网络拓扑结构是所有节点挂接在一条网络总线上的网络结构,它的主要特点是网络简单、易于安装和扩充,适合于构造宽带局域网,但是对总线的依赖很大,如果总线出现故障将导致整个网络系统瘫痪;树型网络拓扑结构由一个根节点和多个分支节点构成,它的主要特点是线路连接简单,便于进行故障隔离,但是结构较为复杂,对根节点的依赖较大,各分支节点相对独立,不利于提高网络系统的资源共享能力;混合型网络拓扑结构是将两种以上单一网络拓扑结构混合起来,取其优点所构成的网络结构。

3. 网络技术的应用

经管类虚拟仿真实验室需要通过网络技术的应用建立稳定可靠的网络基础设施。这包括选择合适的网络拓扑结构、配置高效的网络设备以及实施有效的网络管理策略。网络基础设施的建设应考虑到实验室的规模、用户数量以及未来扩展的需求。

网络技术支持实验室内部的数据传输和资源共享。通过高速网络连接，实验室内的计算机和服务器可以快速交换数据，支持复杂的仿真计算和数据分析任务。同时，网络技术还使实验室能够与外部用户和合作伙伴共享数据和资源，促进知识的交流和合作。

网络技术使远程访问和协作成为可能。通过 VPN 和云计算服务，远程用户可以安全地访问实验室的资源，参与到虚拟仿真实验中。这种远程协作模式不仅提高了实验室的利用率，也为用户提供了更大的灵活性。

网络安全是经管类虚拟仿真实验室必须重视的问题。网络技术应包括有效的安全措施，如防火墙、入侵检测系统和数据加密，以保护实验室的数据和网络不受威胁。网络监控技术可以实时监测网络状态，及时发现和解决网络问题。

为了确保网络技术的高效运行，经管类虚拟仿真实验室需要提供专业的网络服务和支持。这包括网络设备的维护、网络故障的排除以及用户网络问题的解决。网络服务团队应具备专业的技术知识和良好的服务意识，以确保实验室的网络环境始终处于最佳状态。

（三）虚拟仿真软件技术

虚拟仿真软件技术是经管类虚拟仿真实验室实验教学的核心技术，也是实验室建设的重点内容。根据经管类专业的分类，虚拟仿真实验教学软件主要可以分为以下几类：工商管理类、财务会计类、证券金融类、管理工程类、物流管理类、旅游管理类、国际贸易类、电子商务类、实验经济类等。

工商管理类虚拟仿真实验教学软件依据管理学、经济学的基本理论，与具体行业相结合，通过利用计算机仿真模拟实验教学环境、电子沙盘等实验工具，让学生亲身参与企业经营管理与决策制定。主要包括经营决策管理、人力资源管理、市场营销管理、生产运作管理、企业连锁运营管理等虚拟仿真软件。

财务会计类虚拟仿真实验教学软件提供完整的模拟做账流程，仿真模拟财务管理中的财务分析、预算制定、筹资、投资管理等流程，让学生直观感受工业企业、商品流通企业、行政事业单位等不同类型企事业财务部门的基本业务流程，了解其工作内容、所需技能、岗位设置等基本情况。主要包括会计实务、财务管理等虚拟仿真软件。

证券金融类虚拟仿真实验教学软件利用计算机技术虚拟仿真金融市场环境和金融业务流程，使学生能够全面了解证券金融知识，提高学生专业水平和实际操作能力。主要包括证券期货外汇模拟交易、商业银行实务、国际结算、保险实务、金融投资实务、企业投融资决策、信托信贷业务等虚拟仿真软件。

管理工程类虚拟仿真实验教学软件提供一个虚拟的经营管理环境，利用计算机将抽象复杂的经营管理环境变为美观人性化的人机互动界面，以实验的形式向学生呈现先进的管理思想。主要包括 ERP 模拟、企业经营决策、项目管理、供应链管理、质量管理等虚拟仿真软件。

物流管理类虚拟仿真实验教学软件以现实物流企业为蓝本，构建逼真的三维仓储物流企业作业环境，让学生切实掌握物流接单、制定入库计划、库位安排、入库卸车、入库验收、理货、入库上架、制定出库计划等基本物流业务流程。主要包括仓储管理、物流配送管理、干线运输管理等虚拟仿真软件。

旅游管理类虚拟仿真实验教学软件模拟真实的酒店经营和行政管理、旅游资源开发与利用、旅行社经营管理、星级宾馆标准化业务等，通过多样的教学模式，提高学生的旅游管理业务知识与技能。主要包括旅游信息、酒店管理、行政管理、导游业务技能等虚拟仿真软件。

国际贸易类虚拟仿真实验教学软件以贸易实务案例为主线，以进出口贸易业务为核心，模拟进出口企业和海关的具体业务和处理流程，让学生在案例操作的过程中，通过填写和传递各类单证，完成贸易交易，从而熟悉整个进出口贸易的各个环节。主要包括国际贸易实务、进出口单证实务等虚拟仿真软件。

电子商务类虚拟仿真实验教学软件模拟电子商务过程中常见的 B2B、B2C、C2C、C2B 等几大交易类型，通过模拟角色扮演，让学生了解如何在网络商务环境中展开并完成业务。主要包括电子商务、网络营销等虚拟仿真软件。

实验经济类虚拟仿真实验教学软件模拟实验经济学、行为经济学、博弈论理论中的经典模型，让学生通过游戏来参与实验教学，熟悉和理解理论模型的内在机理。主要包括实验经济、行为经济、博弈论、经济实验模型等虚拟仿真软件。

二、平台架构设计

随着实验教学、科研、管理等工作的虚拟化、信息化、网络化、智能化和数字化程度越来越高,利用综合的系统平台来建设和管理高校经管类虚拟仿真实验室已经成为一个必然的趋势。在这个过程中,传统经管类实验室中颇具规模的计算机机房、多媒体教室等设施,以及不断购置的大量计算机由于形式多样、数量较大、部署混乱等原因,已经成为高校经管类虚拟仿真实验室系统平台构建的障碍。

高校经管类虚拟仿真实验室系统平台建设与管理不再需要大量计算机和多媒体机房的堆砌,而是追求轻量化、高效率、一体多用等目标。在这种发展趋势下,从业务数据库基础上构造实验室综合系统平台成为打破传统实验室建设与管理的一条崭新路径,而要完成这样的系统构造,就需要引入虚拟化、云计算等全新的信息技术来搭建平台环境。

不论是虚拟化技术还是云计算技术都是搭建高校经管类虚拟仿真实验室综合系统平台应用层环境的重要平台技术,但两者也有所不同。基于虚拟化技术和基于云计算技术的平台环境构建最本质的区别在于,基于虚拟化技术的平台环境更有利于构建 C/S 架构,即客户端/服务器的技术架构,强调实验室本地计算机具有客户终端;而基于云计算技术的平台环境则更有利于构建 B/S 架构,即浏览器/服务器的技术架构,强调实验室网络"云"平台的建设。

(一)基于虚拟化技术的平台架构

1. 虚拟化技术概述

虚拟化技术是将各种计算资源和存储资源进行集中整合和利用的资源管理关键技术,是将计算机的各种实体资源,比如服务器、网络、内存等,予以抽象、转换后呈现出来,打破实体结构间不可切割的障碍,使用户能够以比原本组态更好的方式来应用这些资源。同时,虚拟化的资源不再受原有架设方式、地域或物理组态所限制。

在高校经管类虚拟仿真实验室系统平台的建设与管理过程中,利用虚拟化技术对实验室系统平台进行平台环境的构建,使用最多的技术是服务器虚拟化和桌面虚拟化。

服务器虚拟化就是把一个物理服务器虚拟成若干个虚拟服务器进行使用。利用服务器虚拟化技术可以实现在有限的硬件服务器环境下部署更多的虚拟服务器资源,以达到降低硬件建设成本、提高资源使用效率和动态调度资源的效果。服务器虚拟化架构如图 2-4 所示。

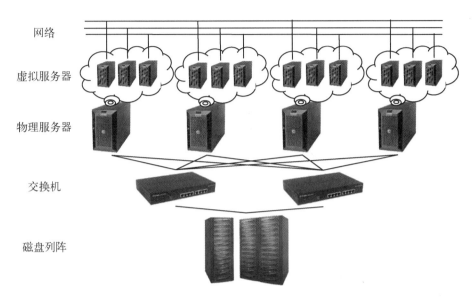

图 2-4 服务器虚拟化架构图

桌面操作系统虚拟化也叫虚拟桌面技术,是一种利用基于服务器的计算模型来实现桌面系统远程动态访问和数据中心统一托管的技术。虚拟桌面技术借用了传统的瘦客户端模型,让管理员能够将所有桌面虚拟机在数据中心进行托管并统一管理,同时让用户通过本地计算机客户终端能够获得完整的计算机桌面系统使用体验。简单来说,我们可以利用虚拟桌面技术通过任何设备,在任何地点、任何时间访问在网络上访问属于我们个人的桌面系统。

2. 基于虚拟化技术的平台环境构建

利用服务器虚拟化、桌面虚拟化等虚拟化技术,对高校经管类虚拟仿真实验室系统平台环境进行技术框架构建,主要通过实现硬件设备与应用系统的分离,将服务器、桌面系统等物理资源抽象成逻辑资源,从而将 CPU、内存等硬件资源变成可以动态管理的资源池,构建 C/S 技术架构。

通过服务器虚拟化,管理员能够将一台物理服务器虚拟成多台虚拟服务器,就可以同时运行多个不同的操作系统,各个虚拟服务器根据实际需求进行资源的动态分配,从而使服务器的利用率得到提高,也能够更灵活地适应实验教学的变化。管理员采用远程托管的专用虚拟桌面技术,配合服务器虚拟化,构建统一的虚拟化环境平台,可以保证每个用户在服务器上拥有一套属于自己的独立虚拟桌面系统,与其他用户仅共享服务器硬件资源,而不共享文件目录和应用程序,这可以实现用户之间的资源隔离,提高平台中数据信息资源的安全性。

如果高校经管类虚拟仿真实验室系统平台环境采用服务器虚拟化和桌面虚拟化技术来构建,其技术架构如图 2-5 所示。通过服务器虚拟化技术,管理员可以对实验室所有安装虚拟仿真教学软件、专业数据库软件、计量统计软件的服务器进行有机整合、统一管理。通过桌面虚拟化技术,管理员能够将所有终端桌面和应用程序集中到实验室的服务器中,且该技术支持各种计算机瘦客户端、平板电脑、笔记本等跨平台设备访问虚拟桌面,管理员在实验室的服务器上就可以对所有桌面进行集中管理和监控。统一的虚拟化环境平台不仅能够提高服务器资源的利用率,而且可以提升实验室的整体管理效率和运维能力。

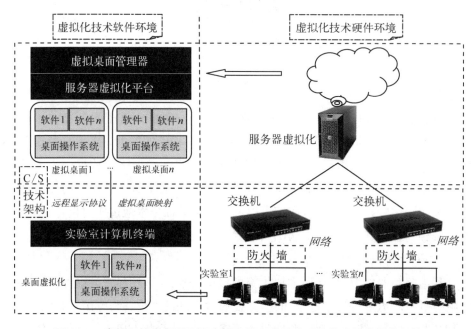

图 2-5 高校经管类虚拟仿真实验室信息化平台环境的虚拟化技术架构

3. 应用虚拟化技术的平台架构特点

(1) 管理统一、效率提升、成本降低

采用统一的虚拟化环境平台的高校经管类虚拟仿真实验室能够将相对分散的实验室计算机终端进行统一管理,将所有数据和应用软件的配置、存储集中在远程的虚拟化服务器中,突出实验室计算机终端的应用功能,降低其配置要求压力。而通过建立在服务器虚拟化平台上的虚拟桌面管理器,管理员可以实现对经管类虚拟仿真实验室计算机终端的统一配置和维护,这将提升管理效率,降低计算机配置成本和运行维护成本。

(2) 资源共享、利用率提高

采用统一虚拟化环境平台的高校经管类虚拟仿真实验室可以按照不同应用软件的配置要求对应配备在不同的服务器上,高配置的软件安置在高配置的服务器上,低配置的软件安置在低配置的服务器上,这样可以提升服务器的资源利用率。实验室的软硬件不再是固定在单个实验室中,而是通过虚拟化技术开放在平台环境内,通过管理员给学生和教师分配相应的访问权限,经管类虚拟仿真实验室资源即可实现开放共享。

(3) 部署灵活、平台环境个性化

高校经管类虚拟仿真实验室在虚拟化环境平台下,通过对虚拟桌面的灵活部署与管理,可以满足教师和学生定制个性化实验教学和实验研究环境的需求。在实验室虚拟化环境平台中,师生可以配置个性化的虚拟桌面,在实验教学和研究过程中调用不同的实验工具。

(4) 系统安全性提升

传统的经管类虚拟仿真实验室信息系统由于属于本地环境部署,往往部署环境较多,操作复杂,并且容易在日常运行过程中受到病毒入侵。而采用统一的虚拟化环境平台的高校经管类虚拟仿真实验室,由于本地系统和虚拟化平台从物理上是分离的,所以能够更有效地隔离病毒威胁,提升系统的安全性。

(二) 基于云计算技术的平台环境

1. 云计算技术概述

云计算技术是对大量的用网络连接的计算资源进行统一管理和部署,从而构成计算资源池并向用户提供基于网络的交互式服务的技术。云计算技术是集分布式数据文件管理、分布式网络存储、虚拟集群化硬件管理于一体的新型信息交互技术。

从技术角度来看,云计算技术将硬件资源、数据库资源"云"化,并进行集群管理,与虚拟化技术非常相似,但是云计算技术的分层模式更复杂,分布式特点更突出。云计算技术主要有三个基本技术层,分别是基础设施层(IAAS, Infrastructure as a Service)、管理平台层(PAAS, Platform as a Service)和应用服务层(SAAS, Software as a Service)。在云计算中,每一个技术层都可以当作服务,即理论上系统访问设备可以做到对每一个技术层的交互服务访问。

2. 基于云计算技术的平台环境构建

利用云计算技术通过建立基础设施层、管理平台层和应用服务层三个基本技术层来搭建完整的云平台架构，从而实现对高校经管类虚拟仿真实验室系统平台环境技术框架的构建，其技术架构如图 2-6 所示。基于云计算技术的平台环境通常采用 B/S 技术架构，这是因为在 B/S 架构中，技术架构结合浏览器的 Script 语言和 ActiveX 技术，业务逻辑极少在系统前端实现，绝大多数业务逻辑在服务器端执行，所以 B/S 技术架构更符合云平台的构建理念。

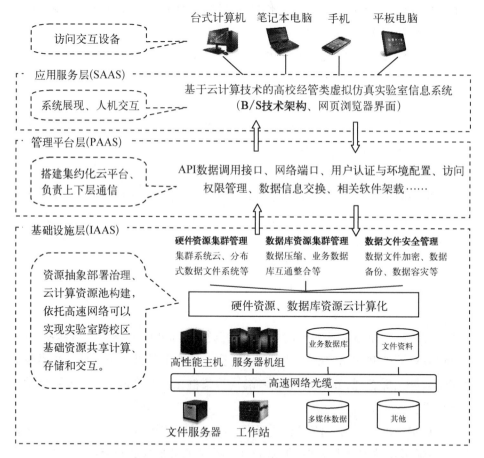

图 2-6　高校经管类虚拟仿真实验室信息化平台环境的云计算技术架构

基于云计算的高校经管类虚拟仿真实验室系统平台环境主要采用分层设计理念来构建，将平台系统功能有序地分层，应用程序功能位于上层，平台管理功能位于中层，环境配置部署功能位于底层。多层设计使各个业务逻辑互相独立，某一技术层的变化不会影响其他技术层的运行,同时使整个平台以较为松散的方式耦合,从而便于维护。

(1) 基础设施层(IAAS)的构建

基础设施层的构建原则是动态化、集约化、共享化。基础设施层的构建通过对资源的抽象部署和治理,充分整合计算机硬件资源和数据库资源,实现计算机资源和存储资源的共享,形成云计算资源池并动态管理业务数据库,按需分配给应用层,降低管理复杂性。与此同时,对于一些跨校区的高校经管类虚拟仿真实验室,或者部分财经类高校分散在各专业学院的经管类虚拟仿真实验室群,在云计算技术下可以利用高速网络光缆在平台基础设施层打通不同校区或不同学院实验室之间的资源,实现硬件资源、数据库资源的计算、存储和交互共享。

(2) 管理平台层(PAAS)的构建

管理平台层的构建是为了保证上层应用与底层资源之间的联系,通过 API 数据调用接口来解决数据互联互通的问题,实现资源整合和共享。管理平台层的构建能够灵活应对应用服务层遇到的各种需求,并根据需求变化,在底层资源整合的基础上快速开发和建设丰富的应用接口,同时保证这些应用接口在平台上的有机统一和集成创新。通过管理平台层可以实现规范统一的管理部署、保障数据安全管理,同时能够嵌入式配置用户认证和访问权限管理,为应用服务层的正常运行奠定技术基础。

(3) 应用服务层(SAAS)的构建

应用服务层的构建是对整个基于云计算技术的平台环境的信息展现。利用 B/S 技术架构可以很好地将基于云计算技术的高校经管类虚拟仿真实验室信息系统嵌入网页浏览器界面,实现系统展现和人机交互,并在业务操作过程中通过管理平台层完成应用数据调用和反馈,执行业务逻辑。由于基于云计算技术的平台能够很好地融入 B/S 技术架构,因此对于应用服务层的系统访问也是非常友好和兼容的,用户可以通过台式计算机、笔记本电脑、手机、平板电脑等设备进行平台系统的访问和操作。

3. 应用云计算技术的平台环境特点

(1) 资源统一管理、兼容性提高

采用云计算环境平台的高校经管类虚拟仿真实验室能够将相对分散的实验室信息资源、教学资源、科研资源和管理资源有效整合和统一管理。同时借助云计算技术的平台利用 B/S 架构,能够很好地提供业务访问与操作的兼容性。教师和学生在不同的操作系统、不同的网页浏览器下均可以实现对云平台的访问和对应用程序的操作。

(2) 实验环境优化、实验资源共享

云计算平台环境构建的是一个科学合理、开放互联的应用服务平台,它不仅是一个即时互动、资源共建的协同界面,也是一个资源共享的网络平台。通过应用接口,可以实现资源深度整合和网络化存储管理。同时,由于平台兼容性高,因此其能够很好地与高校其他系统平台进行对接,实现跨平台管理。

(3) 未来升级发展与创新便利

云计算是新一代因特网技术的核心,所以采用云计算技术构建高校经管类虚拟仿真实验室系统平台环境能够有效解决信息化建设与发展的瓶颈问题,创新经管类虚拟仿真实验室的教学、研究与管理模式。

第三章
经管类虚拟仿真实验室的硬件与软件建设

第一节 硬件设施的配置与管理

硬件设施是我国高校经管类虚拟仿真实验室实现高效、互动和沉浸式学习体验的基础设施。高性能的计算机和服务器为运行复杂的仿真软件提供了必要的计算能力，确保了实验的流畅性和数据的快速处理。先进的网络基础设施保障了数据的实时传输和远程访问，使学生和教师能够不受地域限制地参与实验和教学活动。专业设备如大屏幕显示系统和虚拟现实头盔等，增强了实验的真实感和交互性，使学生能够在模拟的商业环境中获得接近现实的操作经验。实验室的环境设计和空间布局也直接影响学生的学习效率和舒适度，一个良好的实验环境能够激发学生的学习兴趣和创造力。因此，硬件设施的完善对于提升虚拟仿真实验室的教学效果和研究水平具有决定性的影响。

一、服务器与存储设备

（一）服务器的配置要求

1. 处理能力

处理能力在经管类虚拟仿真实验室的服务器配置中占据核心地位，因为它直接关系到仿真实验的效率和质量。服务器的处理能力主要取决于其 CPU 的性能，包括核心数、线程数、主频和缓存大小等参数。在经管类仿真中，服务器经常需要处理大量的数据分析、复杂的数学模型和多变量优化问题，这些任务对计算资源的需求非常高。因此，服务器应选择多核心、高主频的 CPU，以支持高效的并行计算和快速的数据处理。多核心 CPU 能够同时处理多个仿真任务，而高主频 CPU 则意味着其单位时间内可以执行更多的计算操作，从而加快仿真过程。除了 CPU 本身的性能，内存也是影响处理能力的重要因素。服务器需要足够的内存来支持多用户同时进行仿真实验，以及存储临时数据和中间计算结果。内存容量不足会导致频繁的硬盘交换操作，严重影响仿真效率。内存的速度也很重要，高速内存可以减少数据访问延迟，进一步提升处理速度。服务器的多任务处理能力同样关键，服务器需要有效地管理多个并发仿真任务，确保每个任务都能得到合理的 CPU 时间和内存资源。这通常需要服务器操作系统具备高效的任务调度和资源管理机制。同时，服务器应配备先进的性能监控工具，以便管理员实时监控 CPU 使用率、内存占用等关键指标，并根据监控结果进行资源优化和调整。

2. 网络连接

服务器的网络连接配置对经管类虚拟仿真实验室来说至关重要，因为它决定了服务器与外界通信的效率和稳定性。一个高性能的网络连接不仅能够确保数据的快速传输，还能够支持多用户同时访问服务器进行仿真实验，而不会出现延迟或中断。在配置服务器网络时，首先需要考虑的是网络带宽，这直接关系到数据传输的速度。一个具有高带宽的网络连接可以同时处理大量的数据请求，无论是上传仿真结果还是下载新的仿真数据集，都能够迅速完成。除了带宽，网络的延迟也是影响用户体验的关键因素。低延迟的网络连接可以减少用户等待时间，特别是用户在进行实时仿真或远程访问时，低延迟能够提供更加流畅的交互体验。因此，服务器应连接到高速且稳定的网络，最好通过多线路接入，以保证在某一网络路径出现问题时，用户可以自动切换到备用路径，确保网络连接的连续性和可靠性。网络的安全性也是配置时不可忽视的方面。服务器应通过防火墙、入侵检测系统和其他安全措施来保护数据不受未授权访问和网络攻击的威胁。对于敏感数据的传输，应采用加密技术，如 SSL/TLS，以确保数据在传输过程中的安全。为了实现网络的高效管理和监控，服务器还应配备先进的网络管理工具，这些工具可以帮助管理员实时监控网络状态，诊断和解决网络问题，从而确保网络连接的最优性能。随着实验室规模的扩大和用户数量的增加，网络连接的可扩展性也日益重要，其有助于用户在未来轻松升级网络设备和服务，以适应更高的网络需求。

3. 服务器虚拟化

服务器虚拟化在经管类虚拟仿真实验室中是一项关键技术，它允许多个虚拟机（VMs）在单个物理服务器上同时运行，从而大幅提升资源利用率和灵活性。虚拟化配置要求首先涉及硬件的兼容性和性能,服务器必须具备支持虚拟化技术的 CPU 和主板,例如支持 Intel VT-x 或 AMD-V 技术的处理器,这些技术能够提供更高效的隔离和资源分配机制。服务器的内存和存储资源也需要足够丰富,以支持多个虚拟机的运行需求,包括内存容量、存储空间和 I/O 性能。虚拟化配置还需要考虑网络的隔离和优化,因为每个虚拟机都可能需要独立的网络接口。这意味着服务器需要具备足够的网络接口卡(NICs)以及相应的虚拟交换机配置,以确保虚拟机之间的网络通信既安全又高效。同时,虚拟化环境还需要高效的管理和监控工具,如 VMware vCenter 或 Microsoft Hyper-V Manager,这些工具可以帮助管理员轻松创建、配置和维护虚拟机,监控资源使用情况,并进行故障排查。

4. 安全性与扩展性

服务器配置的安全性和扩展性是经管类虚拟仿真实验室稳定运行和未来发展的基石。安全性配置可以确保服务器和存储在其上的数据免受未经授权的访问和网络攻击的威胁,而扩展性配置则保证了服务器能够适应不断增长的用户需求和技术进步。在安全性方面,服务器的物理安全需要确保,这可能包括访问控制、视频监控和环境监控等措施。在网络层面,服务器应配备先进的防火墙和入侵检测系统(IDS),以及入侵防御系统(IPS),以监控和阻止潜在的恶意流量。服务器操作系统和应用程序需要定期更新,以修补已知的安全漏洞。实施严格的访问控制策略和用户身份验证机制,如多因素认证,可以有效防止未授权访问。数据加密技术应用于存储和传输的数据,可以确保敏感信息的安全。备份和灾难恢复计划也必须到位,以防数据丢失或系统故障。扩展性配置则涉及服务器硬件和软件的升级能力。服务器硬件应选择模块化设计,允许在不影响现有运行的情况下增加额外的 CPU 核心、内存、存储容量或网络带宽。例如,服务器的内存插槽应有足够的空余,以便未来增加更多内存条。同样,服务器机箱应具备足够的硬盘槽位,以支持更大容量或更高性能的存储设备。在软件层面,服务器操作系统和虚拟化平台应选择支持最新技术和功能的产品,以便未来可以无缝集成新的服务和应用程序。服务器的软件架构应设计为可伸缩的,以能够通过添加更多的服务器或负载均衡来处理增加的负载。

(二)存储设备的配置要求

1. 容量和性能

存储设备在经管类虚拟仿真实验室中的作用不容小觑,它们不仅需要提供足够的容量来存储大量的仿真数据、教学资源、用户文件和系统备份,而且必须具备出色的性能以确保数据的快速存取和处理。容量方面,随着仿真实验数据量的不断增长,存储设备必须具备大规模存储能力,因此需要采用高容量的硬盘驱动器(HDDs)或固态硬盘(SSDs),甚至可能需要结合使用两者以平衡成本和性能。SSDs因其更快的读写速度而成为首选,尤其是在需要频繁访问数据的场合,如虚拟机的启动和运行。然而,对于存储大量不常访问的数据,如归档信息,HDDs可能更为经济实惠。性能方面,存储设备的性能直接影响到仿真实验的效率。高速的读写能力可以减少仿真过程中的等待时间,提高整体的处理速度。为此,存储设备应支持最新的接口标准,如SATA Revision 3.0、PCIe或NVMe,这些标准提供了更高的数据传输速率。采用RAID技术可以提高数据的可靠性和性能。例如,RAID 5或RAID 6配置可以在不牺牲太多性能的情况下提供数据冗余,从而在硬盘故障时保护数据不受损失。为了进一步提升性能,存储设备可以采用缓存策略,如使用RAM缓存或SSD缓存来临时存储频繁访问的数据,从而减少对物理存储介质的访问次数。存储设备还应支持数据压缩和去重技术,这可以在不牺牲性能的前提下有效扩展存储容量。

2. 数据保护

数据保护不仅涉及防止数据丢失,还包括对数据的完整性和可用性的维护。首先,RAID(冗余阵列独立磁盘)技术是最基础的数据保护措施之一,通过将数据分散存储在多个硬盘上,RAID可以在单个硬盘故障时保护数据不受损失。例如,RAID 1提供镜像功能,即完全复制数据到两个或更多的硬盘上,而RAID 5和RAID 6则通过奇偶校验在多个硬盘间分布数据和校验信息,允许在一块或多块硬盘故障时重建数据。除了RAID,定期的数据备份也是数据保护的关键组成部分。备份可以是本地的,也可以是远程的,甚至是云备份,以确保在硬件故障、软件错误或灾难性事件中数据的可恢复性。备份策略应包括全备份、增量备份和差异备份的组合,以便在最小化存储和网络资源使用的同时最大化数据的安全性。数据加密是另一个重要的保护措施,它可以防止未经授权的访问和数据泄露。对于存储在服务器上的敏感数据,如个人身份信息、财务记录等,应使用强加密标准进行加密。对于数据传输,如通过网络发送的数据传输,也应采用SSL/TLS等加密协议来保护数据在传输过程中的安全。为了提高数据保护的效率和自动化水平,现代存储设备通常配备有高级的数据管理软件,这些软件可以自动执行备份任务、监控数据状态、执行数据恢复操作,并在检测到问题时发出警报。这些软件还可以帮助管理员进行数据生命周期管理,如数据归档、数据分层存储和数据清除。最后,为了应对灾难性事件,存储设备应具备灾难恢复功能,这可能包括热备份站点、数据复制到地理分散的地点以及快速恢复机制,以确保在灾难发生后服务能够迅速恢复。灾难恢复计划应定期进行测试和更新,以确保其有效性。

(三)服务器和存储设备的管理

1. 综合监控与运维

综合监控与运维是确保服务器和存储设备稳定运行的基础。通过实时监控系统的关键性能指标,如 CPU 使用率、内存占用、磁盘 I/O 和网络流量,管理员能够迅速识别并解决潜在的性能瓶颈或故障。监控系统应具备报警功能,当性能指标超出预设阈值时,能够及时通知运维团队。日志管理对于追踪系统事件、用户操作和安全警告至关重要,有助于事后分析问题根源和进行审计。定期的系统维护,包括软件更新和硬件检查,有助于预防故障发生,保持系统在最佳状态。运维团队应制定详细的操作手册和应急预案,以标准化日常运维流程,并确保在紧急情况下能够快速有效地响应。

2. 备份策略与补丁管理

备份策略与补丁管理是数据保护和系统安全的重要组成部分。一个有效的备份策略应包括定期的全量备份和增量备份,以及数据的远程复制,确保在发生硬件故障、人为错误或安全事件时能够快速恢复数据。备份数据应存储在安全的位置,最好是物理位置,与生产环境分离,以防灾难性事件;同时,恢复流程应定期测试,以验证备份数据的完整性和可用性。补丁管理是维护系统安全的关键措施,定期应用操作系统和应用程序的安全补丁和更新,可以修复已知漏洞,减少被攻击的风险。补丁部署应在最小化业务中断的前提下进行,通常选择在系统低峰时段进行。

3. 资源优化与能源管理

资源优化与能源管理旨在提高服务器和存储设备的运行效率和降低运营成本。资源优化涉及对 CPU、内存、存储和网络资源的合理分配和调整,以适应不同的工作负载和应用需求。采用虚拟化技术和容器化,可以实现资源的动态分配和高效利用。利用监控工具分析资源使用模式,可以发现并关闭不必要的服务,或者在需求高峰时自动扩展资源。能源管理则关注于减少服务器和存储设备的能耗。采用节能技术,如动态频率和电压调整、硬盘睡眠模式以及高效的散热系统,可以显著降低能源消耗。同时,优化数据中心的布局和制冷系统,也能有效提高能源效率。这些措施,不仅能够降低成本,还能减少环境影响,实现绿色运营。

二、网络设备与连接

(一)网络设备的配置要求

1. 网络连接要求

在经管类虚拟仿真实验室中,网络连接的要求不仅仅是要提供基础的数据传输能力,而且要确保高速、稳定且低延迟的网络服务。实验室内部需要处理大量的数据,包括复杂的仿真模型、实时数据分析和多用户协作,这就要求网络连接必须具备足够的带宽来支持这些高数据流量的活动。实验室可能需要与外部网络进行数据同步,如访问互联网上的数据库或与远程合作伙伴进行协作,这就需要网络连接具备与外部网络高速连接的能力。为了满足这些要求,实验室通常会部署千兆或更高速度的有线网络,以及可能的无线网络覆盖,确保所有设备都能够获得快速的网络访问。同时,为了提高网络的稳定性,实验室可能会采用多链路负载均衡技术,通过多个网络提供商来实现网络冗余,从而在一个链路出现问题时,其他链路可以立即接管,保证网络服务的连续性。

2. 网络冗余和负载要求

网络冗余和负载均衡是确保虚拟仿真实验室网络稳定性和可靠性的关键。网络冗余意味着在网络中存在多个相同的路径,以便在某个环节发生故障时,网络流量可以自动切换到备用路径,从而避免单点故障导致的服务中断。这种设计可以通过多个路由器、交换机和链路来实现,确保网络的高可用性。负载均衡则关注于在网络流量高峰时,如何合理分配流量,避免网络拥堵和性能下降。通过负载均衡器或智能交换机,网络流量可以根据预设的策略在多个链路或设备间分配,从而优化网络资源的使用效率。这不仅能够提高网络的整体性能,还能够改善用户体验,尤其是在多用户同时进行仿真实验时。

3. 支持新技术要求

随着信息技术的快速发展,新的网络技术和应用不断涌现,如云计算、物联网(IoT)、软件定义网络(SDN)等。这些新技术对网络设备提出了新的要求,包括更高的灵活性、更好的扩展性和更强的智能化管理能力。例如,云计算要求网络能够支持动态资源分配和按需服务,而物联网则需要网络能够连接和管理大量的智能设备。为了支持这些新技术，网络设备必须具备先进的功能和开放的架构。这意味着网络设备不仅要能够处理传统的数据流量，还要能够适应新兴应用的需求。例如，SDN 允许网络管理员通过软件来控制网络流量，而不是依赖于硬件设备，这提供了更高的灵活性和自动化水平。网络设备还应支持虚拟化技术，以便在虚拟环境中灵活地配置和管理网络资源。

（二）网络设备与连接的管理

网络设备管理涉及对实验室内部所有网络硬件的维护、监控和优化，以确保网络服务的稳定性和安全性。首先，网络设备的配置和维护要求管理员定期更新设备的固件和软件，以利用最新的功能和安全补丁，防止潜在的安全威胁。这包括对路由器、交换机、防火墙等关键设备进行定期检查，确保它们的配置符合当前的安全标准和性能需求。同时，网络监控系统需要实时跟踪设备状态和网络性能指标，如带宽使用率、延迟和丢包率，以便及时发现并解决网络拥堵或设备故障等问题。监控工具还应具备报警功能，在检测到异常时立即通知管理员，以便采取相应措施。为了提高网络设备的安全性，管理员必须严格执行访问控制策略，确保只有授权人员才能访问设备的管理界面，通过实施强密码策略和多因素认证等措施来加强设备的安全防护。网络设备的文档化和标准化也同样重要，详尽的配置文档和操作手册不仅有助于新员工快速熟悉网络环境，而且在故障排查和网络升级时发挥着关键作用。总之，这些综合性管理措施的执行，可以确保网络设备始终处于最佳状态，支持实验室的高效运行和不断发展。

网络连接管理确保了实验室内部及与外部世界的顺畅通信和数据交换。网络连接管理的核心在于监控和维护网络带宽的使用，以支持实验室内关键应用的高效运行，同时避免网络拥堵和性能下降。通过实施带宽管理和服务质量（QoS）策略，网络管理员能够优先处理关键流量，如仿真实验数据传输和视频会议，确保这些活动获得必要的网络资源。网络连接的冗余设计是提高网络可靠性的关键，通过配置多个网络路径和备份设备，网络管理员可以在主要连接发生故障时迅速切换，最小化服务中断的风险。网络安全措施也是网络连接管理的重要组成部分，部署防火墙、入侵检测系统和虚拟专用网络（VPN）等技术，可以保护实验室的数据传输免受外部攻击和内部威胁。性能优化是网络连接管理的另一个关键方面，通过分析网络流量模式和定期调整网络配置，可以提升网络效率，减少延迟，提高数据传输速度。最后，制定和测试灾难恢复计划也是网络连接管理的一个重要方面，确保在面对网络设备或连接故障时，网络服务能够迅速恢复，保障实验室运营的连续性。综上所述，网络连接管理通过一系列综合性措施，可以确保经管类虚拟仿真实验室网络连接的高效性、稳定性和安全性，为实验室的教学和研究活动提供坚实的网络基础。

三、用户终端与交互设备

在经管类虚拟仿真实验室中，用户终端和交互设备是学生和教师与仿真系统互动的接口与传感的媒介。这些设备的类型和配置要求直接影响用户体验和仿真实验的效果。

（一）用户终端的类型

1. 计算机终端

计算机终端（PC）目前仍然是经管类虚拟仿真实验室中学生和教师进行仿真实验的主要工具载体。计算机终端可以是台式机或笔记本电脑，它们具备足够的处理能力和存储空间来运行复杂的仿真软件和处理大量的数据集。台式机因其更好的性能和升级性，特别适合作为固定工作站使用，能够提供更强大的计算能力和更大的显示屏，这对于运行资源密集型的仿真应用和进行多任务操作非常有利。笔记本电脑则提供了更高的便携性，使用户可以在实验室内外的不同地点进行工作，这对于需要在不同场合进行演示或协作的经管类仿真实验尤为重要。

2. 移动终端

智能手机和平板电脑是目前经管类虚拟仿真实验室中最常见的移动终端，因其便携性和易用性，其在经管类虚拟仿真实验室中也发挥着越来越重要的作用。这些终端设备通常配备有触控屏幕，支持手指或触控笔操作，使用户能够通过直观的界面与仿真软件交互。移动设备上的各种应用程序使用户可以轻松访问仿真数据、进行数据分析和查看实验结果。移动设备还支持无线网络连接，使用户可以随时随地连接到实验室的服务器和仿真平台，进行远程学习和协作。移动设备在进行市场调研、现场数据收集和即时决策分析等活动时尤为有用，它们为经管类仿真实验提供了灵活性和实时性。

3. 虚拟桌面终端

虚拟桌面终端（VDI）是一种新兴的用户终端形式，它允许用户通过网络连接到服务器上的虚拟机（VM）进行仿真实验。VDI通过集中管理的方式，使实验室的IT管理员可以在服务器上统一安装、更新和维护仿真软件，而用户则可以通过瘦客户端或远程桌面软件从任何网络连接的设备访问虚拟桌面。这种方式不仅减少了对个人计算机硬件的需求,而且提高了软件的安全性和可管理性。VDI 特别适合于需要执行高性能仿真计算和处理敏感数据的场景,因为它可以在实验室的控制环境中安全地运行。VDI 还支持多用户同时使用不同的操作系统和应用软件,为用户提供了高度的灵活性和可扩展性。

(二)交互设备的类型

1. 音视频设备

音视频设备在经管类虚拟仿真实验室中起着至关重要的作用,它们支持远程教育、远程会议和协作学习。音频设备通常包括高质量的麦克风和扬声器,这些设备能够捕捉和播放清晰的声音,确保在网络会议和讨论中的沟通无障碍。视频设备则包括高分辨率的摄像头,它们能够提供清晰的图像,使远程参与者能够看到彼此的表情和肢体语言,增强交流的直观性。音视频设备还应支持高清视频会议软件,如 Zoom 或 Skype,以便在仿真实验中进行实时的互动和反馈。这些设备对于模拟商业谈判、客户服务场景或进行市场分析讲解等活动尤为重要,因为它们能够模拟真实的商业环境,提供沉浸式的学习体验。

2. 虚拟现实(VR)设备

VR 设备为经管类虚拟仿真实验室提供了一种全新的交互方式,它通过头戴式显示器(HMD)和跟踪系统,使用户能够沉浸在三维的虚拟环境中。VR 设备可以模拟各种商业场景,如虚拟商店、办公室或工厂,让学生能够在没有物理限制的情况下进行实践操作和决策模拟。例如,学生可以通过 VR 设备体验不同的市场营销策略对消费者行为的影响,或者在虚拟环境中进行供应链管理的模拟。VR 技术还能够用于培训,如客户服务培训、团队建设活动和领导力发展,因为它提供了一个安全的环境,让学生可以自由尝试和犯错,同时获得即时反馈。VR 设备的配置要求通常较高,需要强大的图形处理能力和精确的运动跟踪系统,以确保流畅和真实的体验。

3. 增强现实(AR)设备

AR 设备通过在现实世界中叠加虚拟信息,为用户提供了一个交互式的学习平台。AR 设备通常包括 AR 眼镜或平板电脑等移动设备,它们通过内置的摄像头和传感器捕捉现实世界的画面,并在其上叠加图形、文本和音频等虚拟元素。在经管类虚拟仿真实验室中,AR 设备可以用于产品展示、市场分析和商业策略模拟等。例如,学生可以通过 AR 眼镜观察虚拟产品在现实环境中的摆放效果，或者在进行市场调研时，通过 AR 设备查看特定区域的消费者行为数据。AR 技术的优势在于它结合了现实世界的直观性和虚拟信息的丰富性，为学习者提供了一个互动性强、信息量大的学习环境。AR 设备的配置要求通常包括高性能的处理器、高分辨率的显示屏和精确的传感器，以确保高质量的图像渲染和用户交互体验。

（三）用户终端设备和交互设备的配置要求

用户终端设备，包括计算机终端、移动终端和虚拟桌面终端，必须具备足够的性能来支持复杂的仿真软件和数据分析任务。这些设备需要配备高速多核处理器，以处理仿真实验中的大量计算需求。足够的内存（RAM）是必不可少的，它不仅能够支持多任务操作，还能缓存频繁访问的数据，从而提高响应速度。高性能的图形处理单元（GPU）对于运行图形密集型仿真软件尤为重要，它可以加速渲染过程，提供更流畅的视觉体验。存储设备应采用高速固态硬盘（SSD），以减少数据读写时间，加快仿真软件的启动和运行。同时，足够的存储容量是必要的，以便用户存储大量的仿真数据、用户文件和软件安装包。网络连接能力也是一个关键因素，用户终端设备应支持最新的无线网络标准，如 Wi-Fi 6，以及有线网络连接，如千兆以太网，确保数据传输的高速性和稳定性。

交互设备，包括音视频设备、虚拟现实（VR）设备和增强现实（AR）设备，它们的配置要求侧重于提供高质量的感官体验和直观的用户交互。音视频设备需要具备高清晰度的摄像头和麦克风，以及高质量的扬声器和音频输出设备，这样才能在远程会议和协作中提供清晰的视听效果。这些设备应支持高清视频会议软件，并能够无缝集成到仿真实验室的环境中。VR 设备要求具备高分辨率的头戴式显示器和精确的运动跟踪系统，以提供沉浸式的体验和准确的交互反馈。VR 设备的配置还应包括舒适的头戴设计和易于操作的用户界面，以便用户能够在长时间内进行仿真操作而不感到疲劳。VR 系统需要强大的图形处理能力来支持复杂的三维环境和实时渲染。AR 设备的配置要求与 VR 类似，但更侧重于在现实世界中叠加虚拟信息的能力。AR 设备通常需要集成先进的传感器和摄像头，以便准确地捕捉用户的位置和动作，并将虚拟信息与现实世界融合。AR 设备还需要高性能的处理器来处理复杂的图像识别和图形叠加任务，同时保持流畅的用户体验。

综上所述，用户终端和交互设备的配置要求旨在提供高效能、高稳定性和高质量的用户体验。这些设备必须具备足够的计算能力、存储空间、网络连接性能以及先进的感官交互功能,以满足经管类虚拟仿真实验室在教学和研究中的高标准需求。通过精心配置这些设备,实验室能够为用户提供一个功能强大、互动性强和高度逼真的仿真环境。

第二节　软件平台的开发与集成

软件平台是经管类虚拟仿真实验室实现高效教学和研究活动的核心。软件平台提供了仿真实验的环境,使学生和教师能够在模拟的商业环境中进行各种经济管理活动,如市场分析、财务决策、供应链管理等。这些仿真软件能够复现现实世界的复杂性,让学生在没有实际风险的情况下学习和实践决策过程。软件平台通常集成了丰富的案例库和数据集,为学生提供大量的实践机会,帮助他们理解理论知识在实际情境中的应用。软件平台还支持远程访问和协作功能,使学生和教师可以跨越地理界限,进行实时的交流和团队合作,这对于现代远程教育尤为重要。软件平台的数据分析和可视化工具能够帮助用户更直观地理解仿真结果,提高决策的准确性。综上所述,软件平台不仅增强了经管类虚拟仿真实验室的教学效果,也极大地扩展了研究的可能性,是连接理论与实践、知识与应用的重要桥梁。

一、操作系统与数据库选择

在经管类虚拟仿真实验室中,软件平台的操作系统和数据库选择对于确保实验室的高效运行和数据管理至关重要。操作系统作为软件平台的基础,不仅影响着用户体验,还决定了数据库和其他应用软件的运行环境。数据库则是存储和管理实验室数据的关键组件,它必须能够处理大量的数据,同时保证数据的安全性和可访问性。

(一)操作系统的选择

1. Windows 操作系统

Windows 操作系统因其广泛的应用和良好的兼容性,通常是经管类虚拟仿真实验室的首选。Windows 平台支持多种商业软件和教育工具,如 Microsoft Office 套件、财务分析软件和数据库管理系统,这些都是进行经济管理教学和研究不可或缺的工具。Windows 系统的图形用户界面(GUI)友好,易于学生和教师使用，而且其强大的多任务处理能力使用户能够同时运行多个仿真应用，进行复杂的数据分析和模型构建。Windows 系统的安全性也通过定期更新得到增强，这对于保护实验室中敏感的商业数据和研究结果至关重要。

2. Linux 操作系统

Linux 操作系统以其高度的稳定性和安全性在经管类虚拟仿真实验室中也占有一席之地。Linux 系统的开源特性意味着实验室可以自由地定制操作系统，以适应特定的教学和研究需求。例如，实验室可以选择适合的发行版，如 Debian 或 CentOS，来搭建服务器，运行仿真软件，或者使用 Ubuntu 等发行版作为桌面环境，进行数据分析和图形化展示。Linux 系统的稳定性减少了系统崩溃的风险，这对于长时间运行复杂仿真实验尤为重要。Linux 系统的安全性通过强大的权限管理和内置防火墙得到加强，这确保了实验室数据的安全。Linux 还支持各种编程语言和开发工具，使得学生和研究人员能够开发和调试自己的仿真脚本和程序。

3. macOS 操作系统

macOS 操作系统在经管类虚拟仿真实验室中以其出色的用户体验和强大的创意工具集而受到重视。macOS 的简洁界面和流畅的操作体验使学生和教师能够快速上手，专注于仿真实验和数据分析。苹果公司提供的 iWork 套件（包括 Pages、Numbers 和 Keynote）为经管类学生提供了创建报告和演示文稿的高效工具。macOS 系统的集成性，如 Handoff 和 AirDrop 功能，使得在不同苹果设备之间共享数据和协作变得简单。macOS 对多媒体内容的支持，如 Final Cut Pro 和 Logic Pro，使得它成为进行市场分析和广告创意制作的理想平台。macOS 的安全性和隐私保护功能，如沙盒化应用和 Gatekeeper，为实验室提供了一个安全的计算环境。

（二）数据库的选择

数据库作为经管类虚拟仿真实验室中存储、管理和检索实验室数据的核心，其选择取决于实验室对数据管理的具体需求，但其至少应能够满足高性能、高可用性、安全性和易用性等多方面的要求。首先，数据库必须能够处理大量的数据，并支持高效的数据检索和分析，因为数据库的性能直接影响到仿真实验的响应时间和数据处理能力。关系型数据库如 MySQL、PostgreSQL 和 Microsoft SQL Server 因其强大的数据组织和查询能力而被广泛使用。这些数据库支持 SQL 语言，允许用户执行复杂的查询操作，如联接、分组和排序，这对于进行经济管理分析尤为重要。对于需要处理非结构化数据或进行大数据分析的实验室，NoSQL 数据库如 MongoDB 或 Cassandra 可能是更好的选择。这些数据库提供了灵活的数据模型和水平扩展能力，使得它们能够处理大量的非结构化数据，如文档、图片和视频。NoSQL 数据库的分布式架构也使得它们能够支持大规模的数据存储和高并发访问。

高可用性是数据库选择的另一个重要因素。在经管类虚拟仿真实验室中，数据库的稳定性和可靠性至关重要，因为任何系统中断都可能导致教学和研究活动的延误。因此，选择支持数据备份、故障转移和数据恢复的数据库系统是必要的。这样，即使在硬件故障或软件错误的情况下，数据库也能够快速恢复，减少数据丢失的风险。

数据库的安全性也是一个重要的考虑因素。数据库应提供用户权限管理、数据加密和备份机制，以保护数据不被未授权访问和丢失。数据库的性能优化功能，如索引、缓存和查询优化，对于提高数据检索速度和减少系统资源消耗至关重要。在选择数据库时，还需要考虑其与操作系统的兼容性和集成性。例如，Microsoft SQL Server 通常与 Windows 操作系统紧密集成，而 PostgreSQL 则在 Linux 环境中表现良好。数据库的可维护性和支持社区的大小也是选择时需要考虑的因素。一个活跃的社区和良好的文档支持可以帮助实验室的 IT 团队更容易地解决技术问题和进行系统升级。

易用性是影响用户体验和实验室运营效率的关键。选择一个易于安装、配置和维护的数据库系统可以显著降低实验室的运营成本和 IT 支持压力。用户友好的管理界面和丰富的文档支持可以帮助管理员和用户更快地掌握数据库的使用，提高工作效率。同时，数据库的兼容性和扩展性也很重要，其应能够与现有的操作系统和应用软件无缝集成，并支持未来可能的功能扩展和性能升级。

综上所述，经管类虚拟仿真实验室在选择数据库时，应综合考虑性能、可用性、安全性和易用性等要求，同时结合自身的数据管理要求，选择最适合实验室需求的数据库系统。通过精心选择和配置数据库，实验室能够确保数据的高效管理、安全存储和便捷访问，从而支持高质量的教学和研究活动。

二、应用软件与开发工具

（一）应用软件的类型

经管类虚拟仿真实验室软件平台中的应用软件是实现教学和研究任务的主

要工具。这些应用软件通常包括一系列专门设计来模拟经济管理活动的复杂工具，它们能够提供接近现实的商业环境，让学生和研究人员能够在控制的风险条件下进行实践和分析。

1. 虚拟仿真软件

虚拟仿真软件是虚拟仿真实验室的核心，它们模拟真实的商业场景，如市场运作、企业经营、财务管理等。这些软件能够复现现实世界的复杂性，让学生在模拟环境中进行决策制定和策略实施。例如，市场仿真软件可以模拟不同市场条件下的消费者行为和竞争对手反应，而企业经营仿真软件则允许学生扮演企业决策者的角色，管理虚拟公司的各个方面，从产品开发到市场营销。仿真软件如 Arena、Simio 和 AnyLogic 提供了强大的建模能力，支持用户自定义模型参数，进行敏感性分析和优化实验。

2. 数据分析软件

数据分析软件在经管类虚拟仿真实验室中扮演着至关重要的角色。它们提供了强大的数据处理、统计分析和可视化工具，帮助用户从大量数据中提取有价值的信息。软件如 SPSS、SAS 和 R 提供了丰富的统计分析功能，包括回归分析、聚类分析和时间序列分析等，适用于市场研究、消费者行为分析和财务预测等活动。数据可视化工具如 Tableau 和 Power BI 能够将复杂的数据集转换为直观的图表和仪表板，使得用户能够更容易地理解数据并作出基于数据的决策。

3. 财务建模软件

财务建模软件是进行财务分析和预算管理的重要工具。Microsoft Excel 是最为广泛使用的财务建模软件之一，它提供了强大的电子表格功能，支持复杂的公式计算、数据排序和图表制作。Excel 的高级功能，如数据透视表和 Solver 插件，使得它成为财务建模和分析的理想选择。专业的财务建模软件如 FactSet 和 Capital IQ 提供了丰富的金融数据和分析工具，适用于投资分析、公司估值和财务规划等领域。

4. 供应链管理软件

供应链管理软件模拟了供应链的各个环节，包括采购、库存管理、生产计划和物流。这些软件帮助学生理解供应链的复杂性，学习如何优化供应链流程，降低成本并提高效率。软件如 SAP Supply Chain Management 和 Oracle SCM Cloud 提供了全面的供应链解决方案，支持用户进行需求预测、库存优化和运输规划。通过这些软件，学生可以体验供应链管理的各个方面，从供应商选择到产品分销,再到应对供应链中断和风险管理。

5. 企业资源规划(ERP)软件

ERP系统是集成了企业所有业务流程的软件平台,如财务管理、人力资源管理和客户关系管理。SAP ERP和Oracle ERP等软件提供了一个全面的企业管理解决方案,支持用户从宏观角度理解和管理企业运营。ERP软件通过集成各个业务模块,提高了信息流的效率,减少了数据冗余和错误。在虚拟仿真实验室中,ERP软件使学生能够体验企业运营的全貌,理解不同业务部门之间的相互依赖关系。

6. 决策支持系统(DSS)

DSS软件通过结合数据分析、模型构建和专家系统,为复杂的决策问题提供支持。这类软件在经管类虚拟仿真实验室中用于辅助用户进行战略规划和问题解决。DSS软件如IHMC、Decisioneering和Lucidchart提供了决策模型库、数据分析工具和交互式模拟环境,帮助用户评估不同决策方案的影响,优化决策过程。

7. 协作和通信软件

为了支持团队合作和远程学习,虚拟仿真实验室还需要集成如Microsoft Teams、Zoom和Slack等的协作和通信软件。这些工具使得学生和教师能够进行实时交流、共享文件和协同工作。在虚拟仿真实验中,协作软件支持团队成员在不同地点协同完成项目,进行远程会议和讨论,提高了团队的工作效率和沟通质量。

(二) 开发工具的选择

在经管类虚拟仿真实验室中,选择合适的开发工具对于构建高效、可靠的仿真系统非常重要。开发工具不仅需要支持复杂的仿真模型构建,还要能够促进实验室内部的协作和知识共享。如何选择恰当的开发工具对经管类虚拟仿真实验室的应用软件和软件平台进行建构,应考虑以下关键因素。

1. 编程语言和库的支持

选择合适的开发工具时,必须确保其支持广泛使用的编程语言和库,这对于实现复杂的仿真模型至关重要。编程语言如Python、Java、C++和MATLAB等,因其强大的数据处理能力和广泛的社区支持,成为虚拟仿真应用开发的首选。这些语言通常配备丰富的标准库和第三方库,如Python的NumPy和SciPy,Java的Apache Commons Math,以及MATLAB的Simulink,它们提供了强大的数学计算、统计分析和数据可视化功能。这些语言的灵活性和可扩展性使得它们能够适应各种虚拟仿真应用需求,从而在经管类虚拟仿真实验室中发挥关键作用。

2. 集成开发环境(IDE)

一个功能全面的集成开发环境对于提高开发效率和代码质量至关重要。IDE 应提供代码编辑、调试、版本控制和项目管理等集成功能,使得开发者能够在一个统一的环境中完成从代码编写到调试的全过程。例如,Python 的 PyCharm、Java 的 Eclipse 和 Visual Studio 等 IDE,不仅提供了智能代码补全、语法高亮和代码重构等便捷功能,还支持 Git 等版本控制系统,便于代码的版本管理和团队协作。IDE 的可定制性和用户友好的界面设计,可以提升开发者的工作效率,加快仿真项目的进度。

3. 虚拟仿真应用框架

在经管类虚拟仿真实验室中,选择包含强大虚拟仿真应用框架的开发工具是至关重要的。这些应用框架,如 SimPy、NetLogo 和 AnyLogic,提供了构建虚拟仿真模型所需的核心组件和算法,使得开发者能够专注于模型的业务逻辑而不是底层实现。虚拟仿真应用框架通常包括预定义的仿真元素、事件处理机制和统计分析工具,这些都极大地简化了虚拟仿真模型的开发过程。这些工具的图形化界面和交互式模拟功能,不仅使得模型构建更加直观,还有助于用户更好地理解和分析仿真结果。

4. 数据可视化能力

数据可视化在经管类虚拟仿真实验室中占据着不可或缺的重要地位,因为它能够帮助用户直观地理解复杂的数据和仿真结果。开发工具应支持与先进的数据可视化库和工具的集成,如 Python 的 Matplotlib 和 Seaborn,JavaScript 的 D3.js,以及 R 的 ggplot2。这些工具能够创建动态、交互式的图表和仪表板,使得用户可以通过直观的方式探索数据模式、验证假设并作出决策。良好的数据可视化能力还可以增强仿真教学的吸引力,帮助学生更好地理解和掌握经管概念。

5. 协作和版本控制

在经管类虚拟仿真实验室中,协作和版本控制是确保项目成功的关键因素。开发工具需要支持高效的团队协作机制,包括代码共享、实时通信和问题跟踪等。版本控制系统如 Git 允许多个开发者同时在一个项目上工作,而不会相互干扰。代码审查和合并请求(Merge Request)功能可以帮助团队成员共同维护代码质量,确保仿真项目的稳定性和可维护性。开发工具还应提供云服务和远程协作功能,让团队成员可以在任何地点访问和编辑项目,从而提高工作效率和灵活性。

三、系统集成与兼容性测试

(一)系统集成要求

经管类虚拟仿真实验室软件平台的系统集成是确保实验室内部各种软件工具和组件能够无缝协作、高效运行的关键所在。系统集成不仅涉及软件层面的兼容性和数据交换,还包括硬件设备、网络基础设施以及安全策略的整合。

1. 兼容性与互操作性

在经管类虚拟仿真实验室中,确保软件平台的兼容性与互操作性是系统集成的首要任务。这不仅涉及软件组件之间的相互协作,还包括软件与硬件、网络及其他 IT 基础设施的兼容。一个兼容的系统环境可以减少集成过程中的冲突和错误,提高整体的稳定性和可靠性。例如,数据库管理系统(DBMS)需要与仿真软件、数据分析工具和报告生成器等无缝集成,以便数据能够在不同系统间流畅传输。采用标准化的数据交换格式和通信协议,如 XML 和 RESTful API,可以进一步增强不同软件组件之间的互操作性。这种集成不仅提高了数据处理的效率,也为实验室提供了更加灵活的工作流程和更广泛的应用场景。

2. 数据管理与集成

数据管理与集成是经管类虚拟仿真实验室软件平台系统集成的重点。有效的数据管理策略确保了数据的一致性、准确性和可访问性。实验室需要集成数据仓库或数据湖解决方案,以集中存储和管理来自不同源的数据。通过 ETL 流程,数据可以被清洗、转换并加载到统一的数据存储设备中,从而支持跨应用的数据查询和分析。数据集成工具如 Apache NiFi 或 Informatica PowerCenter,可以帮助自动化数据流动,减少手动数据处理的错误和时间消耗。集成的数据平台还应支持实时数据更新和查询,以便用户能够及时获取最新的仿真结果和业务洞察。

3. 用户界面与体验

用户界面(UI)与用户体验(UX)设计对于经管类虚拟仿真实验室的软件平台至关重要。直观、易用的 UI 可以降低用户的学习曲线,提高用户满意度和工作效率。用户界面设计应考虑到不同用户的技能水平和需求,提供定制化的界面和功能。例如,为初学者提供向导式的交互流程,为高级用户提供高级配置选项和脚本接口。良好的 UX 设计应注重减少用户的操作步骤,提供清晰的反馈和帮助信息,以及支持多语言和可访问性标准。通过优化用户体验,软件平台能够更好地服务于教学和研究,同时鼓励用户探索和利用仿真工具的高级功能。

4. 网络与安全基础设施

网络与安全基础设施是经管类虚拟仿真实验室软件平台稳定运行的基石。一个健壮的网络架构需要提供足够的带宽和低延迟的连接,以支持大量数据的实时传输和多用户并发访问。同时,网络安全措施,如防火墙、入侵检测系统(IDS)和数据加密,必须到位,以保护实验室的数据和资源不受威胁。安全策略还应包括定期的安全审计、漏洞评估和安全意识培训,确保所有用户都了解最佳实践和应对策略。随着云计算和虚拟化技术的发展,实验室应考虑采用云服务和虚拟专用网络(VPN),以提高系统的可扩展性和灵活性。通过这些措施,实验室能够确保网络的高效运行和数据的安全,支持虚拟仿真实验的顺利进行。

(二)兼容性测试步骤

兼容性测试是确保经管类虚拟仿真实验室软件平台在不同环境和配置下正常运行的重要步骤。这一过程涉及多个层面的测试,包括操作系统、网络环境、硬件设备以及不同软件版本之间的兼容性。具体测试步骤如下:

1. 制定兼容性测试计划

兼容性测试的第一步是制定详尽的测试计划。这个计划应基于对经管类虚拟仿真实验室软件平台的使用场景和目标用户的深入理解。测试计划应明确测试的目标,包括要支持的操作系统版本、硬件配置、网络环境以及其他软件的兼容性。计划中还应详细列出测试的范围,包括所有将要测试的软件功能和性能指标。制定测试计划的同时,还需要确定测试的资源需求,包括硬件、软件、人力和时间,并制定出合理的时间表。

2. 搭建多样化的测试环境

根据测试计划,需要搭建一系列具有代表性的测试环境,这些环境应模拟实际用户的使用条件。这可能包括不同版本的操作系统、多种网络配置、各种硬件设备以及不同的浏览器和数据库版本。测试环境的多样化能够确保软件平台在各种条件下的兼容性和稳定性。同时,确保所有测试环境的软件和工具都是最新版本,以便捕捉到最新的兼容性问题。

3. 设计全面的测试用例

设计全面的测试用例是确保兼容性测试覆盖所有关键功能的关键步骤。测试用例应包括正常操作流程、异常操作流程、边界条件测试以及性能和安全性测试。对于经管类虚拟仿真实验室软件,特别需要关注数据导入导出、模型运行、结果分析和报告生成等功能的测试。测试用例应详尽记录每个操作的预期结果和实际结果,以便后续的分析和比对。

4. 执行测试并记录结果

在准备好测试环境和测试用例后,开始执行测试。在执行过程中,需要详细记录每个测试用例的执行结果,包括成功、失败或部分成功的测试。对于未通过的测试,需要记录详细的错误信息和日志,这将有助于开发团队快速定位问题并进行修复。执行测试时,应使用自动化测试工具以提高测试效率和准确性。

5. 问题诊断与性能优化

对于测试中发现的问题,需要进行深入的诊断,找出问题的根源。可能的原因包括软件编码错误、第三方库的兼容性问题、操作系统的特定行为或硬件设备的局限性。还需要与开发团队紧密合作,制定并实施修复计划。修复后,重新执行相关测试用例以验证问题是否得到解决。然后,进行性能测试以确保软件在高负载和高并发条件下的稳定性和响应性,使用性能测试工具模拟多用户并发访问,测试软件的性能瓶颈和扩展能力。

第三节 网络架构与信息安全

一、网络架构设计原则

(一)网络架构的定义与作用

经管类虚拟仿真实验室的网络架构是指为支持实验室内部教学、研究和管理活动而设计的网络系统结构,包括硬件设备、软件系统、通信协议和安全措施等。这一架构的作用至关重要,因为它不仅要确保实验室内部数据的高效传输和处理,还要保障实验室与外部世界的连接和信息交换,使得学生和教师能够访问远程资源、进行在线协作和共享研究成果。网络架构的设计直接影响到实验室的运行效率和用户体验,因此它必须具备高度的可靠性和稳定性,以应对大量用户同时在线、高并发数据传输和复杂的虚拟仿真计算任务。网络架构的核心是提供稳定和高效的数据传输能力,这对于运行复杂的仿真模型和处理大量的实验数据至关重要。实验室内部可能部署有高性能的交换机和路由器,以及高速的网络连接,如光纤或 10 Gigabit Ethernet,以确保数据传输的速度和稳定性。网络架构还需要支持无线通信技术,以适应移动设备和远程用户的接入需求。

安全性是网络架构设计的另一个关键方面。实验室的网络必须能够抵御外部攻击和内部威胁,保护敏感数据不被泄露。这通常涉及部署防火墙、入侵检测系统(IDS)、入侵防御系统(IPS)、安全信息和事件管理(SIEM)系统等安全设备和服务。实施访问控制、数据加密、防火墙和入侵检测等措施,可以保护实验室免受外部攻击和内部数据泄露的风险。同时,安全性设计还应包括对网络设备的定期安全审计和漏洞扫描,确保及时修补安全漏洞,维护网络环境的完整性。除此之外,网络架构还应支持虚拟化技术,如虚拟局域网(VLAN)、虚拟专用网络(VPN)和软件定义网络(SDN),这些技术可以提高网络资源的利用率,简化网络管理和维护,同时为实验室提供更加灵活和可控的网络环境。例如,通过VLAN技术,实验室可以创建多个逻辑上的网络,以隔离不同用户组或仿真实验的网络流量,从而提高网络的安全性和效率。

(二)网络架构的设计原则

经管类虚拟仿真实验室的网络架构设计是确保实验室能够有效运行的关键。在设计过程中,模块化、安全性、性能需求和成本效益是四个核心原则,它们共同决定了网络架构的整体性能和长期可持续性。

1. 模块化

模块化是网络设计中的一种重要方法,它允许网络被划分为独立的、可互换的组件或模块。这种设计方法使得网络的管理和扩展变得更加简单和灵活。在经管类虚拟仿真实验室中,模块化有助于快速部署新的服务,如增加新的仿真软件或数据分析工具,而不会影响到现有网络的运行。模块化还有助于故障的快速定位和修复,因为每个模块都可以独立于其他模块进行测试和维护。模块化设计还促进了标准化,这意味着不同的网络组件可以更容易地集成和替换。例如,如果需要升级交换机或路由器,模块化设计允许选择市场上任何符合标准的设备,而不必担心兼容性问题。这种灵活性降低了对特定供应商的依赖,增加了采购的选择性,并有助于控制成本。

2. 安全性

安全性是网络架构设计中的另一个关键考虑因素，尤其是在处理敏感数据和支持关键业务操作的经管类虚拟仿真实验室中。网络架构必须包含多层安全措施，以防止数据泄露和网络攻击。这包括物理安全措施，如访问控制和监控系统，以及网络安全措施，如防火墙、入侵检测系统（IDS）和入侵防御系统（IPS）。数据安全也是网络设计中的一个重要方面。通过网络加密技术，如 SSL/TLS，可以保护数据在传输过程中的安全。对敏感数据进行加密存储和访问控制，可以防止未经授权的访问和数据泄露。网络架构还应支持虚拟专用网络（VPN）和安全套接字层（SSL）等技术，以确保远程访问的安全性。

3. 性能需求

性能是衡量网络架构设计成功与否的关键指标。在经管类虚拟仿真实验室中，网络必须能够处理高流量负载，提供低延迟的通信，以支持实时仿真和数据分析。这要求网络架构设计考虑到带宽管理、流量控制和优先级设置，以确保关键应用的性能需求得到满足。例如，使用高速网络设备，如千兆交换机和路由器，以及采用最新的网络技术，如 10 Gigabit Ethernet 和光纤通信，可以提高数据传输的速度和稳定性。性能监控工具也应集成到网络中，以便及时发现和解决性能瓶颈。例如，使用网络性能监控（NPM）工具可以帮助管理员实时跟踪网络流量、设备状态和应用性能，从而快速响应网络问题，减少对实验室活动的影响。

4. 成本效益

成本效益是网络架构设计中的经济考量，它要求在满足技术需求的同时，最大化投资回报。在经管类虚拟仿真实验室中，成本效益涉及网络的初始建设成本、运营成本和维护成本。通过合理的规划和设计，可以避免过度投资和资源浪费。选择性价比高的网络设备和技术，以及利用开源软件和云服务，可以帮助控制成本。同时，通过模块化和标准化设计，可以降低维护和升级的成本。通过实施能源管理和采用节能设备，可以减少能源消耗，进一步降低运营成本。在设计网络架构时，还应考虑到长期的成本效益。选择可扩展和可升级的网络解决方案，可以确保网络能够适应未来的技术发展和用户需求的变化，从而保护投资并减少未来的升级成本。

二、安全策略与防护措施

（一）安全策略标准

经管类虚拟仿真实验室的网络架构安全策略标准是一套旨在确保实验室网络环境安全、可靠和稳定的综合性规范和指导原则。这些标准涵盖了从物理安全到数据加密、从访问控制到网络安全监测的广泛领域，旨在构建一个多层次的防护体系，以抵御各种潜在的安全威胁。

物理安全标准要求实验室的网络基础设施应部署在受控的物理环境中，通过门禁系统、监控摄像头和安全警报等措施来防止未授权的物理访问。服务器和网络设备应妥善存放在安全机房内，配备适当的电源管理和环境监控系统，以防止电力故障或环境变化导致的设备损坏。在网络安全方面，安全策略标准强调了防火墙、入侵检测系统（IDS）和入侵防御系统（IPS）的重要性。这些设备和软件应根据最新的安全威胁情报进行配置和更新，以监控和过滤进出网络的流量，阻止恶意活动。同时，网络分段和隔离策略可以有效地限制网络攻击的传播，保护敏感数据和关键系统。

数据安全是另一个关键领域，安全策略标准要求对存储和传输的数据进行加密处理。这包括使用 SSL/TLS 等协议对网络传输的数据进行加密，以及对服务器上存储的敏感数据进行磁盘加密，确保数据在未经授权的情况下无法被读取或篡改。对于处理敏感信息的应用程序，应实施严格的数据访问控制和审计策略，确保只有经过授权的用户才能访问相关数据。身份和访问管理也是安全策略标准的重要组成部分，这包括实施强密码政策、多因素认证和定期的用户访问审查，以确保只有合法用户能够访问网络资源。对于远程访问，应采用 VPN 等安全技术，确保远程连接的安全性。

安全策略标准还应强调安全监控和事件响应的重要性。实验室应部署安全信息和事件管理（SIEM）系统，以实时收集和分析网络日志和安全事件，快速识别异常行为和潜在的安全威胁。一旦发生安全事件，应启动预先制定的应急响应计划，以最小化损失并迅速恢复正常运营。最后，实验室应进行定期的安全培训和意识提升活动，确保所有用户都了解网络安全的重要性，并掌握基本的安全操作和最佳实践。

（二）安全防护措施

根据安全策略标准的要求，经管类虚拟仿真实验室的网络架构应该形成有

技术和流程体系的一系列安全防护措施,这些防护措施是实现安全策略标准的具体行动方案,主要包括:

1. 物理安全防护措施

在物理层面,安全防护措施包括对实验室的网络设备和服务器进行安全加固,如使用访问控制卡、安全门禁系统和监控摄像头来防止未授权的物理接触。环境控制措施如温湿度监控和火灾报警系统也是物理安全的一部分,确保网络硬件在适宜的环境下运行,防止因环境问题导致的设备损坏或数据丢失。

2. 网络安全防护措施

在网络层面,安全防护措施涉及部署防火墙来监控进出网络的流量,确保只有合法的通信被允许通过。可使用入侵检测系统(IDS)和入侵防御系统(IPS)来识别和阻止潜在的恶意活动,以及实施网络分段和隔离策略来限制网络攻击的范围。无线网络安全也不容忽视,应采用强加密协议和安全配置来保护无线网络不被未授权访问。

3. 数据安全防护措施

数据层面的安全防护措施包括对敏感数据进行加密处理,无论是在传输过程中还是存储时。可使用 SSL/TLS 等协议来加密数据传输,以及采用磁盘加密技术如 BitLocker 或 FileVault 来保护存储在服务器上的数据。同时,实施定期的数据备份和恢复策略,确保在数据丢失或损坏时能够迅速恢复。

4. 身份识别与访问管理安全防护措施

身份识别和访问管理方面的安全防护措施包括实施强密码政策和多因素认证,确保只有经过验证的用户才能访问网络资源。权限最小化原则要求用户仅获得完成工作所必需的最小权限,减少潜在的安全风险。对于远程访问,应采用 VPN 等加密技术来保护数据传输的安全性。

5. 安全监控与事件响应措施

安全监控与事件响应是网络架构安全防护的重要组成部分。应当部署安全信息和事件管理(SIEM)系统来实时监控网络和系统活动,收集和分析安全日志,以便快速发现和响应安全事件。一旦发生安全事件,应立即启动应急响应计划,采取必要的措施来遏制攻击,评估损失,并尽快恢复正常运营。定期的安全评估和漏洞管理对于维护网络架构的安全性至关重要。要通过定期的安全扫描和渗透测试来发现网络中的安全漏洞,并及时应用安全补丁和更新,防止攻击者利用已知漏洞进行攻击。安全意识培训对于提高实验室全体成员的安全防范意识和能力至关重要。应当通过定期的安全培训和演练,帮助用户识别网络钓鱼、恶意软件等常见威胁,并采取适当的预防措施。同时,鼓励用户报告可疑活动,以便安全团队能够迅速采取行动。

第四章
经管类虚拟仿真实验室的教学设计与实施

第一节　教学内容的规划与设计

一、实验课程体系构建

（一）课程目标分析

经管类虚拟仿真实验教学的课程体系应当是一个综合性的实验教学课程体系，旨在通过模拟真实的经济管理环境和情境，全面提升学生的知识、能力和素质。对于实验课程体系的构建，首先需要明确课程目标。

1. 知识传授目标

经管类虚拟仿真实验教学课程的首要目标是实现理论与实践的紧密结合，使学生能够在模拟的实验环境中将抽象的经济管理理论知识转化为具体的操作技能，从而更深刻地理解和掌握财务管理、市场营销、战略规划等专业核心知识。课程还应致力于让学生了解并跟踪经济管理领域的最新发展趋势，通过虚拟仿真实验的方式，使学生能够及时把握行业发展动态，适应快速变化的市场环境。

2. 能力培养目标

分析与决策能力是经管类虚拟仿真实验教学课程的核心目标之一，课程旨在通过模拟复杂的经济管理情境，培养学生运用专业知识分析问题、制定有效决策的能力。实践操作技能同样是课程的重要目标，通过各种虚拟仿真工具和软件的使用，学生能够熟练掌握经济管理实践中的各种技能，为将来的实际工作打下坚实的基础。创新与解决问题的能力也是课程关注的重点，课程通过鼓励学生在虚拟环境中尝试不同的解决方案，培养其面对未知挑战时的探索精神和创新思维。团队协作与沟通能力也是必不可少的,课程通过设计需要团队合作完成的虚拟仿真项目,促进学生之间的交流与合作,提升其在团队中的协作能力和领导力。

3. 素质提升目标

综合素质的提升是经管类虚拟仿真实验教学中不可或缺的课程目标,课程应通过案例分析、角色扮演等教学手段,强化学生的职业伦理教育,使其认识到作为经济管理者应承担的社会责任。终身学习意识的培养也是课程的重要目标之一,课程通过展示知识更新的速度和广度,激发学生的自主学习动力,培养其持续学习的能力。国际视野与跨文化交流能力的培养同样是课程目标的重要组成部分,课程通过设计具有国际背景的虚拟仿真实验,使学生在模拟的全球化环境中体验跨文化管理和交流,拓宽其国际视野,提升其在多元文化背景下的沟通与协作能力。

(二)重点专业实验课程

经管类虚拟仿真实验教学的课程体系应综合考虑理论知识的传授、实践技能的培养以及创新能力的激发,旨在培养适应未来经济发展的高素质经济管理人才。从专业实验课程设置的角度,经管类虚拟仿真实验教学的课程体系应该至少包含以下九项重点专业实验课程。

1. 财务管理虚拟仿真实验课程

财务管理虚拟仿真实验课程旨在通过模拟企业财务管理的实际运作,为学生提供一个高度仿真的学习环境,使其能够在实践中深入理解和掌握财务管理的理论知识和操作技能。该课程的设计以培养学生的财务分析、决策制定和风险控制能力为目标,通过模拟实验的方式,让学生体验从资金筹集、投资决策到财务分析等财务管理的全过程。课程内容涵盖了财务管理的基础知识、财务报表分析、资本结构与融资策略、投资项目评估、风险管理与保险以及国际财务管理等多个方面。通过虚拟仿真平台,学生可以模拟企业的财务决策过程,包括预算编制、资金流动管理、成本控制、财务报告编制等,这些活动不仅能够帮助学生理解财务管理的基本原理,还能够提高他们解决实际问题的能力。在教学方法上,财务管理虚拟仿真课程强调互动性和实践性。教师可以通过设计模拟情景,如企业扩张、市场变动、财务危机等,引导学生进行团队合作,共同分析问题、制定策略并执行决策。课程还可以利用虚拟现实、多媒体和人机交互等技术,构建高度模拟的虚拟实验环境和实验对象,使学生仿佛置身于真实的企业管理场景中,从而提高学习的沉浸感和实践的真实性。预期效果方面,通过财务管理虚拟仿真课程的学习,学生不仅能够掌握财务管理的基本理论和方法,还能够提升其分析财务数据、制定财务策略和进行风险评估的能力。课程还能够培养学生的创新思维和领导能力,使其能够在面对复杂多变的经济环境时,作出合理的财务决策,有效地管理和优化企业的财务状况。

2. 市场营销虚拟仿真实验课程

市场营销虚拟仿真实验课程通过模拟真实的市场环境和营销活动,使学生能够在虚拟的商业世界中学习和应用市场营销的理论与策略。该课程的设计旨在培养学生的市场洞察力、策略制定能力、创新思维和团队协作精神,同时提高他们分析市场动态、满足消费者需求和解决营销问题的能力。课程内容通常包括市场调研与分析、消费者行为研究、产品策略、价格策略、推广策略、渠道管理以及品牌建设等方面。学生将通过模拟实验,学习如何收集和分析市场数据,理解消费者需求,制定产品定位和营销组合策略,以及如何通过有效的沟通和推广活动来吸引和保留客户。在教学方法上,市场营销虚拟仿真实验课程强调实践操作和案例分析。教师可以利用专业的模拟软件和平台,创建各种市场情境,让学生在模拟的公司中担任市场营销的角色,进行市场分析、策略制定和执行营销计划。通过这种模拟实践,学生能够在没有实际经济风险的情况下尝试不同的营销策略,并即时看到其效果和后果,从而加深对市场营销原理和方法的理解。课程还注重培养学生的创新和创业能力。在虚拟仿真环境中,学生可以尝试新的营销理念和技术,如社交媒体营销、大数据分析、内容营销等,以及如何在创业初期制定和实施有效的市场进入和发展策略。通过这些活动,学生能够学习如何在竞争激烈的市场中脱颖而出,建立和扩大自己的品牌和市场份额。预期效果方面,市场营销虚拟仿真实验课程能够帮助学生建立起系统的市场营销知识体系,提高其解决实际营销问题的能力。学生将学会如何在不断变化的市场环境中作出快速反应,如何利用有限的资源实现最大化的市场效应,以及如何通过团队合作和跨部门协作来实现营销目标。

3. 运营管理虚拟仿真实验课程

运营管理虚拟仿真实验课程专注于培养学生对企业日常运营活动的理解和管理能力。该课程通过模拟企业运营的各个方面,如生产流程、供应链管理、库存控制、质量保证和项目管理等,使学生能够在虚拟环境中体验和掌握运营管理的核心概念和实践技能。课程的目标是使学生能够理解并应用运营管理的基本原则和方法,提高他们在面对实际运营问题时的分析和决策能力。学生通过课程将学习如何优化生产流程、降低成本、提高效率和质量,以及如何通过有效的运营管理来增强企业的竞争力。课程内容涵盖了运营管理的多个关键领域。首先,生产流程和布局设计部分教授学生如何规划和设计高效的生产系统。其次,供应链管理模块让学生了解如何协调和管理从供应商到最终客户的整个供应链。库存控制部分则侧重于教授学生如何平衡库存成本和满足客户需求之间的关系。质量管理模块强调持续改进和客户满意度的重要性。最后,项目管理部分教授学生如何规划、执行和监控复杂的项目,确保按时、按预算完成目标。教学方法上,运营管理虚拟仿真实验课程强调实践操作和案例研究。通过使用先进的仿真软件和模拟平台,学生可以在模拟的商业环境中扮演运营经理的角色,面对各种运营挑战和决策情境。这种互动式学习不仅可以增强学生的参与感和兴趣,还可以提高他们的实际操作能力和团队合作能力。预期效果方面,学生通过参与运营管理虚拟仿真实验课程,能够获得宝贵的运营管理经验,掌握解决实际运营问题的工具和方法。他们将学会如何在资源有限的情况下作出合理的运营决策,如何通过持续改进来提升运营效率,以及如何在不断变化的市场环境中保持企业的运营竞争力。

4. 战略管理虚拟仿真实验课程

战略管理虚拟仿真实验课程旨在通过模拟真实的商业环境和企业战略决策过程,培养学生的战略思维和规划能力。该课程不仅要求学生理解和掌握战略管理的理论知识,还通过实践操作来提高他们分析市场环境、识别机遇与威胁、制定和执行战略计划的能力。课程的核心目标是使学生能够在复杂多变的商业世界中,有效地进行战略分析、选择和实施。学生将学习如何评估企业的内外部环境,识别核心竞争力,制定长期和短期的战略目标,并通过资源配置和组织结构调整来实现这些目标。课程还强调战略的动态调整和创新,鼓励学生在面对不断变化的市场和技术条件时,能够灵活调整战略以适应新的挑战。课程内容通常包括战略分析、战略选择和战略实施三个主要部分。在战略分析阶段,学生将学习如何使用 SWOT 分析、PEST 分析、波特五力模型等工具来评估企业的优势、劣势、机会和威胁。在战略选择阶段,学生需要根据分析结果,选择适合企业的战略方向,如成本领先、差异化或集中化战略。在战略实施阶段,学生将学习如何制定行动计划、分配资源、建立组织结构和文化,以及如何监控战略执行的进展和效果。在教学方法上,战略管理虚拟仿真实验课程采用案例教学、角色扮演、小组讨论和模拟游戏等多种互动式学习方式。通过虚拟仿真平台,学生可以模拟担任企业高层管理者的角色,参与到战略规划和决策的过程中。这种模拟实践不仅能够提高学生的参与度和兴趣,还能够增强他们的团队合作和沟通能力。在预期效果方面,学生通过参与战略管理虚拟仿真实验课程,能够获得宝贵的战略管理经验,掌握战略制定和执行的关键技能。他们将学会如何在不确定性中作出明智的战略决策,如何平衡短期利益和长期发展,以及如何领导和管理企业的战略变革。这些能力对于学生未来在企业战略管理领域的职业发展至关重要。

5. 创新创业管理虚拟仿真实验课程

创新创业管理虚拟仿真实验课程通过模拟创业过程和创新活动,培养学生的创新意识、创业精神和实践能力。该课程不仅让学生理解创新创业的理论框架,还通过模拟实验的方式,让学生亲身体验从创意产生、商业计划制定到企业成立和运营的全过程。课程的核心目标是使学生能够掌握创业管理的基本技能和创新方法,提高他们在面对创业挑战时的应对能力和解决问题的能力。学生将学习如何识别和评估商业机会,如何制定有效的商业模型和营销策略,如何进行资源整合和风险管理,以及如何在不断变化的市场环境中持续创新和改进。课程内容涵盖了创新创业管理的多个关键方面。首先,创意激发和概念验证部分教授学生如何从日常生活中发现问题和机会,并将其转化为可行的商业创意。其次,商业计划书撰写和财务规划模块让学生学习如何系统地规划创业项目,包括市场分析、产品定位、运营策略、财务预测等。在企业成立和运营阶段,课程将涉及公司注册、团队建设、产品开发、市场推广等实际操作。在教学方法上,创新创业管理虚拟仿真实验课程强调实践操作和团队合作。通过使用专业的创业模拟软件和平台,学生可以在模拟的商业环境中扮演创业者的角色,面对各种创业挑战和决策情境。这种互动式学习不仅可以增强学生的参与感和兴趣,还可以提高他们的实际操作能力和团队协作能力。在预期效果方面,学生通过参与创新创业管理虚拟仿真实验课程,能够获得宝贵的创业经验,掌握创新思维和创业管理的关键技能。他们将学会如何在资源有限的情况下进行有效的创业规划和运营,如何在竞争激烈的市场中脱颖而出,以及如何持续创新以应对市场的不断变化。

6. 国际商务虚拟仿真实验课程

国际商务虚拟仿真实验课程通过模拟国际化的商业环境和跨国公司的运营

活动,培养学生的全球视野、跨文化沟通能力以及国际商务管理和决策能力。该课程不仅要求学生理解和掌握国际商务的基本理论和实务操作,还通过实践操作来提高他们在复杂多变的国际市场中进行商务活动的能力。课程的核心目标是使学生能够熟悉国际贸易和投资的规则、流程和策略,理解不同国家和地区的商业文化和法律环境,以及掌握如何在全球化的背景下进行有效的市场分析、风险评估和战略规划。学生将学习如何识别和利用国际市场的机遇,如何应对国际商务中的风险和挑战,以及如何制定和执行国际市场进入和扩张的战略。课程内容通常包括国际贸易理论、国际市场分析、跨文化管理、国际商务谈判、国际物流与供应链管理、国际金融和投资等关键领域。在国际贸易理论部分,学生将学习比较优势、绝对优势等基本贸易理论,以及世界贸易组织(WTO)和其他国际贸易协定的规则和程序。国际市场分析模块将教授学生如何评估外国市场的潜力和竞争状况,识别目标客户和分销渠道。跨文化管理部分则侧重于培养学生的跨文化沟通技巧和对不同商业文化的敏感性。国际商务谈判和国际物流与供应链管理模块将让学生了解如何在国际环境中进行有效的商务沟通和协调,以及如何优化全球供应链以降低成本和提高效率。国际金融和投资部分则涉及外汇市场、国际投资决策和风险管理等内容。在教学方法上,国际商务虚拟仿真实验课程采用案例教学、角色扮演、模拟游戏和团队项目等多种互动式学习方式。通过使用专业的国际商务模拟软件和平台,学生可以在模拟的国际商业环境中扮演跨国公司经理或国际贸易专员的角色,面对各种国际贸易和投资的决策情境。这种模拟实践不仅能够提高学生的参与度和兴趣,还能够增强他们的实际操作能力和团队合作能力。在预期效果方面,学生通过参与国际商务虚拟仿真实验课程,能够获得宝贵的国际商务经验,掌握国际市场分析、商务谈判和全球供应链管理的关键技能。他们将学会如何在全球化的竞争中寻找商机,如何适应不同国家的商业环境和文化差异,以及如何制定和执行国际商务战略。

7. 金融工程与风险管理虚拟仿真实验课程

金融工程与风险管理虚拟仿真实验课程专注于培养学生在金融产品设计、定价、交易以及风险评估与管理方面的理论知识和实践技能。该课程通过虚拟仿真技术,模拟金融市场环境和金融工具的操作过程,使学生能够在控制风险的同时,深入理解金融工程的核心概念和应用策略。课程的核心目标是使学生掌握金融工程的基本原理和方法,熟悉金融市场的运作机制,以及风险管理的技术和工具。学生将学习如何运用数学、统计和计算机科学的方法来解决金融市场中的实际问题,如何设计和评估复杂的金融衍生品,以及如何通过风险管理策略来保护企业和投资者免受不利市场变动的影响。课程内容涵盖金融工程的基础理论、金融衍生品的定价与交易、风险量化模型、资产组合管理、信用风险管理、市场风险管理以及操作风险管理等多个方面。在金融工程基础理论部分,学生将学习金融数学、随机过程、最优化理论等相关知识。金融衍生品的定价与交易模块将教授学生如何使用 Black-Scholes 模型、二叉树模型等方法对期权、期货、掉期等金融工具进行定价。风险量化模型部分则侧重于 VaR(Value at Risk)、压力测试等风险评估技术的学习。资产组合管理和信用风险管理模块将让学生了解如何构建和优化投资组合,以及如何评估和管理信用风险。市场风险管理和操作风险管理部分则涉及市场波动性和操作失误的风险评估与控制。教学方法上,金融工程与风险管理虚拟仿真实验课程强调实践操作和案例分析。通过使用专业的金融模拟软件和平台,学生可以在模拟的金融市场环境中扮演交易员、风险管理师或量化分析师的角色,进行金融产品的交易、定价和风险评估。这种互动式学习不仅可以增强学生的参与感和兴趣,还可以提高他们的实际操作能力和团队合作能力。在预期效果方面,学生通过参与金融工程与风险管理虚拟仿真实验课程,能够获得宝贵的金融市场操作经验,掌握金融工程和风险管理的关键技能。他们将学会如何在多变的市场环境中进行有效的金融产品设计和交易,如何运用风险管理工具来识别和控制风险,以及如何在金融决策中平衡收益与风险。

8. 信息系统管理虚拟仿真实验课程

信息系统管理虚拟仿真实验课程专注于培养学生对信息技术在企业运营和管理中应用的理解与实践能力。该课程通过模拟企业信息系统的规划、实施和维护过程,使学生能够在虚拟环境中体验和掌握信息系统管理的核心概念、技术和策略。课程的核心目标是使学生能够理解信息系统在现代企业管理中的重要性,掌握信息系统的基本原理和技术,提高他们在设计、实施和管理信息系统过程中的问题解决能力。学生将学习如何评估企业的信息需求,选择合适的技术解决方案,以及如何通过信息系统来提高企业的运营效率和决策质量。课程内容涵盖信息系统的基本概念、系统分析与设计、数据库管理、网络技术、企业资源规划(ERP)系统、客户关系管理(CRM)系统、供应链管理(SCM)系统等多个方面。在信息系统基本概念部分,学生将学习信息系统的定义、功能和类型,以及信息系统对企业战略的支持作用。系统分析与设计模块将教授学生如何进行需求分析、系统建模和系统测试。数据库管理部分则侧重于教授学生如何设计、管理和维护企业的数据资源。网络技术模块将让学生了解企业网络的构建和安全问题。ERP、CRM 和 SCM 系统部分则涉及这些系统的基本原理、功能和实施策略。在教学方法上，信息系统管理虚拟仿真实验课程强调实践操作和案例分析。通过使用专业的信息系统模拟软件和平台，学生可以在模拟的企业环境中扮演信息系统经理或 IT 顾问的角色，面对各种信息系统建设和管理的决策情境。这种互动式学习不仅可以增强学生的参与感和兴趣，还可以提高他们的实际操作能力和团队合作能力。在预期效果方面，学生通过参与信息系统管理虚拟仿真实验课程，能够获得宝贵的信息系统管理经验，掌握信息系统规划、实施和管理的关键技能。他们将学会如何在企业中有效地利用信息技术来支持业务流程，如何评估和选择合适的信息系统解决方案，以及如何管理和维护信息系统以确保信息安全和数据完整性。

9. 经济数据分析虚拟仿真实验课程

经济数据分析虚拟仿真实验课程旨在培养学生运用统计学、计量经济学和数据分析技术解决实际经济问题的能力。该课程通过模拟真实的经济数据收集、处理和分析过程，使学生能够在虚拟环境中体验和掌握经济数据分析的核心概念、方法和应用。课程的核心目标是使学生能够理解和应用数据分析在经济学研究和经济管理决策中的重要性，掌握数据挖掘、统计建模和经济预测的技术和工具。学生将学习如何运用各种数据分析软件和工具来处理和分析大量的经济数据，如何从数据中提取有价值的信息，以及如何基于数据分析结果作出科学的经济预测和决策。课程内容涵盖数据预处理、描述性统计分析、回归分析、时间序列分析、面板数据分析、多元统计分析以及大数据和机器学习在经济数据分析中的应用等多个方面。在数据预处理部分，学生将学习如何处理缺失值、异常值和数据转换。描述性统计分析模块将教授学生如何使用图表和统计量来概括和描述数据特征。回归分析和时间序列分析模块则侧重于教授学生如何建立经济模型，分析变量之间的关系和趋势。面板数据分析和多元统计分析部分将让学生了解更复杂的数据分析技术，如固定效应、随机效应、主成分分析和聚类分析等。大数据和机器学习的应用部分则涉及如何处理和分析大规模经济数据集，以及如何运用机器学习算法进行预测和分类。在教学方法上，经济数据分析虚拟仿真实验课程强调实践操作和案例分析。通过使用专业的数据分析软件和模拟平台，学生可以在模拟的经济研究或企业决策环境中扮演数据分析师的角色,面对各种数据分析任务和挑战。这种互动式学习不仅可以增强学生的参与感和兴趣,还可以提高他们的实际操作能力和团队合作能力。在预期效果方面,学生通过参与经济数据分析虚拟仿真实验课程,能够获得宝贵的数据分析经验,掌握经济数据分析的关键技能。他们将学会如何运用统计和计量经济学方法来分析经济现象,如何基于数据分析结果提出经济政策建议,以及如何在经济研究和企业管理中有效地应用数据分析技术。

(三)课程体系与实验平台的构建

1. 课程体系

通过重点专业实验课程的牵引,经管类虚拟仿真实验室应该构建一个多维度立体化的实验教学课程体系,通过基础课程实验、专业综合实验和创新应用实验三个方面,全面提升学生的专业能力和创新精神。

(1)基础课程实验

基础课程实验是课程体系的基石,着重于为学生提供扎实的基础知识和技能。通过实验教学,学生能够掌握基础数学、数据库使用、会计电算化等核心概念,并能够熟练运用 Stata、R 等统计软件进行数据分析。这些实验不仅帮助学生建立起对专业知识的基本认知,还为他们后续的专业综合实验打下坚实的基础。

(2)专业综合实验

在基础课程实验的基础上,专业综合实验进一步深化学生的学习。这部分涵盖管理科学与工程、实验经济学、国际贸易实务、财务会计实务等多个领域,通过模拟真实世界的商业环境和问题情境,让学生在实践中学习和应用专业知识。这种实验教学方式能够培养学生的综合应用能力,使他们能够在解决复杂问题时展现出更高的专业素养。

(3)创新应用实验

创新应用实验是课程体系的前沿,旨在激发学生的创新思维和创业精神。通过参与大学生科研创新项目、大学生创新创业实践项目、挑战杯创新创业大赛等活动,学生不仅能够将所学知识应用于实际问题的解决,还能够在实践中锻炼自己的创新能力和团队协作能力。这些实验项目为学生提供了一个展示自己才华和实现创意的平台,同时也为他们未来的职业发展和创业活动奠定了基础。

2. 实验平台

整合实现课程体系的虚拟仿真实验平台,主要包括专业基础实验平台和创新管理实验平台两个部分。图4-1显示了构建课程体系和实验平台的具体要件及其相关关系,包括专业课程、实验室架构、虚拟仿真实验项目、实验教学目的和层次以及实验教学组织。

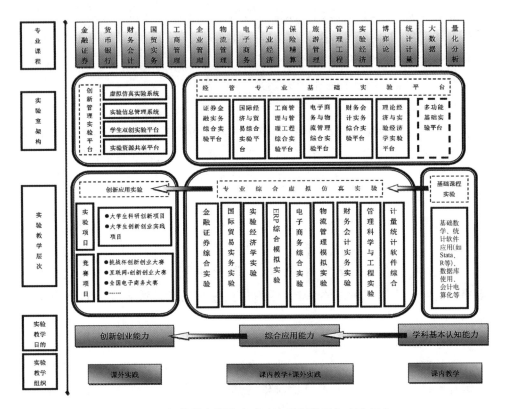

图4-1 经管类虚拟仿真实验室课程体系与实验平台

(1) 专业基础实验平台

专业基础实验平台是该课程体系和实验平台中的基础,它的核心目标在于为学生提供坚实的专业基础知识和技能。这个平台通过一系列精心设计的虚拟仿真实验项目,如基础数学、统计软件应用(如Stata、R等)、数据库使用、会计电算化等,确保学生能够在实践中深入理解和掌握这些基础概念。这些实验不仅帮助学生建立起对专业知识的基本认知,还为他们后续的专业综合实验和未来的职业生涯打下坚实的基础。在专业基础实验平台中,学生将有机会参与到模拟操作、案例分析和项目实践中,这些活动旨在培养学生的实际操作能力和问题解决技巧。例如,通过使用统计软件进行数据分析,学生能够学会如何处理和解释数据,这对于他们未来在数据分析、财务分析等领域的工作至关重要。实验平台还配备了多功能实验室和虚拟仿真实验系统等先进设施,这些设施不仅为学生提供了一个模拟真实工作环境的学习场所,还使他们能够在安全、高效的环境中进行实验操作和技能训练。专业基础实验平台的另一个重要特点是它的实践导向性。学生在这里不仅能够学习理论知识,还能够将这些知识应用于实际问题的解决中。通过实验,学生能够亲身体验理论知识的力量,理解理论与实践的紧密联系。这种实践导向的教学方法有助于提高学生的学习兴趣和动力,使他们更加积极主动地参与到学习过程中。专业基础实验平台还强调教师与学生之间的互动。在实验过程中,教师不仅是知识的传授者,更是指导者和协助者。他们通过提供反馈和建议,帮助学生克服实验中遇到的困难,引导他们进行深入的思考和探索。这种互动不仅可以增强学生的学习体验,还可以促进他们批判性思维和独立解决问题的能力的发展。总之,专业基础实验平台是学生专业学习旅程的起点,它通过提供丰富的实验项目和先进的实验设施,确保学生能够在实践中掌握专业基础知识,培养他们的实践能力和创新精神。这个平台可以为学生未来的学术研究和职业发展奠定坚实的基础,使他们能够在未来的工作中发挥出更大的潜力。

(2) 创新管理实验平台

创新管理实验平台在课程体系和实验平台中扮演着激发学生创新思维和创业能力的关键角色。这个平台通过跨学科的学习和研究,结合管理科学与工程、电子商务、金融证券等领域的知识,为学生提供了一个综合性的学习环境。在这里,学生不仅能够深入探索自己专业领域的知识,还能够学习到如何将这些知识应用于解决现实世界中的问题。创新管理实验平台鼓励学生参与到科研创新项目和创业实践中,如大学生科研创新项目、大学生创新创业实践项目、挑战杯创新创业大赛等。这些活动不仅为学生提供展示自己才华和实现创意的机会,还帮助他们在实践中锻炼自己的创新思维和团队协作能力。通过这些实践经历,学生能够学习到如何在不断变化的市场环境中寻找机会,如何将理论知识转化为实际应用,以及如何管理和发展自己的创业项目。创新管理实验平台还强调资源共享和合作的重要性。学生双创实验平台、实验资源共享平台等平台的创建,可以让学生更容易地获取所需的实验材料和信息,同时促进学生、教师和行业专家之间的交流与合作。这种开放和协作的环境有助于激发学生的创新精神和创业热情,有助于学生实现自己的想法和创意。在创新管理实验平台中,学生还将学习到如何进行有效的项目管理和团队协作。这些技能对于他们未来的职业生涯和创业活动至关重要。通过参与项目，学生能够学习到如何制定计划、分配资源、管理风险以及如何与团队成员有效沟通和协作。这些经验将使他们在未来的工作中更加自信和高效。总之，创新管理实验平台是学生创新能力和创业精神培养的重要基地。通过跨学科学习、科研项目参与和资源共享合作，这个平台为学生提供了一个全面发展的环境，使他们能够在未来的学术研究和职业发展中发挥出更大的潜力。这个平台不仅帮助学生掌握专业知识，还培养他们的创新思维和创业能力，为他们成为未来的创新者和企业家打下坚实的基础。

二、虚拟仿真实验项目开发

虚拟仿真实验项目的开发和孵化对于我国高校经管类虚拟仿真实验室构建完善的虚拟仿真实验教学课程体系具有至关重要的作用。它不仅能够提供丰富多样、安全可控的实验环境，让学生在模拟的现实世界中进行实践操作，增强理论知识的应用能力，还能通过高度仿真的实验场景和交互式学习体验，激发学生的学习兴趣和创新思维。虚拟仿真实验项目的开发有助于整合和优化教育资源，推动信息技术与教育教学的深度融合，实现教育资源的开放共享，提升教学质量和教育公平。通过不断优化和更新虚拟仿真实验项目，可以确保教学内容的前沿性和实用性，为学生提供与时俱进的学习材料，从而培养出适应未来社会发展需求的高素质人才。因此，开发和孵化高质量的虚拟仿真实验项目是实现教育教学创新、提高人才培养质量的关键所在。在经管类虚拟仿真实验项目的开发过程中以下四个方面的建设内容应作为重点。

（一）专业团队与师资队伍

专业团队与师资队伍是经管类虚拟仿真实验项目开发和实施的核心力量，它们对于确保项目的成功运行和教学质量的提升起着至关重要的作用。一个优秀的专业团队通常由专业教师、实验技术人员和实验室管理人员组成，每个成员都在项目中扮演着不可或缺的角色。

专业教师是团队的灵魂，他们负责制定教学目标、设计课程内容和指导学生学习。专业教师需要具备深厚的学科知识、丰富的教学经验和良好的信息技术应用能力，能够将理论与实践相结合，设计出既符合教学要求又能够吸引学生兴趣的虚拟仿真实验项目。他们还需要不断更新自己的知识体系，跟踪最新的学科发展趋势和技术进步，以保证教学内容的先进性和实用性。

实验技术人员是项目的技术支撑,他们负责虚拟仿真实验项目的技术开发、维护和升级。实验技术人员需要具备扎实的计算机科学基础和强大的技术实现能力,能够熟练使用各种虚拟仿真软件和硬件设备,解决项目开发和运行过程中遇到的技术问题。他们还需要与专业教师紧密合作,确保技术实现能够满足教学需求,提供稳定、高效的虚拟仿真实验项目环境。

实验室管理人员是团队的组织协调者,他们负责实验室的日常管理和运营,确保虚拟仿真实验项目的正常运行和资源的有效利用。实验室管理人员需要具备良好的组织管理能力和沟通协调能力,能够有效地安排实验教学计划、管理实验设备和维护实验室秩序。他们还需要密切关注学生的学习进度和反馈,及时调整实验室的管理和服务,以提高教学效果和学生满意度。

(二)教学内容与项目设计

在经管类虚拟仿真实验项目开发的过程中,教学内容设计直接关系到学生能否通过实践活动深入理解理论知识,而实验项目设计则决定了学生能否在模拟环境中获得接近真实感受的操作体验。因此,教学内容设计需要紧密围绕课程目标和学生需求展开。首先,教学内容应涵盖关键的理论知识和实践技能,确保学生能够在实验中巩固和应用所学的理论。其次,教学内容应具有一定的挑战性和前瞻性,鼓励学生探索未知领域,培养学生的创新能力和解决复杂问题的能力。实验内容的设计还应注重培养学生的团队合作精神和沟通协调能力,这对于学生未来职业生涯的发展至关重要。而实验项目的设计则需要充分利用现代信息技术,如虚拟现实(VR)、增强现实(AR)和计算机模拟等,创造出逼真的实验环境。这样的设计可以使学生在没有物理实验设备或在设定的高风险条件下也能进行实验操作,大大降低了实验成本和安全风险。在设计虚拟仿真实验项目时,应当考虑到不同学生的学习进度和能力差异,提供可调节的难度级别和个性化的学习路径,以满足不同学生的需求。同时,项目设计还应包含丰富的反馈和评估机制,帮助学生及时了解自己的学习成果,促进自我学习和自我提升。

1. 演示性虚拟仿真实验项目

演示性虚拟仿真实验项目是经管专业实验教学的最基本形式之一,也是经管专业理论教学的一种辅助手段。演示性虚拟仿真实验项目一般由实验教师进行操作,要求学生仔细观察,开动脑筋,它紧密结合理论知识,让理论教学形象化,使学生加深对理论教学内容的理解。演示性实验的特点是比较简明直接,它结合理论教学内容,能形象化地展现一些枯燥的现象规律,所以往往能给学生留下比较深刻的印象,活跃课堂氛围,同时也对培养学生的观察能力有重要作用。由于演示性虚拟仿真实验项目比较简单,并且主要作为一种辅助教学手段,所以通常为小型的虚拟仿真实验项目。

2. 验证性虚拟仿真实验项目

验证性虚拟仿真实验项目也是经管专业实验教学的最基本形式之一,目的是验证理论教学内容中的理论知识点,验证理论教学内容中所述现象规律的客观性。验证性虚拟仿真实验项目一般由学生进行操作,根据实验指导手册的要求,在实验教师或实验技术人员的指导下,在经管专业实验室内完成。验证性虚拟仿真实验项目围绕理论教学的部分内容,并在该理论教学范围内进行验证实验,可以帮助学生在动手操作的过程中获得一定的实验技术和技能训练。

3. 综合性虚拟仿真实验项目

综合性虚拟仿真实验项目要求学生在实验教师或实验技术人员的指导下,把已学过的理论知识和专业内容在实验过程中作综合性的运用。综合性虚拟仿真实验项目一般属于一门专业课程或位于多门专业课程结束后,学生在一门或多门专业课程中已经完成了多项演示性实验和验证性实验项目,有能力在实验教师或实验技术人员的指导下拟定实验方案、完成实验操作、撰写实验报告。综合性实验着重锻炼学生综合应用理论知识解决实际问题的能力,使学生在实验过程中发挥自己的聪明才智去分析问题和解决问题。在综合性虚拟仿真实验项目中,实验教师或实验技术人员的指导依然非常重要,指导过程中实验教师或实验技术人员的启发和诱导,对于如何将学生所学的知识转化为能力起到关键作用。

4. 设计性虚拟仿真实验项目

设计性虚拟仿真实验项目是在综合性实验基础上的一个提升,目的是培养学生的实验设计能力,并锻炼学生的创新实践技能。需要注意的是,设计性虚拟仿真实验项目对学生的培养应有一个由浅入深的过程,可以将设计性实验的培养过程分成实验环节设计、实验项目设计两个阶段。在实验环节设计阶段,主要将实验项目中的一个环节分块交由学生进行设计,在这一阶段,实验教师或实验技术人员的指导依然非常重要,他们着重培养学生进行实验设计的主动性和设计思路;实验项目设计是对实验环节设计的一个升级,要求学生全面设计、组织并完成一个实验项目,这一阶段,实验教师或实验技术人员的指导应以辅助为主,不应过度或者代劳,以便最大限度地发挥学生的能动性。与此同时,学生参与的实验设计又可以分为个人设计和团队设计两种形式。实验环节设计和小型实验项目设计可以主要由学生个人完成,而大型实验项目则可以由学生团队来进行分工协作完成。

5. 研究性虚拟仿真实验项目

研究性虚拟仿真实验项目是对综合性虚拟仿真实验项目和设计性虚拟仿真实验项目的综合运用,包括学生参加科研项目、社会调查、创新研究、毕业设计等实验活动。在研究性实验中,学生需要综合运用实验工具、实验手段和实验方法,进行分析与研究,锻炼独立研究能力和创造能力。研究性虚拟仿真实验项目一般是学生参加教师所承担的研究任务或是研究项目中的部分实验研究工作,实验教师或实验技术人员在研究性实验中对学生应以辅助指导为主。研究性虚拟仿真实验项目的具体实施步骤包括以下几个方面。

(1) 布置研究课题

由实验教师布置研究课题,并同学生一起完成研究性实验计划表,为查阅文献和基础研究工作留下必要的准备时间。研究课题应与学生的实际水平相适应。

(2) 查阅文献资料

由实验教师指导学生进行文献资料的查阅,特别对于本科生来说,他们在以往学习过程中很少接触文献查阅的工作,因此实验教师可在这一阶段提供比较明确的文献查阅范围和指导意见。

(3) 设计实验方案

在查阅文献资料的基础上,学生应独立完成研究性实验方案的设计,分析实验方案的可行性,搭配适当的实验工具和实验方法,描述完整的实验流程步骤,制定详细的实验计划表,预判可能出现的问题。

(4) 组织完成实验

实验教师应在组织实验之前审核学生提交的实验方案,如果存在问题,可以通过讨论来修改完善。实验方案如果审核通过,学生或学生团队应按照实验方案搭建实验准备环境,组织和完成实验。原则上实验过程中出现的问题,应由学生或学生团队独立处理解决。

(5) 撰写实验报告

实验完成后,学生应撰写实验报告,并由实验教师适当地安排组织实验报告会,这样既可以达到互相交流的目的,又可以锻炼学生的表达能力。

6. 开放性虚拟仿真实验项目

开放性虚拟仿真实验项目就是在实验室向学生开放期间,学生自由自主独立安排完成的实验。开放性虚拟仿真实验项目大多源于学生自发的实验兴趣,或者基于学生的一些开放性研究项目,主要锻炼学生自主实验和创新创造的能力。因此,开放性虚拟仿真实验项目很少需要实验教师或实验技术人员介入指导。经管专业的开放性虚拟仿真实验项目特别适宜于结合高校培养学生创新创业能力的现实目标,有利于因材施教,发挥学生的自主创造力,所以也是各高校经管专业实验室正在积极探索的重要的实验教学内容之一。

(三)经费投入与技术保障

经费投入和技术保障是虚拟仿真实验项目开发和实施的两大关键因素,它们对于确保项目的顺利进行、提高教学质量和实现可持续发展具有决定性的作用。经费投入是虚拟仿真实验项目开展的基础。充足的经费可以保证项目在硬件设施、软件开发、人员培训和日常维护等方面的需求得到满足。硬件设施包括高性能的计算机、专业的虚拟现实设备以及其他相关的实验器材,这些都是提供高质量虚拟仿真体验的前提。软件开发则涉及购买或定制适合教学需求的仿真软件,以及不断更新和升级以适应新的教学内容和技术发展。人员培训确保教师和实验技术人员能够熟练操作虚拟仿真设备,有效管理实验项目。日常维护则保障设备的正常运行和软件的稳定更新,避免因技术问题影响教学进度和效果。技术保障是虚拟仿真实验项目顺利运行的支撑。随着信息技术的快速发展,虚拟仿真技术也在不断进步,这就要求项目团队能够及时掌握和应用最新的技术。技术保障不仅包括对现有虚拟仿真技术的熟练运用,还涉及对新技术的研究和开发,以便不断优化和完善虚拟仿真实验项目。技术保障还需要考虑到数据安全和隐私保护,确保在虚拟仿真实验过程中学生的个人信息和学习数据得到妥善处理和保护。同时,技术团队还需要提供及时的技术支持和故障排除服务,确保一旦发生技术问题,技术团队能够迅速响应并解决这些问题,使其对教学活动的影响最小化。

(四)项目申报与资质认定

项目申报与资质认定是确保经管类虚拟仿真实验教学项目开发质量和获得官方认可的重要环节。这些项目的申报通常由国家和各地方教育行政管理部门组织,旨在推动我国高校的经管类实验教学改革,提升教师教学质量和学生实践能力。

省市级虚拟仿真实验教学项目的申报通常要求申报单位高度重视此项工

作,因为这类项目往往是教育部五大"金课"之一。申报的基本要求包括:虚拟仿真实验教学项目所属的课程必须符合《教育部关于一流本科课程建设的实施意见》中的相关要求,如教学理念、课程教学团队、课程目标等方面的要求;课程至少经过两个学期或两个教学周期的建设和完善;申报课程负责人须为学校的正式聘用教师,具有中级及以上专业技术职务等。具体要求涉及课程内容的方面应符合教育部办公厅《关于2017—2020年开展示范性虚拟仿真实验教学项目建设的通知》(教高厅〔2017〕4号)规定的实验教学理念、内容、方式方法等,并且在推进专业实验与科学研究、社会应用相结合的方面有较好的基础和前景。申报虚拟仿真实验教学项目所属的课程应是面向实验教学培养目标,包含多门课程原理、方法和技术,培养学生融会贯通的专业课程。

国家级虚拟仿真实验教学项目的申报则更为严格。教育部要求相关高校加大经费投入,继续建设与完善项目。中央部委所属高校应将国家级虚拟仿真实验教学项目纳入教育教学改革专项的重要内容,军队和地方所属高校也要采取相应措施予以支持。项目被认定后,高校需确保项目在一定时间内面向高校和社会免费开放并提供教学服务,且在一定时间后,免费开放服务内容需达到一定比例。

资质认定方面,申报单位需确保项目内容符合教育部文件中的申报要求和注意事项,符合相关知识产权法律法规,且申报材料应予以公示。项目负责人及团队成员应无师德师风问题、学术不端问题、重大教学事故等。申报项目应支撑学生综合能力培养,将其纳入本专业教学计划,并满足一定课时的实验教学需求。在资质认定过程中,教育部将依托国家虚拟仿真实验教学项目共享平台,对项目的对外联通和服务情况进行持续监管。对于未能达到要求的项目,教育部将取消其国家虚拟仿真实验教学项目资格。

第二节　教学方法与教学策略的创新

一、互动式学习与协作学习

在经管类虚拟仿真实验教学中,教学方法的创新体现在"互动式学习"(Interactive Learning)与"协作学习"(Collaborative Learning)的结合上。这种创新的实验教学方法利用前沿的信息技术、数字技术和虚拟仿真技术,营造了一个接近真实的商业环境,让学生在模拟的情境中主动参与并深入讨论经济管理专业问题。在这样的教学模式下,学生通过互动式学习不仅可以提升其参与度和积极性,而且在团队合作和共同探索的过程中,可以进一步锻炼其沟通、协调、团队协作以及集体解决问题的能力。这种教学创新不仅可以有效促进学生批判性思维与创新能力的培养,也可以为他们未来在充满挑战的商业世界中取得成功奠定坚实的基础。互动式学习强调的是在教学过程中,教师与学生、学生与学生之间的积极互动和交流,以促进知识的传递、理解和应用。它超越了单纯的教学策略,成为一种教学理念,鼓励在平等和开放的学习环境中激发学生的学习兴趣,并培养他们的批判性思维与创新能力。协作学习则侧重于通过小组合作完成共同的学习任务,突出学生间的互助合作和知识共享。这两种学习方式的结合,不仅可以丰富教学内容,还可以提高教学效果,为学生的全面发展提供有力支持。

（一）互动式学习的定义

互动式学习是一种教学模式,它要求教师在教学设计中充分考虑学生的主体性,通过创设各种互动情境,让学生在参与、探究和交流中主动构建知识。这种学习方式与传统的讲授式教学形成鲜明对比,后者往往以教师为中心,学生处于被动接受知识的状态。互动式学习则更注重学生在学习过程中的主动性和参与度,以及教师与学生之间的互动合作。

（二）互动式学习的特点

1. 参与性与主动性

互动式学习的一个核心特点是强调学生的参与性和主动性。在这种学习模式下,学生不再是被动接受知识的对象,而是变成了积极参与学习过程的主体。学生通过提问、讨论、合作解决问题等方式,主动探索和构建知识。这种主动参与不仅可以提高学生对学习内容的兴趣和理解,还有助于培养他们的自主学习能力和解决问题的能力。教师的角色也从知识的传递者转变为引导者和促进者,他们通过设计互动活动和提供反馈,激发学生的学习动力和参与热情。

2. 互动性与合作性

互动式学习的另一个显著特点是互动性和合作性。这种学习方式鼓励学生之间的合作学习,通过小组讨论、团队项目等形式,学生可以共享知识、交流想法、互相帮助。在合作过程中,学生不仅能够从他人那里学习到新的知识,还能够通过讨论和辩论,锻炼自己的批判性思维和沟通能力。合作学习还有助于培养学生的社交技能和团队精神,这些都是现代社会中极为重要的能力。

3. 情境性与实践性

互动式学习注重创设真实或接近真实的学习情境,使学生能够在情境中学习和应用知识。这种情境性使得学习内容更加生动和具体,有助于学生更好地理解和记忆抽象概念。同时,通过模拟实际情境,学生可以在安全的环境中尝试解决问题,这不仅能够提高他们的实践能力,还能够增强他们的自信心和解决问题的勇气。实践性是互动式学习的重要组成部分,它使学生能够将理论知识与实际应用相结合,为将来的职业生涯做好准备。

4. 反思性与自我调节

互动式学习还强调学生的反思性和自我调节能力。在学习过程中,学生被鼓励对自己的学习行为和成果进行反思,思考哪些方法有效、哪些需要改进。通过反思,学生可以更好地理解自己的学习过程,识别自己的优势和不足,并根据反馈调整学习策略。这种自我调节的能力对于学生的终身学习和个人发展至关重要。教师在这一过程中扮演着重要的角色,他们通过提供指导和反馈,帮助学生进行有效的反思和自我调节。

(三)协作学习的定义

协作学习是指在教师的引导下,学生以小组为单位进行学习,小组成员需要共同承担学习任务,通过互相交流、讨论、合作解决问题,以达到共同的学习目标。在协作学习中,每个成员都有特定的角色和责任,他们需要相互依赖、相互支持,通过共同努力来完成任务。

(四)协作学习的特点

1. 互助合作与知识共享

协作学习的一个核心特点是互助合作与知识共享。在这种学习模式中,学生通过小组合作共同完成任务和学习目标。每个小组成员都被鼓励贡献自己的知识和技能,同时从他人那里学习和吸收新的信息。这种双向的互助合作不仅可以促进知识的传播,还可以增强学生之间的相互理解和信任。在经管类虚拟仿真实验中,学生可以共享市场分析、财务数据等关键信息,共同制定商业策略,从而提高整体的学习效果。

2. 明确的角色分配与分工

在协作学习中,明确的角色分配和分工是确保学习效率和成功的关键。每个小组成员都有特定的角色,如组长、记录员、研究员等,每个角色都有其独特的职责和任务。这种明确的角色分配有助于每个成员明确自己的学习目标和责任,确保团队工作的有序进行。在经管类虚拟仿真实验中,角色分工可以帮助学生更好地理解商业运作的各个方面,如市场、财务、管理等,并在实践中提升专业技能。

3. 互动交流与沟通协作

协作学习强调小组成员之间的互动交流与沟通协作。有效的沟通是协作学习中不可或缺的元素,它确保信息的流通和团队成员之间的相互理解。在经管类虚拟仿真实验中,学生需要通过频繁的交流和讨论来共同分析问题,制定解决方案。这种沟通协作的过程不仅有助于提高团队的决策质量,还能够培养学生的语言表达能力和倾听能力。

4. 共同责任与问题解决

协作学习的一个显著特点是共同责任与问题解决。在这种学习模式下,小组成员共同承担学习成果的责任,共同面对挑战和问题。这种共同责任的意识使每个成员都更加投入和认真,因为他们知道团队的成功与否取决于每个成员的努力和贡献。在经管类虚拟仿真实验中,学生需要共同分析复杂的商业情境,提出创新的解决方案,这种共同解决问题的过程有助于提升学生的批判性思维和创新能力。

(五)互动式学习与协作学习在经管类虚拟仿真实验教学中的创新应用

互动式学习与协作学习在经管类虚拟仿真实验教学中的创新应用,为传统的经济管理专业实验教学方法带来了突破性的变革。这两种教学方法的结合,不仅可以提高学生的学习兴趣和参与度,还可以极大地增强他们的实践能力和团队合作精神。

1. 模拟商业环境,增强实践体验

互动式学习与协作学习在经管类虚拟仿真实验教学中的应用,首先体现在模拟商业环境的创建上。这种模拟环境通过高度仿真的商业场景和情境,使学生能够身临其境地体验商业决策的全过程。例如,学生可能需要在一个虚拟的市场中进行产品定位、定价策略的制定、市场推广计划的执行等活动。这些活动不仅涉及理论知识的应用,还包括对市场动态的快速响应、竞争对手行为的分析以及客户需求的预测。在这种模拟环境中,学生需要运用经济学、管理学、市场营销等多学科的知识,进行综合分析和决策。他们不仅要考虑短期的利润最大化,还要考虑长期的品牌建设和市场竞争力。通过这种实践体验,学生能够深刻理解理论知识的实际应用,增强其解决实际问题的能力,同时也能够提升其风险评估和管理的能力。模拟商业环境还提供了一个安全的学习空间,学生可以在这里尝试不同的策略,即使失败也能从中学习和成长,而不用担心实际的经济后果。这种实践体验的学习方式可以极大地提高学生的学习兴趣和参与度,使他们更加积极主动地探索和学习。

2. 促进团队合作,提升沟通协调能力

在经管类虚拟仿真实验教学中,团队合作是实现协作学习的关键。学生被分成不同的小组,每个小组都需要共同管理一个虚拟公司或项目。在这个过程中,学生需要担任不同的角色,如 CEO、CFO、市场经理等,每个角色都有其特定的职责和任务。这种角色分工要求学生之间进行有效的沟通和协调,以确保团队目标的实现。例如,市场经理需要与产品开发团队沟通,以了解新产品的特性和推广策略;财务经理则需要与运营团队协调,以制定合理的预算和成本控制措施。这种跨部门的沟通和协调不仅可以锻炼学生的专业知识,还可以提高他们的团队合作能力和领导力。在团队合作的过程中,学生还需要学会如何处理冲突、建立共识和制定决策。这些技能对于学生未来的职业生涯至关重要,因为商业环境中的团队合作往往涉及多方面的利益协调和决策制定。通过协作学习,学生能够在实践中学习如何建立高效的团队,如何在压力下保持冷静和理性,以及如何在变化多端的环境中作出最佳决策。

3. 激发创新思维,培养解决问题的能力

互动式学习和协作学习在经管类虚拟仿真实验教学中的应用,还体现在激发学生的创新思维和培养解决问题的能力上。在虚拟仿真的环境中,学生会面临各种商业挑战,如市场需求的变化、竞争对手的策略、政策调整等。这些挑战要求学生运用创新思维,寻找新的解决方案。例如,面对激烈的市场竞争,学生可能需要开发新的产品或服务,或者探索新的市场渠道。在这个过程中,学生需要进行市场调研、分析消费者行为、评估竞争对手的优势和劣势。他们需要运用创新的方法来设计产品、制定营销策略、优化运营流程。这种创新思维的培养,不仅可以提高学生的问题解决能力,还可以激发他们的创业精神和探索精神。协作学习还鼓励学生在团队中分享自己的想法和见解,通过集体智慧来解决问题。学生需要学会倾听他人的意见、尊重不同的观点,并在此基础上形成共识。这种团队合作的过程,有助于学生学会如何在多元化的环境中进行有效沟通和协作,培养他们的跨文化交流能力和全球视野。

4. 实时反馈与自我评价,促进学习反思

互动式学习和协作学习在经管类虚拟仿真实验教学中的应用,还包括实时反馈和自我评价机制的建立。这种机制使学生能够及时了解自己的学习进度和效果,从而进行有效的学习反思和策略调整。在虚拟仿真实验中,学生可以通过平台获得即时的业绩反馈,如销售额、市场份额、客户满意度等指标。这些反馈信息为学生提供了宝贵的学习资源,帮助他们分析自己的决策效果,识别问题所在,并制定改进措施。同时,学生还需要进行自我评价和同伴评价。这种评价过程不仅有助于学生了解自己在团队中的表现,还能够促进他们对学习过程的深入思考。学生需要反思自己在学习策略、沟通方式、团队协作等方面的问题,并根据反馈进行调整。这种自我评价和反思的过程,有助于学生形成自主学习的习惯,提高自我监控和自我调节的能力。通过实时反馈和自我评价,学生能够更加清晰地认识到自己的优势和不足,从而有针对性地进行学习和提升。这种学习方式不仅可以提高学生的学习效果,还可以培养他们的自我管理能力和终身学习能力。在经管类虚拟仿真实验教学中,这种实时反馈和自我评价的机制,为学生提供了一个持续学习和成长的平台,使他们能够更好地适应未来的商业环境和职业挑战。

二、翻转课堂与混合式教学

在经管类虚拟仿真实验教学中,"翻转课堂"(Flipped Classroom)与"混合式教学"(Blended Learning)的教学策略创新应用,为传统的教学模式带来了深刻的变革。翻转课堂策略鼓励学生在课前通过在线资源自主学习理论知识,而课堂时间则专注于讨论、实践和深入理解,这种模式可以有效地提升学生的主动学习能力,加强学生理论知识的应用。混合式教学则结合了线上自主学习和线下实体课堂的优势,通过线上平台提供个性化学习路径和即时反馈,同时在面对面的教学中加强师生互动和团队合作,从而实现教学资源的最优配置和学习效果的最大化。这种教学策略创新不仅可以增强学生的参与度和学习动机,还可以培养他们在复杂商业环境中所需的批判性思维、沟通协调和问题解决能力,为他们的未来发展奠定坚实的基础。

(一)翻转课堂的定义

翻转课堂模式最早由美国科罗拉多州的两位化学教师提出,并迅速在全球教育界得到推广。在这种模式下,学生在课前通过观看视频讲座、阅读教材或完成在线课程等方式自主学习新的概念和知识点。课堂时间则被用来进行更具互动性、更具合作性的学习活动,如小组讨论、案例分析、实验操作等,这些活动旨在帮助学生巩固和应用他们已经学到的知识。

(二)翻转课堂的特点

1. 课前自主学习

翻转课堂的第一个特点是课前自主学习。在这种模式下,学生在正式上课之前,需要通过观看教学视频、阅读教材或完成在线课程等方式,自主学习新的知识内容。这种自主学习方式要求学生具备自我管理的能力,能够在没有教师直接指导的情况下,独立地获取和处理信息。通过课前自主学习,学生能够在自己的节奏下掌握基础知识,为课堂内的深入讨论和实践活动打下坚实的基础,从而提高课堂学习的效果。

2. 课堂互动讨论

翻转课堂的第二个特点是课堂互动讨论。在传统的教学模式中,教师往往在课堂上讲授新知识,而学生在课后进行复习和练习。翻转课堂则将这一过程颠倒过来,将课堂时间用于组织学生进行小组讨论、案例分析、实验操作等互动活动。这种互动性的教学方式有助于激发学生的思考,促进他们之间的交流与合作,同时也使教师能够更直接地了解学生的学习状况,并及时给予指导和反馈。

3. 教师角色转变

翻转课堂的第三个特点是教师角色的转变。在这种模式下,教师不再仅仅是知识的传递者,而是变成学习过程的引导者、促进者和支持者。教师在课堂上的角色更多的是激发学生的思考,引导他们进行深入的探究,帮助他们建立起知识之间的联系。教师需要设计富有挑战性的问题和活动,鼓励学生主动探索和创新,同时提供必要的支持和资源,帮助学生克服学习中的困难。

4. 问题导向教学

翻转课堂的第四个特点是问题导向教学。这种教学策略强调以问题为中心,围绕实际问题或案例来组织教学内容和活动。学生在课前通过自主学习掌握基础知识,课堂上的活动往往围绕一个或一系列问题展开,学生需要运用他们已经学到的知识来解决问题。这种以问题为导向的学习方式有助于培养学生的问题解决能力和批判性思维,使他们能够更好地将理论知识应用于实际情境中。

(三) 混合式教学的定义

一般来说,混合式教学指的是将线上学习活动与线下传统课堂教学相结合的教学策略。在这种模式下,学生可以通过线上平台进行自主学习,同时可以参与到实体课堂中的互动讨论和实践活动。混合式教学的策略目标是利用两种教学方式的优势,实现教学资源的最大化利用和学习效果的最大化提升。

(四) 混合式教学的特点

1. 灵活性与适应性

混合式教学模式的第一个特点是其灵活性和适应性。这种教学方法允许学生根据自己的学习风格、进度和可用时间来安排学习活动。学生可以选择在线上自主学习,也可以选择参加实体课堂中的互动讨论和实践活动。这种灵活性意味着学生可以在家中、图书馆或其他任何有互联网连接的地方学习,从而打破了地理和时间的限制。同时,教师也能够根据学生的反馈和学习进度调整教学策略和内容,确保每个学生都能获得必要的支持、接受必要的挑战。

2. 课堂互动与合作学习的增强

混合式教学的第二个特点是课堂互动和合作学习的增强。在这种模式下,课堂时间更多地被用于小组讨论、案例分析、角色扮演和其他互动活动,而不是单纯的知识讲授。这种互动性的教学方式可以促进学生之间的交流和合作,使他们能够从不同的视角理解问题,并共同探索解决方案。通过团队合作,学生能够学习如何在多元化的环境中有效沟通和协作,这对于他们未来的职业生涯和社会参与是非常宝贵的技能。

3. 自主学习与学习动机的强化

混合式教学的第三个特点是促进学生自主学习和学习动机的强化。在线学习部分要求学生自我管理学习进度和时间,这有助于培养他们的自我学习能力和自我激励能力。学生通过自主探索和发现,能够更深入地理解课程内容,并在学习过程中体验到成就感。混合式教学通过提供即时反馈和个性化的学习资源,能够进一步增强学生的学习动机,使他们更加投入和专注于学习活动。

4. 技术整合与资源利用的最大化

混合式教学的第四个特点是技术整合和资源利用的最大化。现代教育技术,如学习管理系统(LMS)、视频会议软件、在线课程平台等,为混合式教学提供了强大的支持。这些技术平台不仅使得教学内容的分发和学习活动的管理变得更加高效,还为学生提供了丰富的学习资源,如视频讲座、互动模拟、在线测试和讨论论坛等。通过这些技术工具,学生可以随时随地访问学习材料,参与在线讨论,与教师和同学进行互动,从而获得更广泛和深入的学习体验。

(五)翻转课堂与混合式学习在经管类虚拟仿真实验教学中的创新应用

翻转课堂和混合式教学在经管类虚拟仿真实验教学中的应用,从教学策略创新的角度代表了教学技术与教学方法相结合的先进趋势。这两种教学策略的结合,不仅可以提高教学效率,还可以极大地增强学生的学习体验和实践能力。

1. 虚实结合的教学资源

虚实结合的教学资源是翻转课堂和混合式教学的核心。在经管类虚拟仿真实验教学中,学生可以通过虚拟仿真平台接触到模拟的市场环境、企业运营、财务决策等实际商业情境。这种教学资源的结合,使得学生能够在虚拟环境中安全地尝试和实践,同时在实体课堂中与教师和同学进行深入讨论和案例分析。例如,学生可以在虚拟平台上模拟股票交易,然后在课堂上讨论市场趋势和投资策略,从而实现理论与实践的有效结合。

2. 互动协作的教学体验

互动协作的教学体验是翻转课堂和混合式教学模式的重要组成部分。在经管类虚拟仿真实验教学中,教师可以设计各种小组活动,如团队项目管理、商业谈判模拟等,鼓励学生之间的交流和合作。通过这些活动,学生不仅能够提高自己的沟通和协调能力,还能够学习如何在团队中发挥作用,解决实际问题。学生还可以通过在线讨论板、即时反馈系统等工具,与教师和同学进行实时互动,增强学习体验的互动性。

3. 及时迭代的教学优化

及时迭代的教学优化是翻转课堂和混合式教学模式能够持续发展的关键。虚拟仿真平台提供的实验教学数据分析和课程内容反馈机制,使教师能够及时了解学生的学习进度、掌握程度和遇到的困难。基于这些信息,教师可以调整教学内容、方法和节奏,以更好地适应学生的学习需求。同时,教学团队也可以根据学生的反馈和教学效果,不断优化和更新虚拟仿真实验平台的教学内容和功能,确保教学资源的时效性和有效性。

三、个性化学习路径设计

在经管类虚拟仿真实验教学的创新应用中,结合互动式学习与协作学习的教学方法创新,以及翻转课堂与混合式教学的教学策略创新,能够为学生打造一个高度个性化的学习环境。这种环境不仅支持学生根据自己的学习风格和兴趣定制学习内容,还鼓励他们在虚拟仿真的商业环境中主动探索和实践,从而实现个性化学习路径的设计。互动式学习与协作学习的教学方法创新,使得学生在虚拟仿真实验中可以通过团队合作解决复杂的商业问题,同时在教师的引导下进行深入讨论和反思,这不仅可以提升他们的沟通和协调能力,还可以增强他们对知识的理解和应用。翻转课堂与混合式教学的教学策略创新,则可以进一步强化学生的自主学习能力,使他们能够在课前通过在线资源自主掌握理论知识,并在课堂上通过实践操作和案例分析深化理解,实现理论与实践的有机结合。这种个性化学习路径的设计,确保每个学生都能在经管类虚拟仿真实验教学中获得量身定制的学习体验,从而最大化地发挥其潜力,培养出适应未来商业世界所需的关键技能和素质。

（一）个性化学习路径设计与学生全学业周期培养

个性化学习路径设计与学生全学业周期培养紧密相连,共同构成了现代教育体系中对学生全面发展的关注和支持。个性化学习路径设计注重根据学生的个人特点、学习风格、兴趣和能力水平,为他们量身定制学习计划和活动,而全学业周期培养则涵盖学生从入学到毕业,乃至后续职业生涯发展的整个过程。

1. 入学初期的适应与引导

在学生的入学初期,个性化学习路径设计可以帮助新生快速适应学习环境,通过评估学生的基础知识和技能,教师可以为他们提供相应的补充材料和引导课程。这一阶段的个性化设计有助于学生建立自信,明确学习目标,并为后续的深入学习打下坚实的基础。

2. 学习过程中的持续发展

随着学业的深入,个性化学习路径设计能够确保学生在专业课程学习中得到适宜的支持、接受一定的挑战。通过跟踪学生的学习进度和成果,教师可以及时调整教学内容和方法,确保学生能够在适合自己的节奏下持续进步。这种持续的个性化支持有助于学生在学术和个人技能上取得均衡发展。

3. 毕业阶段的应用与实践

在学生即将毕业的阶段,个性化学习路径设计可以更加关注学生的职业规划和实践能力培养。学生可通过实习、参加项目研究、行业讲座等活动,将所学知识应用于实际工作中,为职业生涯做好准备。个性化学习路径在这一阶段的重点是帮助学生建立起从学术到职业的桥梁。

4. 毕业后的终身学习

全学业周期培养强调的是终身学习的理念，个性化学习路径设计则为学生提供继续教育和自我提升的路径。无论是通过在线课程、工作坊还是专业认证，个性化学习路径确保学生在毕业后仍能根据自己的职业发展需要和兴趣，选择合适的学习资源和活动，实现终身学习。

（二）个性化学习路径设计与虚拟仿真实验教学平台

1. 支持个性化实践

个性化学习路径设计的核心在于为每个学生提供符合其个人特点的学习内容和方法。虚拟仿真实验平台通过模拟真实世界的各种情境，为学生提供广泛的实践机会。这种实践不限于基础的知识点验证，还包括设计综合型实验和创新型实验，让学生能够在虚拟环境中探索和尝试，从而发现问题、解决问题并创造新的知识。例如，学生可以在虚拟平台上进行化学实验，不必担心现实中的安全隐患和材料成本，同时还能反复练习直至掌握实验技能。这种个性化的实践机会，使学生能够在自己感兴趣的领域深入学习，发展专业技能。

2. 促进自主学习

自主学习是我国高校现代经管专业教学中的一个重要目标，它强调学生的主动性和自我驱动力。虚拟仿真实验平台通过提供丰富的资源和灵活的学习环境，可以极大地促进学生的自主学习。学生可以根据自己的学习计划和兴趣，选择合适的虚拟实验进行探索。在这个过程中，学生不仅能够自主安排学习时间和进度，还能够根据自己的理解程度选择不同的实验难度和类型。虚拟仿真实验平台通常配备有指导教程和辅助工具，帮助学生在自主学习的过程中获得必要的支持。

3. 提供即时反馈

个性化学习路径设计的一个重要方面是能够根据学生的反馈和表现进行调整。虚拟仿真实验平台通过内置的评估和反馈系统，为学生提供即时的学习反馈。在完成实验操作后，学生可以立即获得评分和建议，这些反馈有助于学生及时了解自己的学习成果和不足之处。教师也可以通过平台监控学生的学习活动，根据学生的表现提供个性化的指导和建议。这种及时反馈不仅可以帮助学生在学习过程中不断进步，还可以增强他们对自己学习成效的掌控感。

4. 增强学习体验

一个丰富的学习体验能够提高学生的学习兴趣和参与度。虚拟仿真实验平台通过模拟真实世界的复杂情境,为学生提供了沉浸式的学习体验。学生可以在虚拟环境中进行角色扮演、团队合作、问题解决等活动,这些活动不仅可以增强学习的趣味性,还可以提高学习的实际应用价值。例如,商业管理专业的学生可以在虚拟平台上模拟经营一家企业,这种体验使得抽象的管理理论变得具体而生动。虚拟仿真实验平台还支持多种交互方式,如触觉反馈、三维视觉等,进一步增强了学习体验。

第三节　典型虚拟仿真实验教学项目案例分析

一、跨境电商供应链选址管理虚拟仿真实验项目(东北财经大学)

东北财经大学的跨境电商供应链选址管理虚拟仿真实验项目,旨在通过模拟实验提升学生在全球供应链管理中的决策能力。该项目依托学校在国际贸易和电子商务领域的学科优势,结合多年的研究成果,开发了一套高度仿真的虚拟实验平台。实验教学目标聚焦于解决学生在实习实践中难以接触的全球供应链选址问题,培养学生在贸易摩擦和疫情防控背景下平衡供应链效率与安全的能力,并提高他们运用数据分析和风险管理知识解决问题的技能。实验教学原理涵盖跨国战略管理、供应链管理和 ERP 管理等课程的核心知识点,通过四个阶段的决策顺序和网络优化模型,引导学生进行选址配置和风险决策。实验平台通过企业战略管理、网络优化和知识巩固三个模块,提供了一个沉浸式的学习环境,让学生在虚拟的国际市场中进行工厂和仓库的选址决策。实验教学过程采用探究式教学模式,结合线上线下混合式学习方法,通过沉浸式环境漫游、任务式教学驱动、自主式实验设计等多种教学方法,促进学生的自主学习和团队合作。学生在完成任务的过程中,将体验到从战略规划到风险管理的全过程,并在实验结束后通过填写实验报告和评价反馈进行反思,从而提升解决复杂工程问题的能力。

(一)实验教学目标

1. 培养全球供应链战略决策能力

在当今全球化的经济环境中,供应链管理对于企业的成功至关重要。通过这个实验项目,学生将有机会深入了解供应链的战略意义,学习如何在不同国家和地区之间进行有效的资源配置和风险评估。学生将通过模拟实验,体验企业高层在供应链选址中的决策过程,这不仅包括对生产和物流设施的选址,还包括对供应链网络的优化。学生需要考虑多种因素,如市场需求、政治风险、关税政策、运输成本等,以实现整个供应链成本的最小化。这种决策能力的培养对于学生未来在跨国公司或国际贸易领域的职业发展具有重要意义。

2. 提高风险管理和应变能力

在全球供应链管理中,企业需要面对各种不确定性和风险,如贸易摩擦、政治变动、自然灾害等。这些风险可能会对供应链的稳定性和效率产生重大影响。通过虚拟仿真实验,学生将学习如何识别和评估这些风险,并制定相应的应对策略。在实验中,学生将面临不同的风险情景,如贸易摩擦、疫情暴发等,他们需要在这些情景下重新评估和调整供应链选址决策。这种风险管理和应变能力的培养,将使学生能够更好地适应未来职业生涯中可能遇到的各种挑战和不确定性。

3. 加强团队合作和沟通协调能力

在供应链管理中,团队合作是实现有效决策和执行的关键。通过这个实验项目,学生将被分配到不同的团队中,共同完成供应链选址的决策任务。在这个过程中,学生需要学会如何与团队成员沟通和协调,共同分析问题、制定策略并执行决策。团队合作的过程不仅能够提高学生的沟通能力,还能够培养他们的领导力和协调能力。学生将在团队中扮演不同的角色,如项目经理、分析师、风险管理专家等,他们需要相互协作,共同解决供应链管理中的问题。这种团队合作和沟通协调能力的培养,对于学生未来在多元化工作环境中的成功至关重要。

(二)实验教学原理

1. 实验教学原理

(1)跨国网络设施决策顺序

跨国网络设施决策顺序原理涵盖从明确企业竞争战略开始,到预测国家需求、综合物流成本,进行区域配置决策,最后为设施选择准确位置并进行产能布局的全过程。学生将学习如何在不同的国际市场中进行有效的资源配置,考虑市场需求、汇率和政治风险,以及关税、生产要求、税收和进出口限制等因素,从而作出合理的供应链网络设施决策。

(2)网络优化模型

网络优化模型适用于网络设施选址决策的第二阶段和第四阶段,帮助学生理解在网络中应该建立多少设施,以及这些设施应该建在哪些地区。这一模型特别适用于四级供应链,包括供应商、工厂、仓库和市场之间的相互关系和优化。学生将学习如何运用这一模型来优化供应链网络,提高整体的运营效率。

(3) 理论与实践的结合

通过将理论知识与虚拟仿真技术相结合,学生能够在一个模拟的商业环境中应用所学知识,解决实际问题。这种结合不仅可以增强学生的学习体验,还可以提高他们将理论知识转化为实践操作的能力。学生将通过实际操作来验证理论模型的有效性,从而更深刻地理解供应链管理的复杂性和挑战性。

2. **核心仿真要素设计**

(1) 战略决策

在虚拟仿真实验中,学生将在董事长办公室环境中,面对产能和仓储不足的挑战,参与到供应链战略决策过程中。他们需要与不同部门的负责人合作,准备汇报资料,并在董事会上讨论和决定供应链的战略方向。这种仿真设计使学生能够体验到高层管理决策的复杂性,并学习如何在有限的资源下作出最佳决策。

(2) 选址配置决策

学生需要在一个四级供应链模型中进行选址决策,考虑供应商、工厂、仓库和市场之间的关系。他们需要决定在欧洲、亚洲、美洲三大区域中建立工厂或仓库的最佳位置,以实现整条供应链成本的最小化。这种仿真设计不仅考验学生的成本效益分析能力,还要求他们考虑市场覆盖、运输效率和风险管理等多方面因素。

(3) 风险决策

学生将面临不同的风险情景,如贸易摩擦、疫情暴发等,需要在这些情景下重新评估和调整供应链选址策略。他们需要计算在不同风险条件下的全球供应链总成本,并进行反思,考虑是否需要重新规划供应链,以及如何调整以提高风险管理能力。这种仿真设计使学生能够理解风险管理在供应链决策中的重要性,并学习如何制定灵活的策略来应对不确定性。

(三) 实验教学平台

实验教学平台为跨境电商供应链选址管理虚拟仿真实验平台(图4-2),通过企业战略管理、网络优化模型和知识巩固三个模块,以虚拟仿真的企业供应链运营环境和不同应用情景,构建了知识点认知、选址系数提取、选址模型分析、选址模型风险验证等实验内容。

图 4-2　跨境电商供应链选址管理虚拟仿真实验平台

（四）实验教学过程与实验方法

1. 实验教学过程

（1）课前准备与自主学习

在实验课前，学生需要通过教材、慕课、实验指导书等资源进行自主学习，针对实验内容进行准备。这一阶段的目的是让学生对即将进行的实验有一个基本的理解和认识，为后续的实验操作打下理论基础。自主学习的过程也有助于培养学生的自学能力和信息筛选能力，为他们在实验中的主动探索和问题解决做好准备。

（2）课堂互动与实践操作

在课堂上，教师首先通过提出理论与技术问题，引导学生进行研讨交流，形成一定的共识或争议。然后，学生将以实验系统为依托，根据自己的认识进行在线实验操作。在这一过程中，学生将发现实验中的不足之处，并引出新的问题。教师在这一阶段主要起到引导、释疑和推动作用，帮助学生根据所学理论进行改进尝试和探究，找出解决问题的办法，并在实验系统上验证改进的效果。

（3）实验报告撰写与反思

在实验操作结束后，学生需要提交实验结果，并撰写实验报告。这一阶段要求学生对整个实验过程进行回顾和总结，包括实验的目的、过程、结果和遇到的问题及解决方案。通过填写实验报告和评价反馈，学生可以反思自己的全部操作，了解自己的知识能力缺陷。这种反思式的评价反馈有助于学生提高学习效果，为未来的学习提供方向。

2. 实验方法

(1) 沉浸式环境漫游

在虚拟仿真实验教学平台中,学生将进入虚拟的董事会办公室、各个区域的办公室、工厂的各个区域以及市场外部环境,通过这种沉浸式的体验,学生能够更加直观地理解供应链管理的实际操作和决策过程。这种环境漫游不仅可以增强学生的情境感知能力,还可以提高他们的学习兴趣和参与度。

(2) 任务式教学驱动

实验教学项目以战略规划部承担的工作"跨境供应链设施选址"为背景,下达具体的实验任务。学生需要带着任务进行自主探索和互动协作学习,最终给出工厂和仓库的选址建议。这种任务驱动的教学方式不仅可以增强学生在实验中的"角色感",而且体现了以解决实际工程问题为主的教学理念,促进学生的主动学习和团队合作。

(3) 七式融合实验教学

包括沉浸式、任务式、自主式、交互式、团队式、支架式、反思式等多种教学方法的结合。通过这些方法的融合,学生能够在一个支持性的环境中进行学习,教师通过提供必要的指导和支架,帮助学生逐步攀升,提升解决复杂工程问题的能力。例如,学生在进行供应链选址决策时,需要自主选择决策变量和限制条件,通过交互式实验操作进行决策,并通过团队合作共同分析结果。最终,学生通过反思式评价反馈,对自己的操作进行总结和反思,从而不断提高学习效果。

二、基于全球贸易均衡模型的经济贸易政策虚拟仿真实验教学项目(对外经济贸易大学)

基于全球贸易均衡模型的经济贸易政策虚拟仿真实验教学项目,是对外经济贸易大学为深化学生对国际贸易理论的理解与提高政策分析能力而设计的实验教学项目。该项目利用虚拟仿真技术,结合国际经济与贸易的基本理论,通过构建贸易政策虚拟仿真实验教学平台,以 RCEP 自贸区、中澳自贸区等自贸协定为案例,旨在帮助学生掌握评估贸易政策影响的数量方法,并了解贸易谈判的内容及过程。实验教学目标包括提高学生的自主学习性、实践能力和创新精神,同时培养学生掌握国际贸易实操技能,为未来从事相关工作提供理论与实践经验。实验教学原理涵盖完备的经济理论分析框架、全球 CGE 模型理论及其操作、经济影响分析等六个层面。实验教学平台为自主开发的贸易政策仿真教学系统,提供丰富的案例和仿真设计。实验教学过程与方法结合了理论学习、上机操作、案例分析、实验报告撰写等步骤，采用计算实验、前测与后测以及试错法等多种教学方法，确保学生能够全面理解全球贸易CGE模型并应用其进行经济政策分析。

（一）实验教学目标

1. 结合理论与实践，提高分析能力

该虚拟仿真实验教学项目将国际贸易理论与实际政策分析相结合，提高学生的分析能力。通过使用CGE模型，学生能够将抽象的贸易理论应用到具体的政策分析中，解决国内理论与现实发展脱节的问题。这种结合不仅可以增强学生的系统思维能力和理性思考，还可以激发他们对学习的兴趣，提高他们将理论应用于实际和解决现实问题的能力。学生将通过模拟自由贸易协定谈判的过程，理解政策变化对经济的影响，从而成为能够参与国内宏观决策的人才。

2. 掌握量化分析工具，了解最新贸易趋势

该虚拟仿真实验教学项目能够帮助学生掌握量化分析工具，了解当前国际贸易领域最新的发展趋势。传统的国际贸易教学往往以定性方法为主，缺乏系统性的量化分析工具。通过这个项目，学生将学习如何运用全球价值链一般均衡模型来量化自由贸易区的关税减免、贸易便利化提升、技术进步以及贸易救济等经济效应。这不仅有助于学生了解全球价值链的运作机制，还能够使他们掌握比较静态分析以及模型闭合选择等基本操作技能，从而更全面地理解和分析国际贸易政策的经济影响。

3. 培养战略制定与决策能力

该虚拟仿真实施教学项目将贸易政策案例的经济影响分析纳入课堂教学体系，并加入课堂讨论和互动环节，使学生能够深化对课堂内容的理解，并提升他们制定战略、分析环境、洞察市场、整合资源、提高效率和优化决策的能力。学生将通过讨论学习，对自由贸易协定所产生的经济效应进行预测，并提出相应的政策建议。这种教学方法不仅可以提高学生的参与度，还使他们能够在虚拟仿真实验中体验到真实的国际贸易谈判过程，为他们将来从事相关工作提供宝贵的经验。

（二）实验教学原理

1. 实验教学原理

（1）完备的经济理论分析框架

该虚拟仿真实验教学项目基于简单的 $2\times2\times2$ 模型（两个经济主体、两个产

业部门、两个生产要素),构建一个完备的经济理论分析框架。这个框架教授标准 CGE 模型的理论及逻辑、模型闭合方法、计算过程和相应分析,使学生能够理解并运用这一模型来分析贸易政策的经济效应。

(2) 全球 CGE 模型理论与操作

该虚拟仿真实验教学项目的核心是学习掌握全球 CGE 模型理论及其实践操作。全球 CGE 模型的理论框架极为复杂,因此实验教学中将详细教授生产、消费、投资、贸易、要素流动及其分配、价格传导等相关理论。在掌握理论的基础上,学生将基于仿真平台掌握相应操作方法,并开展相应经济分析。

(3) 经济影响分析与福利变化

基于仿真结果,该虚拟仿真实验教学项目能够让学生开展各种经济影响分析,尤其是经济福利分析。经济福利分析的重点是分解导致福利变化的各种来源,如技术变化后导致的技术进步效应和资源配置效应。这些分析对于充分理解经济政策变化导致的系统经济影响具有重要意义。

2. 核心仿真要素设计

(1) 投入产出表构建

基于构建的全球价值链分解程序,展开经贸政策变化对全球价值链经济活动的影响分析。这一步骤涉及根据全球价值链分解程序,将一国对另一国的出口分解成多个部分,从而深入理解贸易政策对全球价值链的具体影响。

(2) GTAP 模型的应用

标准的 GTAP 模型提供了 65 个产业部门和 141 个国家/地区的数据,可以根据研究需要进行产业和国家/区域的加总。这种灵活性允许学生根据不同的研究目标,调整模型的复杂性,从而更精确地模拟和分析贸易政策的潜在影响。

(3) 仿真实验的设计与执行

学生需要在虚拟仿真平台上根据给定的案例背景确定政策冲击变量,并执行自由贸易协定政策的仿真实验。这一过程要求学生搜集相关贸易协定的具体谈判政策协议资料以及各国经济贸易数据,以此为基础拟定模拟仿真实验的政策冲击,从而评估自由贸易协定谈判可能产生的经济结果。

(三) 实验教学平台

基于全球贸易均衡模型的经济贸易政策虚拟仿真实验教学项目的实验教学平台为对外经济贸易大学自主开发的贸易政策仿真教学系统。系统中为学生预设了课程内容中包含的 6 个案例,分别是中国—格鲁吉亚自贸区、中国—澳大利亚自贸区、中国—乌克兰自贸区、RCEP 协定,以及中国大米单产提高情景和中国贸易便利化提升情景(图 4 - 3)。在选择相应的情景时,平台下方的信息栏中会给出相关案例的主要信息,包括情景内容仿真设计、冲击的关键变量以及变量的维度和引入模型的冲击命令等。

图 4 - 3　贸易政策仿真教学系统

(四) 实验教学过程与实验方法

1. 实验教学过程

(1) 理论学习与案例背景准备

实验开始前,学生首先需要通过课堂学习和自主研究来掌握国际贸易的基本理论和 CGE 模型的相关知识。教师将引导学生了解不同的自由贸易协定案例,如 RCEP 自贸区、中澳自贸区等,并提供相关的背景资料。学生需要搜集与案例相关的经济贸易数据和政策协议资料,为后续的模拟实验做准备。

(2) 上机操作与模拟实验

学生将在教师的指导下,使用虚拟仿真平台进行上机操作,模拟自由贸易协定政策的实施过程。学生需要根据案例背景确定政策冲击变量,并在平台上设置相应的模型参数,执行仿真实验。实验过程中,学生将观察政策变化对经济指标的影响,并记录实验结果以备后续分析。

(3) 结果分析与报告撰写

在完成模拟实验后,学生需要对结果进行深入分析,理解贸易政策变化对经济福利、产业结构等方面的影响。学生将撰写实验报告,总结实验过程、结果和发现,并提出基于实验结果的政策建议。教师将和学生在课堂上或在线平台上进行讨论,巩固学习成果,并鼓励学生对实验结果进行进一步的思考和探究。

2. 实验方法

(1) 计算实验方法

实验中使用的全球 CGE 模型采用了可计算一般均衡方法,通过 GEMPACK 软件实现,使学生能够量化分析贸易政策的经济效应。学生将学习如何使用这一软件工具,输入不同的政策变量,观察并记录模型输出的结果。

(2) 前测与后测实验法

学生将在政策实施前后分别提取经济指标数据,通过对比分析来评估贸易政策变化的影响。这种方法使学生能够直观地看到政策变化前后的差异,并理解政策变化对经济的具体影响。

(3) 试错法

学生在正式模拟实验之前,可以在平台上进行试错学习,尝试不同的政策组合和冲击幅度,观察其对经济指标的影响。通过试错,学生能够积累经验,发现并纠正错误,从而更准确地模拟和预测贸易政策的实际效果。

三、商业银行流动性风险管理虚拟仿真实验教学项目(广东金融学院)

商业银行流动性风险管理虚拟仿真实验教学项目是广东金融学院为提升学生在金融风险管理领域的实践能力和理论知识而设计的实验教学项目。该项目利用 3D 和 VR 技术,构建了一个高度仿真的银行流动性风险管理环境,旨在帮助学生深入了解并实践流动性风险管理的全过程。实验教学目标包括解决教学中的"痛点",形成系统性思维,强化综合能力培养,以及培养学生的合规意识和职业素养。实验教学原理与核心仿真要素设计基于《商业银行流动性风险管理办法》和相关理论,通过模拟银行内部的资金转移定价和流动性风险管理流程,让学生体验流动性风险的识别、计量和监控。实验教学平台提供了一个多维度的仿真环境,学生可以在沉浸式体验中掌握 FTP 工具的应用,并提升系统思维和创新能力。实验教学过程与实验方法结合了案例教学、体验式教学、任务驱动教学、互动式教学和线上线下相结合的教学模式,全面提升学生应用专业知识解决复杂问题的能力。

（一）实验教学目标

1. 解决流动性风险管理教学中的"痛点"

流动性风险管理是金融领域中的一个重要课题，但在实际教学中存在诸多挑战，如风险的不可逆性和管理过程的不可重复性。该项目通过虚拟仿真技术，模拟商业银行流动性风险管理的各个方面，包括组织架构、资产负债结构、业务场景、业务流程、风险模型等，使学生能够在没有实际风险的情况下，体验流动性风险管理的全过程。这种仿真实验不仅能够让学生深刻理解风险管理工作的本质，还能够激发他们的学习兴趣，提高实验教学质量。

2. 形成流动性风险管理系统性思维

系统性思维是金融风险管理中的关键能力。该项目通过模拟实验，使学生了解商业银行流动性风险管理工作的全局性，包括主要管理部门的职能、管理流程、部门间的协同关系等。学生将认识到流动性风险管理不仅仅是风险管理部门的职责，它需要多个部门和业务单元之间的高效协同，以确保流动性风险管理策略的有效实施。通过这种全面系统的学习，学生能够建立起对流动性风险管理的系统性认识，为未来的职业生涯打下坚实的基础。

3. 强化分析解决复杂问题的综合能力培养

金融风险管理涉及多方面的知识和技能，包括风险识别、计量、监测和控制等。该项目通过设计性、综合性的实验任务，培养学生的流动性风险管理能力、内部资金定价能力、创新能力和沟通能力。学生将通过实际操作，如制定内部资金转移定价曲线、优化资产负债结构等，来提高对流动性风险的管理水平。项目还通过模拟与外部客户的沟通情景，提升学生的人际沟通能力和书面表达能力。这些综合能力的培养，将使学生在未来的工作中能够更好地分析和解决复杂问题。

（二）实验教学原理与核心仿真要素设计

1. 实验教学原理

（1）理论与实践相结合

实验项目以《商业银行流动性风险管理办法》为依据，确保教学内容与实际银行业务和监管要求保持一致。项目采用虚拟仿真技术，模拟银行内部的资金转移定价和流动性风险管理流程，使学生能够在没有实际风险的情况下，体验流动性风险管理的全过程。通过这种仿真实验，学生能够深刻理解风险管理工作的本质，包括风险的识别、计量、监测和控制，以及如何在总行和分行层面进行有效管理。

（2）系统性风险管理教育

项目强调流动性风险管理的系统性，涵盖风险管理部门、计划财务部、金融市场部、资产负债管理部等多个职能部门的协同工作。学生将学习如何在这些部门之间进行有效沟通和协作，以确保流动性风险管理策略得到有效执行。这种系统性的教育方法有助于学生建立起对流动性风险管理的全面认识，为未来的职业生涯做好准备。

（3）能力培养为核心

实验教学不仅传授理论知识，更注重学生能力的培养，如流动性风险管理能力、内部资金定价能力、创新能力和沟通能力。学生通过实际操作和决策，如制定内部资金转移定价曲线、优化资产负债结构等，来提高对流动性风险的管理水平。项目设计鼓励学生进行创新思考和问题解决，培养他们分析和解决复杂金融问题的综合能力。

2. 核心仿真要素设计

（1）高度仿真的银行环境

实验项目构建了一个"多组织层级、多工作场景、多业务流程、多岗位任务"的仿真环境，模拟真实的银行流动性风险管理场景。学生可以在沉浸式的环境中体验不同岗位的角色和职责，如风险管理部门、财务部门和业务部门等。这种高度仿真的环境使学生能够更好地理解银行内部的运作机制和流动性风险管理的重要性。

（2）流动性风险监管指标的模拟

实验项目模拟了流动性比例、流动性覆盖率、净稳定资金比例、优质流动性资产充足率、流动性匹配率等关键监管指标。学生需要根据这些指标分析银行的流动性风险状况，并制定相应的管理策略。通过这种模拟，学生能够学习如何运用理论知识来解决实际问题，提高他们的实践能力。

（3）资金转移定价(FTP)工具的应用

实验项目中，学生将学习和应用资金转移定价工具，这是银行流动性风险管理中的一个重要工具。学生需要理解FTP的原理，并根据不同业务特点选择合适的定价方法。通过这种工具的应用，学生能够更好地掌握资产负债管理的技巧，提高流动性风险管理的效率。

（三）实验教学平台

该实验项目的实验教学平台为商业银行流动性风险管理虚拟仿真系统（图4-4），系统打造了一个"多变量、多场景、多流程、多岗位、多任务"的流动性风险管理虚拟仿真实验环境，学生可以身临其境地体验商业银行如何进行流动性风险管理，并感受资金转移定价作为一种有效管理工具在流动性风险管理中的优良表现，通过完成实验任务，做到知行合一。

图4-4　商业银行流动性风险管理虚拟仿真系统

（四）实验教学过程与实验方法

1. 实验教学过程

（1）案例教学与头脑风暴

实验教学过程从引入真实的银行流动性风险案例开始，教师提出问题，激发学生的兴趣。学生通过讨论和头脑风暴，探讨商业银行流动性风险管理的重要性和实际操作中的挑战。这种互动式的教学方法不仅可以增强学生的参与感，还可以促进他们批判性思维和问题解决能力的发展。

（2）体验式教学与角色扮演

遵循体验式教学模式，学生在模拟的"广金银行"环境中扮演不同部门岗位角色，如风险管理部门、财务部门等。学生通过不断变换的三维工作空间，体验银行的经营环境和活动，使实验过程生动有趣。这种情景体验和角色扮演有助于学生更好地理解银行内部的运作机制和流动性风险管理的实际操作。

(3) 任务驱动教学与互动式学习

实验过程中,学生需要完成一系列与商业银行实际资金转移定价、流动性风险管理、存贷款业务等相关的任务。教师通过引导学生开展自主式、合作式、探究式学习,使学生在讨论任务、分析任务、完成任务的过程中建构自身的知识结构。互动式教学方法,如问题理论知识闯关测试、人物对话情景再现、实验参数设计等,使学生在实验过程中形成和谐的人机互动、生生互动、师生互动。

2. 实验方法

(1) 理论与实践相结合的实验方法

实验教学强调理论与实践的结合,通过虚拟仿真项目的应用,学生能够全方位、完整体验银行的流动性风险管理。项目综合性强,仿真度高,不仅可以降低学生外出实习的安全风险,还可以极大降低运行成本,提高学习效率。学生通过模拟实验,发现理论知识的应用,可以增强对专业理论知识的热情和自信心。

(2) 基于能力培养的实验方法

实验教学过程充分体现"以学生为中心、以学习效果为中心"的教学理念,强调学生"高阶能力"的培养。根据实验项目特点和实验过程特点,教师采用灵活多样的教学方法,如案例教学法、体验式教学法、任务驱动教学法等。这些方法有助于全面提升学生应用专业知识解决复杂问题的能力,促进理论与实践的融合。

(3) O2O 线上线下结合的实验方法

实验教学强调线上线下相结合,学生通过线上平台进行资料下载、视频观看、理论学习、案例学习、互动讨论等,实现"7×24"小时的自主实验,不受时间、地点限制。这不仅可以提高实验室教学效率,还可以实现资源共享,增强中心示范效应。线上平台的利用拓展了实验教学空间和时间,使学生能够在任何时间、任何地点进行学习和实践。

第五章
经管类虚拟仿真实验室的科研与创新

第一节 科研平台的构建与应用

一、科研平台的功能设计与构建

(一) 科研平台的功能设计

经管类虚拟仿真实验室科研平台的功能设计是其成功运行和发挥效用的核心。一个好的科研平台不仅能够提供丰富的资源和工具,以支持科研人员的研究活动,还应能够促进知识的传播和创新思维的培养。科研平台的设计应围绕提高研究效率、促进学术交流、加强实践教学、实现资源共享和推动科研成果转化等方面展开。一个好的科研平台应具备资源集成、实验模拟、数据分析、协作交流和教学支持等关键功能,这些功能相互支持、相互促进,共同构建起一个高效、便捷、全面的科研环境。

1. 资源集成

资源集成是经管类虚拟仿真实验室科研平台的基础功能,它涉及各类研究资源的整合和提供。在经济管理专业领域,研究者需要大量的数据、文献、案例和软件工具等资源来支撑其研究工作。科研平台应具备强大的资源整合能力,能够将分散在不同数据库、图书馆和研究机构的资源集中起来,形成一个统一的资源库。平台还应具备资源的智能检索和推荐功能,根据研究者的研究兴趣和历史行为,推荐相关的文献、数据和案例,提高研究效率。同时,平台还应支持用户上传和分享自己的研究成果,形成良好的学术交流氛围,促进知识的传播和共享。

2. 实验模拟

实验模拟是经管类虚拟仿真实验室科研平台的核心功能之一，它允许研究者在虚拟环境中构建经济模型、模拟市场行为和企业运营等。通过实验模拟，研究者可以在没有实际风险的情况下测试自己的理论假设和政策建议。科研平台应提供灵活的实验设计工具，支持研究者自定义实验参数、设置实验条件和控制实验过程。同时，科研平台还应提供丰富的实验场景和案例库，涵盖不同的经济领域和行业，以满足不同研究需求。除此之外，科研平台还应具备实验结果的可视化展示功能，帮助研究者直观理解实验数据，发现其中的规律和趋势。

3. 数据分析

数据分析功能对于经管类虚拟仿真实验室科研平台来说至关重要。研究者通常需要处理和分析大量的数据，以验证自己的研究假设或回答研究问题。科研平台应提供强大的数据分析工具，包括统计分析、预测建模、机器学习等，以支持研究者从数据中提取有价值的信息。科研平台应支持数据的清洗、转换和存储，确保数据的质量和可用性。除此之外，科研平台还应提供数据可视化工具，帮助研究者直观展示数据分析结果，发现数据背后的经济规律。同时，科研平台还应支持大数据和云计算技术，以处理大规模数据集，并提供高性能的计算资源。

4. 协作交流

协作交流功能对于经管类虚拟仿真实验室科研平台来说同样重要。科研工作往往是团队合作的结果，研究者需要与同行交流想法、分享数据和讨论结果。科研平台应提供一个便捷的协作交流环境，支持研究者之间的即时通信、文件共享和协同编辑等。科研平台应支持在线研讨会、学术论坛和工作坊等活动，促进学术交流和知识共享。同时，科研平台还应提供项目管理工具，帮助研究者管理研究项目、分配任务和跟踪进度。通过这些协作交流功能，科研平台可以促进研究团队之间的合作，提高科研工作的效率和质量。

5. 教学反哺

教学反哺功能是经管类虚拟仿真实验室科研平台的另一个重要方面。科研平台不仅可以用于科研，还可以用于教学，帮助学生理解和掌握经济管理的理论知识和实践技能。科研平台应提供丰富的教学资源，包括虚拟仿真实验、案例分析、在线课程等，以支持教师的教学活动和学生的学习过程。科研平台应支持在线评估和反馈，帮助教师及时了解学生的学习情况，调整教学策略。同时，科研平台还应提供虚拟仿真实验室功能,让学生在虚拟环境中进行实验操作和案例分析,提高实践能力。通过这些教学支持功能,科研平台可以为经济管理专业实验教学提供强有力的支持,培养出更多优秀的人才。

(二)科研平台的构建

1. 技术选型

技术选型是经管类虚拟仿真实验室科研平台构建的首要步骤,它直接关系到平台的性能、稳定性和未来的可扩展性。在选择技术栈时,需要考虑到平台的业务需求、开发团队的技术背景、社区支持情况以及成本效益等因素。首先,应选择成熟稳定、文档齐全的技术框架,如 Spring Boot、Django 或 Node.js 等,这些框架有广泛的社区支持和丰富的中间件选择,有利于快速开发和问题解决。其次,数据库的选择需要根据数据量、读写频率、一致性要求等因素来决定,常用的选择包括 MySQL、PostgreSQL、MongoDB 等。再次,云计算和微服务架构也是当前技术选型的重要考虑点,使用云服务提供商如 AWS、Azure 或阿里云等,可以实现资源的弹性伸缩和高可用性,微服务架构则有助于提高系统的可维护性和灵活性。

2. 模块开发

模块开发是经管类虚拟仿真实验室科研平台构建中的关键环节,它决定了平台的功能实现和用户体验。模块化的开发方式可以将复杂的系统分解为多个相对独立的功能模块,每个模块负责一部分具体的业务逻辑。在模块开发过程中,首先,需要明确每个模块的功能职责和接口定义,确保模块之间的低耦合和高内聚。其次,采用敏捷开发方法,分阶段进行需求分析、设计、编码和测试,每个阶段结束后及时进行评审和反馈,确保开发进度和质量。再次,对于每个模块的开发,还需要考虑代码的可读性和可扩展性,编写清晰、规范的代码,并使用单元测试和集成测试来保证代码质量。最后,对于用户交互频繁的模块,还需要进行性能优化,确保系统的响应速度和处理能力。

3. 用户界面

用户界面是经管类虚拟仿真实验室科研平台与用户直接交互的窗口,它的设计直接影响到用户的使用体验和满意度。一个好的用户界面应当简洁直观、操作便捷,同时还要具有一定的美观性。在设计用户界面时,首先,需要进行用户研究,了解目标用户的使用习惯和偏好,以此为基础设计出符合用户直觉的界面布局和操作流程。其次,采用响应式设计,确保平台在不同设备和屏幕尺寸上都能保持良好的显示效果和操作体验。再次,还需要考虑到用户界面的国际化和可访问性,设计适合多语言的用户界面,并为视觉障碍等特殊用户群体提供辅助功能。最后,通过用户测试和反馈,不断优化和改进用户界面设计。

4. 安全保障

安全保障是经管类虚拟仿真实验室科研平台构建中不可忽视的重要方面,特别是在处理敏感数据和进行重要操作时。科研平台需要采取一系列安全措施来保护系统和数据不受威胁。首先,需要实施严格的访问控制,确保只有授权用户才能访问特定的资源和功能。其次,需要采用加密技术来保护数据的传输和存储,防止数据泄露和篡改。最后,还需要定期进行安全审计和漏洞扫描,及时发现和修复安全漏洞。对于用户密码和敏感信息的存储,应采用哈希算法和盐值技术,增加破解的难度。对于异常行为的检测和预防,可以采用入侵检测系统和防火墙等安全设备。通过这些安全保障措施,可以有效提高科研平台的安全性和可靠性。

5. 测试优化

测试优化是确保经管类虚拟仿真实验室科研平台质量的重要环节。通过全面的测试,可以发现和修复系统中的缺陷和问题,提高系统的稳定性和可用性。在测试过程中,首先,需要制定详细的测试计划和测试用例,覆盖所有的功能点和业务场景。其次,需要采用自动化测试工具和框架,提高测试的效率和准确性。对于关键功能和性能指标,还需要进行压力测试和负载测试,确保系统在高并发和大数据量下仍能保持稳定运行。测试过程中还需要收集和分析测试数据,找出性能瓶颈和潜在问题,为系统优化提供依据。最后,通过用户反馈和实际使用情况,不断调整和完善测试策略,确保科研平台能够持续满足用户的需求和期望。

二、科研平台的应用与管理

(一)科研平台的具体应用

经管类虚拟仿真实验室科研平台的具体应用是推动科学研究、促进决策制定、加强人才培养和深化国际合作的重要手段。在经管类虚拟仿真实验室,科研平台通过集合先进的数据分析工具、丰富的实验模拟环境和广泛的学术交流渠道,极大地促进了学术界和实务界的交流与合作。科研平台不仅为研究人员提供了一个高效的研究环境,也为决策机构提供了科学的决策支持,同时,它还是培养新一代经济管理专业人才的重要基地。经管类虚拟仿真实验室科研平台通过打破地域和语言的界限,为国际合作提供了便捷的平台,促进了全球经济管理专业研究的交流与融合。

1. 学术研究

经管类虚拟仿真实验室科研平台在学术研究方面的应用是多方面的。首先,平台提供的大量数据资源和分析工具使研究者能够更加深入地探索经济现象和规律。研究者可以利用平台进行复杂的数据分析、模型构建和实验模拟,从而验证自己的理论假设或发现新的经济规律。其次,科研平台的虚拟仿真实验环境允许研究者在没有实际风险的情况下测试自己的理论假设,这不仅提高了研究的安全性,也增加了实验的可重复性和可验证性。再次,科研平台提供了一个便捷的学术交流渠道,研究者可以通过平台分享自己的研究成果,获取同行的反馈和建议,从而不断改进和完善自己的研究。最后,科研平台的应用有助于跨学科的研究合作,经济管理问题往往涉及多个学科领域,科研平台提供了一个跨学科交流和合作的平台,使不同领域的研究者可以共同探讨和解决经济管理问题。通过这些方式,科研平台拓展了学术研究的深度和广度,推动了经济管理学科的发展和创新。

2. 决策支持

经管类虚拟仿真实验室科研平台在决策支持方面的应用主要体现在为企业和政府部门提供科学的决策依据。在企业层面,科研平台可以帮助企业分析市场趋势、评估商业风险、优化运营策略等。通过平台上的数据分析工具和模拟实验,企业可以更加准确地预测市场变化,制定有效的市场策略和风险管理措施。在政府部门层面,科研平台可以为政策制定和评估提供支持。政府部门可以利用平台进行宏观经济分析、政策模拟和效果评估,从而制定出更加科学合理的政策措施。科研平台还可以帮助政府部门监测和评估政策实施效果,及时调整和优化政策方案。除此以外,科研平台还可以为非营利组织和社会公众提供决策支持。例如,非营利组织可以利用平台进行项目评估和资源配置,提高项目的效率和影响力。社会公众也可以通过平台了解经济形势和政策动向,作出更加明智的经济决策。

3. 人才培养

经管类虚拟仿真实验室科研平台在人才培养方面的应用体现在为学生和年轻研究者提供了一个实践和学习的平台。对于学生而言,通过平台上的虚拟仿真实验和案例分析,他们可以亲身体验经济管理的实际运作过程,提高自己的实践能力和创新思维。科研平台还可以提供在线课程和教学资源,帮助学生系统地学习经济管理的理论知识和分析方法。对于年轻研究者而言,科研平台提供了一个展示自己研究成果和获取反馈的机会。他们可以通过平台与同行交流想法,获得专家的指导和建议,从而加速自己的成长和进步。科研平台还可以举办各种学术活动和竞赛,激发年轻研究者的研究热情和创新潜力。除此以外,科研平台还可以为教师提供教学支持。教师可以利用平台的资源和工具进行教学设计和评估,提高教学效果。科研平台还可以帮助教师跟踪学生的学习进度和效果,及时调整教学策略。

4. 国际合作

经管类虚拟仿真实验室科研平台在国际合作方面的应用主要体现在促进全球经济管理研究的交流与合作。首先,科研平台打破了地域和语言的界限,使不同国家和地区的研究者可以方便地分享研究成果、讨论研究问题和开展合作研究。通过平台,研究者可以接触到国际前沿的研究动态和最新的研究成果,拓宽自己的研究视野和思路。其次,科研平台可以为国际会议和研讨会提供技术支持。通过在线会议系统和实时通信工具,研究者可以跨越时空的限制,参与国际学术交流和合作。再次,科研平台可以举办在线工作坊和培训班,提高研究者的研究技能和方法论水平。最后,科研平台可以促进国际教育合作。教育机构可以通过平台共享教学资源和课程,开展跨国的教育项目和学生交流。除此以外,科研平台还可以为国际学生提供学习支持和指导,帮助他们适应不同的教育环境和要求。通过这些国际合作,科研平台不仅可以促进经济管理研究的全球化发展,还能为解决全球性的经济管理问题提供平台和机会。

(二)科研平台的日常管理

1. 用户管理

用户管理是经管类虚拟仿真实验室科研平台日常管理的基础,它涉及用户的注册、权限分配、行为监控和信息维护等。首先,平台需要提供一个简洁明了的注册流程,以便新用户能够轻松加入。其次,平台应实施严格的实名认证机制,确保用户身份的真实性和可靠性。在权限分配方面,平台应根据用户的不同角色(如普通用户、管理员、专家等)分配相应的访问和操作权限,既保障数据安全,又满足不同用户的需求。平台还需要对用户行为进行监控,防止滥用和不当行为,维护平台的良好运行秩序。用户信息的维护也是用户管理的重要部分。

平台应定期更新用户信息,确保联系信息的准确性,以便及时向用户传达平台更新、活动通知等重要信息。同时,对于长期不活跃的用户,平台可以通过邮件、短信等方式进行提醒和激活,提高用户的活跃度和参与度。

2. 内容维护

内容维护是保证经管类虚拟仿真实验室科研平台信息质量和服务水平的关键。平台需要定期更新和维护其内容库,包括数据资源、文献资料、案例分析、实验模块等。这要求平台管理团队与科研机构、学术期刊、数据库等保持紧密合作,及时引入最新的研究成果和学术资料。同时,平台还需要对现有内容进行定期审查和筛选,淘汰过时或低质量的内容,确保其提供的信息始终处于行业前沿。对于用户上传的内容,平台应实施内容审核机制,防止错误或误导性信息的传播。平台还应鼓励用户参与内容的创建和分享,通过设置激励机制(如积分、徽章、排行榜等),激发用户贡献高质量内容的积极性。通过这些措施,平台可以持续丰富和优化其内容资源,更好地服务于科研工作。

3. 技术支持

技术支持是确保经管类虚拟仿真实验室科研平台稳定运行和用户顺畅体验的重要保障。平台需要建立一个专业的技术支持团队,负责日常的技术维护、故障排查和性能优化等工作。技术支持团队应具备快速响应能力,能够在用户遇到问题时及时提供解决方案。平台还需要定期进行系统升级和安全加固,以应对新的技术挑战和安全威胁。平台还应提供详细的使用指南和常见问题解答,帮助用户解决在使用过程中遇到的问题。对于复杂的技术问题,平台可以提供在线客服或远程协助服务,确保问题能够得到有效解决。为了不断提升服务质量,平台还应收集用户反馈和建议,定期进行用户满意度调查,根据用户的反馈调整和改进服务策略。

4. 培训服务

培训服务是帮助用户更好地使用经管类虚拟仿真实验室科研平台和提升科研能力的重要手段。平台应定期举办各类培训活动,包括新功能介绍、操作教程、数据分析技巧、最新研究成果分享等。这些培训可以通过线上直播、视频教程、线下研讨会等多种形式进行,以满足不同用户的学习需求和习惯。对于新用户,平台应提供入门培训,帮助他们快速了解平台的基本功能和使用方法。对于高级用户,平台可以提供深入的专题培训,如高级数据分析、复杂模型构建等,帮助他们提升研究水平。平台还可以邀请行业专家和学术领袖进行专题讲座,分享最新的研究动态和经验心得。通过这些培训服务,平台不仅能够帮助用户提升科研技能,还能够增强用户的归属感和忠诚度,这有利于平台的长期稳定发展。

三、案例分析——山东大学旅游行为研究虚拟仿真实验室

（一）山东大学旅游行为研究虚拟仿真实验室简介

山东大学旅游行为研究虚拟仿真实验室（Tourism Behavior Lab,TBL）,是一个关注旅游行为定量研究的学术研究虚拟仿真实验室,由山东大学旅游系黄潇婷博士发起,于2014年9月27日（世界旅游日）正式成立,是中国第一个数据开放共享的旅游行为定量研究虚拟仿真实验平台。

山东大学旅游行为研究虚拟仿真实验室专注于旅游个体和旅游组织可观察、可测量的外显行为研究,综合运用旅游学、地理学、管理学、社会学、心理学、数学等多学科交叉融合的理论和方法,以旅游行为数据生产、数据共享、合作研究的网络组织形式为更好地理解旅游行为进而优化旅游行为提供研究支持。山东大学旅游行为研究虚拟仿真实验室通过数据生产和数据共享方式为有志于旅游行为研究的协议会员提供开放的旅游行为定量研究数据,为来自不同学科的会员搭建合作交流的学术网络平台,为推动大数据时代背景下旅游行为科学化、精细化研究的发展贡献力量。

（二）实验研究任务与科研平台基本情况

简单来说,山东大学旅游行为研究虚拟仿真实验室的实验研究任务是依托于实验室实验研究队伍申报的研究项目,利用虚拟仿真实验室中目前国内最先进的行为实验工具设备和科研平台,进行虚拟仿真实验,通过实验收集和积累研究数据,用以形成研究成果完成研究项目,并在虚拟仿真实验室的科研平台上进行数据开放共享。

山东大学旅游行为研究虚拟仿真实验室现有实验工具设备包括微气候VR虚拟现实系统、心肺功能测定仪设备、眼动仪设备、小米手环设备等。

微气候VR虚拟现实系统利用图像、声音还原了一个真实的旅游景点,使被实验者在VR虚拟现实系统进行实验过程中,犹如真实地在该旅游景点进行游玩。

心肺功能测定仪,又称能量代谢测定仪。其工作原理是通过内置的快速热敏式传感分析器及双向数字流速感应器即时检测气体的浓度和体积,从而实现

对受试者每一次呼吸氧气消耗量及二氧化碳产生量的实时监测,最后利用公式即可计算出单位时间的能量消耗。其可对被试者在静息及走路、跑步、骑自行车等日常体力活动中的能量消耗进行测定,为研究旅游者体力活动水平、旅游者疲劳指数提供科学依据。

眼动仪可以测试任何能展现在屏幕上的刺激材料,包括图像、视频、文档、网页、问卷、实验程序、游戏等等,并采集注视和扫视等眼动数据。例如用户想知道旅游景区海报是否具有吸引力,其首先需要准备丰富的刺激材料,通过眼动仪采集被试眼动、被试行为以及鼠标数据,然后绘制兴趣区并统计各项指标,最后便可分析被试在海报上的主要兴趣区域等。

微气候虚拟仿真实验利用微气候 VR 虚拟现实系统搭建虚拟仿真的旅游景点环境,然后通过心肺功能测定仪和眼动仪来获取被试的时空行为和决策的指标数据,为旅游行为仿真模拟提供具有真实性的参数,为旅游景区开发与管理课程实验软件的开发提供研究支持。

(三)实验研究与科研平台管理特点

1. 以研究项目为基础

研究项目是山东大学旅游行为研究虚拟仿真实验室进行实验研究任务的基础,实验室以山东大学管理学院王德刚教授、黄潇婷副教授等组成的研究团队的在研科研项目为依托,组织被试进行虚拟仿真实验,完成实验室的实验研究任务。

2. 先进的实验工具设备

先进的实验工具设备是山东大学旅游行为研究虚拟仿真实验室实验研究任务管理的重要特点,现有的实验设备包括 VR 虚拟现实系统、心肺功能测定仪、眼动仪、小米手环等,体现了行为研究的前沿性和先进性。

3. 实验室开放管理

山东大学旅游行为研究虚拟仿真实验室实行开放预约管理制度,由实验室研究生团队进行日常管理,教师和学生可以通过网络平台进行预约,使用实验室设备进行实验研究。

4. 数据共享管理

目前山东大学旅游行为研究虚拟仿真实验室已经收集积累了多组旅游行为实验时空行为研究数据集,包括北京颐和园游客时空行为数据集、香港海洋公园游客时空行为数据集、泰山风景区游客时空行为数据集、泰安城区游客时空行为数据集、基于小米手环的大学生日常活动数据集等。这些数据集实行完全开放共享管理,拓展了山东大学旅游行为研究虚拟仿真实验室实验研究任务的延伸度。

第二节 创新项目与成果转化

一、创新项目的培育与应用

(一)创新项目的培育与孵化

创新项目的培育与孵化是经管类虚拟仿真实验室科研平台推动技术进步和社会发展的重要任务,它要求平台在项目选题、团队建设、资源配置、技术指导等方面提供全方位的支持。经管类虚拟仿真实验室科研平台应营造一个鼓励创新、支持探索的环境,同时确保项目能够得到充足的资金、先进的技术和专业的管理。平台还需关注知识产权保护和成果的转化应用,以确保研究成果能够产生实际的社会和经济效益。

1. 项目选题与团队建设

创新项目的培育与孵化始于精准的选题和高效的团队建设。科研平台应通过深入的市场调研和学术分析,挖掘具有潜力的研究课题,并鼓励跨学科的合作,以促进新思想的产生。在团队建设方面,平台需提供资源和工具帮助研究者组建多学科团队,确保团队成员之间的有效沟通和协作。平台应通过定期的团队培训和建设活动,增强团队的凝聚力和协作能力,为项目的顺利实施打下坚实基础。

2. 资源配置与技术支持

资源配置与技术指导对于创新项目的培育与孵化至关重要。科研平台需要确保项目能够获得必要的资金支持和高质量的研究资源,如先进的实验设备、丰富的数据集和专业的软件工具。同时,平台应提供专业的技术指导服务,帮助研究者掌握最新的研究方法和技术,解决研究过程中遇到的技术难题。通过定期的技术研讨会和工作坊,平台可以分享最佳实践,提升研究团队的技术水平和创新能力。

3. 创新氛围与文化建设

科研平台应致力于营造一个积极鼓励创新、宽容失败的科研氛围。这要求平台管理层对创新项目给予足够的重视和支持,建立合理的评价体系和激励机制,对创新成果给予充分的肯定和奖励。通过举办创新竞赛、成果展示会等活动,平台可以激发科研人员的创新热情,鼓励他们勇于尝试和探索,从而推动更多创新成果的产生。

4. 成果保护与转化应用

科研成果的保护和转化应用是创新项目培育的最终目标。科研平台应提供知识产权相关的培训和咨询服务,帮助研究者了解并运用相关法律法规保护其创新成果。同时,平台应积极促进与企业的合作,推动科研成果的产业化和市场化,实现科研成果的社会价值和经济效益。通过建立产学研合作桥梁,平台可以加速创新成果从实验室到市场的转化过程,为社会经济发展贡献力量。

(二) 创新项目成果应用

1. 成果评估与市场对接

创新项目成果应用的首要步骤是进行成果评估和市场对接。科研平台需要建立一套科学的评价体系,对项目成果的创新性、实用性、技术成熟度、市场需求等进行全面评估。这一评估不仅涉及成果本身的质量和潜力,还包括对潜在市场的分析和预测。通过精准的市场定位,科研平台可以帮助研究者识别目标客户群体,制定合理的商业化策略。在市场对接方面,科研平台应积极搭建与产业界的沟通桥梁,通过组织项目路演、成果展示会、行业对接会等活动,将创新成果推向市场。这些活动不仅能够增加成果的曝光度,还能够吸引潜在的投资者和合作伙伴,为成果的商业化奠定基础。

2. 技术转让与产业化推进

技术转让是将创新项目成果从科研平台转移到企业或其他应用主体的过程,它是成果应用的关键环节。科研平台应提供专业的知识产权管理和技术转让服务,帮助研究者保护和利用自己的研究成果。这包括协助研究者申请专利、注册商标、签订技术转让协议等,确保成果在转移过程中的合法权益得到保护。同时,科研平台应与企业、政府机构、投资机构等建立紧密的合作关系,推动成果的产业化进程。通过产学研合作项目、联合研发、技术孵化等方式,科研平台可以将创新成果转化为实际产品或服务,加速其在市场上的推广和应用。平台还可以通过建立产业联盟、创新中心等机构,促进产业链上下游的协同创新,提高成果的产业化效率。

3. 成果推广与持续优化

成果推广是提高创新项目成果知名度和影响力的有效手段。科研平台应通过多种渠道和方式，对创新成果进行广泛宣传和推广。这包括在学术会议、技术展览、行业论坛等场合展示成果，通过媒体发布、网络宣传、社交媒体等手段传播成果信息，以及通过用户反馈、市场调研等方式收集成果应用的反馈信息。在成果推广的同时，科研平台还应鼓励研究者根据市场和用户的反馈，对成果进行持续优化和迭代升级。这不仅能够提升成果的性能和用户体验，还能够适应市场的变化和需求，保持成果的竞争力。科研平台可以通过提供技术支持、市场分析、用户研究等服务，帮助研究者不断改进成果，实现其在更广泛领域的应用。

二、产学研合作与成果转化

（一）产学研合作

产学研合作是经管类虚拟仿真实验室科研平台推动知识创新、技术进步和产业发展的重要机制。它通过紧密结合产业界的需求、学术界的研究能力和研究机构的技术支持，形成了一个互利共赢的合作生态。在经济管理专业领域，虚拟仿真实验室科研平台的产学研合作尤为重要，因为它不仅能够促进理论与实践的结合，还能够加速科研成果的转化和应用。

1. 项目合作

项目合作是产学研合作的核心形式之一，具体表现为企业提出具体的研究需求或问题，高校和研究机构则提供专业知识和技术力量来共同开展研究。在经管类虚拟仿真实验室中，项目合作可以采取多种形式，如共同开发新的商业模式、优化管理流程、提高决策效率等。通过项目合作，企业能够获得最新的研究成果和解决方案，提升自身的竞争力和创新能力。同时，高校和研究机构也能够通过解决实际问题，提高研究的实用性和针对性。项目合作还有助于培养学生的实践能力和创新精神，为他们将来的职业生涯打下坚实的基础。为了确保项目合作的成功，科研平台需要建立有效的沟通机制和合作框架，明确各方的责任和权益，制定合理的项目管理和评估体系。平台还需要提供必要的资源支持，如资金、设备、数据等，确保项目的顺利进行。

2. 技术转移

技术转移是将高校和研究机构的科研成果转化为企业实际应用的过程。在经管类虚拟仿真实验室中，技术转移可以通过多种方式实现，如专利许可、技术转让、技术入股等。通过技术转移，企业能够快速获取先进的技术和管理方法，提高生产效率和市场竞争力。科研平台在技术转移过程中扮演着桥梁的角色，它不仅需要评估技术的商业价值和市场潜力,还需要协助企业进行技术适配和集成。除此以外,科研平台还需要提供专业的法律和商业咨询服务,帮助双方签订合理的技术转移协议,确保技术转移的顺利进行和合法权益的保护。为了促进技术转移,科研平台还需要与政府部门、行业协会等建立合作关系,争取政策支持和资金补贴。同时,科研平台还可以通过举办技术交流会、成果展示会等活动,增加技术的曝光度和认知度,吸引更多的企业关注和采用。

3. 联合实验室

联合实验室是产学研合作的另一种形式,它通常由企业和高校或研究机构共同建立,旨在共同开展研究和开发活动。在经管类虚拟仿真实验室中,联合实验室可以专注于特定的研究领域,如供应链管理、金融风险控制、市场营销策略等。通过联合实验室,企业能够直接参与到前沿研究中,获取最新的知识和技术。同时,高校或研究机构也能够更好地了解企业的实际需求和挑战,提高研究的针对性和实用性。联合实验室还为学生提供实践和学习的机会,他们可以在实验室中参与项目研究,提升自己的专业技能和创新能力。为了有效运营联合实验室,科研平台需要建立科学的管理和运营机制,确保实验室的研究方向与企业的发展战略相一致。同时,科研平台还需要提供充足的资金和资源支持,确保实验室的研究活动能够顺利进行。除此之外,科研平台还需要定期组织学术交流和成果展示活动,加强实验室与外部的沟通和合作。

(二)产学研合作与创新成果转化

1. 资源共享

资源共享是产学研合作的基础,它涉及科研设施、数据资源、人才技术等多方面的共享。在经管类虚拟仿真实验室中,高校和研究机构通常拥有先进的研究设备和丰富的数据资源,而企业则具有市场敏感性和实践经验。通过资源共享,各方可以互补优势,提高研发效率和质量。例如,企业可以利用高校的实验室资源进行产品测试和原型开发,而高校则可以借助企业的实际案例和市场数据进行教学和研究。人才的共享也是资源共享的重要组成部分,高校的师生可以通过参与企业项目获得实践经验,企业的技术团队也可以参与高校的学术研究,实现知识与技术的双向流动。

2. 政策引导

政策引导对于产学研合作和创新项目成果转化具有重要作用。政府可以通过制定优惠政策、提供资金支持、建立合作平台等方式,引导和促进产学研各方的合作。例如,政府可以设立专项基金支持产学研合作项目,提供税收减免或财政补贴鼓励企业参与科研项目,或者建立产学研合作示范区,为合作提供良好的环境和条件。政策引导还可以体现在人才培养和流动上。政府可以通过制定人才培养计划,鼓励高校与企业合作培养应用型人才,或者通过人才引进政策,吸引高层次人才参与产学研合作。通过这些政策措施,政府可以有效地促进科技成果的转化和产业的创新发展。

3. 成果展示

成果展示是推动创新项目成果转化的重要环节。科研平台可以通过组织各类成果展示活动,如科技展览会、学术研讨会、行业论坛等,为产学研合作成果提供展示和交流的平台。这些活动不仅能够增加成果的知名度和影响力,还能够吸引潜在的投资者和合作伙伴,促进成果的商业化应用。成果展示还包括通过媒体宣传、网络推广等方式,将创新成果推向更广泛的受众。科研平台可以利用自身的媒体资源和网络渠道,对合作成果进行宣传报道,提高公众对创新项目的认知度和接受度。成果展示还可以帮助合作各方收集市场反馈,为后续的研发和改进提供依据。

4. 风险分担

风险分担是产学研合作中的重要考虑因素。科研活动本身具有不确定性,而成果转化过程中可能会面临技术、市场、管理等多方面的风险。通过建立风险分担机制,各方可以共同承担科研和转化过程中的风险,降低单一主体的风险压力。风险分担可以通过多种方式实现,如合作各方共同投入研发资金、共享研发成果、共担研发成本等。政府和金融机构也可以提供风险投资、信贷支持等金融服务,帮助合作各方分散风险。科研平台还可以建立风险评估和管理体系,帮助合作各方识别和预防潜在风险,提高合作的成功率。

第六章
经管类虚拟仿真实验室的运营管理

第一节 日常管理与维护

一、实验室规章制度

（一）规章制度的重要性

1. 保障教学质量和学习效果

经管类虚拟仿真实验室的规章制度对于确保教学质量和学习效果具有至关重要的作用。首先，这些规章制度能够为使用实验室的师生提供明确的指导和标准，确保实验教学活动能够按照既定的教学目标和要求进行。通过规定实验室的使用目的、使用流程以及对使用者的要求，规章制度有助于构建一个有序的教学环境，使学生能够在一个专注和高效的环境中进行学习和实践。规章制度还能够确保实验室资源得到合理配置和高效利用。例如，通过规定实验室的开放时间和预约机制，可以避免资源的浪费和冲突，确保每个学生都有足够的时间和机会进行实验操作。同时，规章制度也能够规范教师的教学活动，要求教师在使用实验室资源时提供充分的教学支持和指导，从而提高教学效率和学生的学习成效。在经管类虚拟仿真实验室中，学生往往需要通过实践操作来理解和掌握复杂的经济管理理论和技能。规章制度可以确保学生在使用实验室资源时能够遵循正确的操作流程和方法，从而有效地提升他们的实践能力和解决问题的能力。规章制度的实施，确保学生能够在实验室中进行高质量的实验操作，深化理论知识，提高解决实际问题的能力。

2. 维护实验室秩序和安全

维护实验室的秩序和安全是规章制度的核心职责之一。在经管类虚拟仿真实验室中，规章制度通过明确规定使用规则和安全操作流程，为实验室的正常运行提供坚实的基础。这些规定不仅有助于维护实验室的专业氛围，确保实验室资源专门用于教学和研究，还能够减少实验室事故的发生，保护学生的人身安全和实验室设备的安全。规章制度可以规定实验室的使用规则，比如禁止在实验室内进行与学习无关的活动，禁止携带食物和饮料进入实验室等。这些规则有助于维护实验室的整洁和专业环境，确保实验室资源得到合理利用。同时，规章制度还可以设定实验室的开放时间和使用人数限制，避免过度拥挤和资源的不合理分配，确保实验室在一个良好的秩序下运行。安全使用规范是规章制度中不可或缺的一部分。通过规定如何正确操作实验设备、如何处理紧急情况、如何进行实验后的清理工作等，规章制度可以有效地预防实验室事故的发生。规章制度还可以要求学生在使用实验室资源时遵守相关的安全规定，比如穿戴适当的防护装备、遵守实验室的安全操作程序等，从而确保学生的安全。

3. 促进资源共享和合理利用

经管类虚拟仿真实验室的规章制度在促进资源共享和合理利用方面发挥着重要作用。规章制度可以明确实验室资源的共享机制，鼓励跨专业、跨学院的合作使用，提高资源的利用率。通过规定实验室资源的使用权限和条件，规章制度可以确保资源得到公平分配，避免资源的浪费和滥用。规章制度还可以规定实验室资源的使用流程，包括资源的申请、审批、使用和归还等环节。这样的流程可以确保实验室资源得到合理分配和有效管理，避免资源的浪费和滥用。同时，这也有助于提高实验室资源的使用效率，让更多的学生和教师受益。规章制度还可以设定实验室资源的维护和更新机制，确保实验室设备和软件能够及时得到维护和升级，满足不断变化的教学和研究需求。这些规定可以确保实验室资源始终保持良好的状态，为学生和教师提供高质量的服务。通过规章制度的实施，经管类虚拟仿真实验室能够促进资源共享和合理利用，提高实验室资源的使用效益。这不仅有助于降低教育成本，还能够提升教学和研究的质量和效率。

4. 支持教学改革和创新

规章制度在支持经管类虚拟仿真实验室的教学改革和创新方面发挥着关键作用。规章制度可以为教学改革提供制度保障，鼓励教师和学生积极探索新的教学方法和学习方式。例如，规章制度可以规定实验室资源可以用于开展翻转课堂、协作学习、案例分析等新型教学活动,鼓励教师和学生利用虚拟仿真技术进行教学和学习。规章制度还可以鼓励教师和学生进行教学内容和方法的创新,通过规定针对教学改革和创新成果的奖励制度,激励教师和学生积极参与教学改革和创新活动。这些规定可以激发教师和学生的创新潜能,推动教育教学方法的不断更新和完善。规章制度还可以规定实验室资源的使用和开发应遵循教育技术的最新发展趋势,鼓励教师和学生不断学习和掌握新的教育技术,提高教学质量和学习效果。这些规定可以确保实验室资源得到最有效的利用,支持教育教学的持续改进和发展。通过规章制度的实施,经管类虚拟仿真实验室能够支持教学改革和创新,推动经济管理类学科教育的现代化和国际化。

5. 培养责任感和职业道德

经管类虚拟仿真实验室的规章制度在培养学生的责任感和职业道德方面发挥着重要作用。规章制度通过明确规定使用者的权利和义务,让学生明白在使用实验室资源时需要遵守的规则和承担的责任。这些规定有助于培养学生的自我管理能力和责任感,为他们将来在商业社会中的成功打下坚实的基础。规章制度还可以通过设定相应的处罚措施,让学生意识到违反规则的严重性。这些措施可以有效地约束学生的行为,促使他们遵守规则,培养他们的纪律性和职业道德。同时,规章制度还可以通过设定奖励机制,鼓励学生积极参与实验室的管理和维护工作,培养他们的团队合作精神和社会责任感。通过规章制度的实施,学生不仅能够在实验室中获得知识和技能的提升,还能够在道德和职业素养方面得到锻炼和提升。这对于他们将来成为具有高度责任感和良好职业道德的经济管理人才具有重要意义。

6. 保护知识产权和数据安全

在经管类虚拟仿真实验室中,保护知识产权和数据安全是规章制度需要重点关注的问题。规章制度可以明确规定实验室内产生的所有教学内容、研究成果和数据资料均属于学校的知识产权,任何个人和单位在使用这些资源时都需要遵守相关的知识产权法律法规。这样的规定可以保护学校的教育和研究成果不被非法复制和传播。规章制度还可以规定实验室内的数据资料需要进行严格的管理和保护,防止数据被泄露和滥用。通过规定实验室内的计算机系统需要设置密码保护,所有数据资料需要定期备份和加密存储,规章制度可以有效地保护实验室内的数据安全。规章制度还可以规定实验室内的所有活动都需要遵守学校的保密规定,对于涉及商业秘密和敏感信息的实验项目,需要采取额外的保密措施。这些规定可以确保实验室内的活动不会对外部企业和机构造成不利影响,保护学校和合作伙伴的利益。通过规章制度的实施,经管类虚拟仿真实验室可以有效地保护知识产权和数据安全,为学校的教学和研究工作提供坚实的保障。这不仅有助于维护学校的声誉和权益,还能够为学生和教师提供一个安全、可靠的学习和研究环境。

(二)实验室规章制度的基本构成要素

1. 目的和适用范围

经管类虚拟仿真实验室规章制度的制定旨在确立一个全面、高效的管理框架,以确保实验室资源得到最大化利用,并为教学、科研和实践操作提供一个安全、有序的环境。这些规章制度的核心目的在于促进实验室内各项活动的顺利进行,同时保障参与者的安全和保护知识产权,进而提升实验室在教育和科研领域的贡献。在适用范围方面,这些规章制度不仅针对实验室的直接使用者,如教师和学生,还针对所有可能进入实验室的访客和外部合作伙伴。无论是进行日常教学、开展科研项目、举办工作坊,还是进行设备测试和软件更新,所有活动都应在规章制度的指导和约束下进行。规章制度还应涵盖实验室的物理空间和虚拟仿真环境,确保所有通过数字化平台进行的活动也能得到适当的管理和监督。为了适应不断变化的教育需求和技术进步,规章制度在制定时应具备一定的灵活性和扩展性。这意味着在确保实验室核心价值和原则不变的前提下,规章制度应能够根据实际情况进行适时的调整和更新。通过这种方式,经管类虚拟仿真实验室能够持续地适应新的挑战,抓住新的机遇,为学术界和行业界培养出更多具备创新能力和实践经验的人才。

2. 使用权限和条件

规章制度对于使用权限和条件的设定是确保实验室资源合理分配和高效利用的关键。这些规定明确了哪些个体或团体有权使用实验室的设施和资源,以及在使用前必须满足的具体要求。首先,使用权限范围通常限于注册在校学生、教职员工以及经过特别批准的外部研究人员或合作伙伴,确保实验室主要服务于教育和科研目的。其次,为了保障实验室资源的公平性和可持续性,使用者需要通过一定的申请和审批流程,这可能包括提交使用目的、预期成果和时间安排的详细计划。使用条件还涉及使用者必须遵守的实验室规则,如参与必要的前期培训,以确保他们能够正确、安全地操作实验室设备和软件。这不仅有助于预防意外事故和设备损坏,也有助于提高实验室的使用效率。除此以外,使用者还必须承诺在实验过程中遵守相关的法律法规,尤其是关于知识产权和数据保护的规定,确保所有在实验室产生的数据和成果得到妥善管理和合法使用。再次,为了鼓励使用者负责任地使用实验室资源,规章制度还应包括对资源使用情况的监督和评估机制。这可能涉及定期的使用报告、成果展示以及对实验室设施和资源的维护和更新建议。通过这些措施,经管类虚拟仿真实验室能够确保其资源得到最大化利用,同时促进实验室内部的创新和学术发展。

3. 使用流程和规范

经管类虚拟仿真实验室的使用流程和规范是确保实验室资源高效、有序运行的基础。这些规定详细阐述了从申请使用到实际操作再到使用后评估的整个流程,旨在为使用者提供清晰的指导,同时保障实验室环境的安全与设备的完好。使用者首先需通过在线系统或书面形式提交使用申请,其中应包含实验目的、预期成果、所需设备与软件以及具体的时间安排。申请提交后,实验室管理人员将根据资源的可用性和申请的合理性进行审批,确保资源的公平分配和有效利用。一旦申请获批,使用者将获得详细的操作指南和安全须知,这些文档详细介绍实验室设备的操作方法、软件的使用流程以及紧急情况下的应对措施。在使用过程中,使用者必须严格遵守操作规范,不得擅自更改设备设置或软件参数,以防意外损坏或数据丢失。同时,实验室应提供现场技术支持,以便使用者在遇到技术难题时能够得到及时的帮助。使用结束后,使用者需按照规定完成设备的关闭和场地的清理工作,确保实验室恢复到初始状态,便于后续使用或日常维护。使用者还应提交使用反馈和成果报告,这不仅有助于管理人员评估实验室的运行效率,还可以为实验室的持续改进和资源更新提供宝贵信息。通过这一完善的使用流程和规范,经管类虚拟仿真实验室能够最大限度地发挥其在教学和科研中的作用,同时确保资源的长期稳定和可持续发展。

4. 安全和保密规定

安全和保密规定是维护经管类虚拟仿真实验室正常运行和保护其敏感信息不受侵害的关键。这些规定涵盖从物理安全到数据安全的所有方面,确保实验室的设施、设备和所涉及的信息在任何时候都得到妥善保护。物理安全规定要求使用者在进入实验室前必须了解并遵守所有安全操作程序,包括但不限于正确穿戴防护装备、正确使用消防器材以及熟悉在紧急情况下的疏散路线。实验室应配备必要的安全设施,如消防报警系统、监控摄像头和急救箱,以应对可能发生的安全事故。在数据安全方面,规定要求使用者在处理涉及商业秘密、个人隐私或其他敏感数据时，必须采取严格的保密措施。这包括使用加密技术保护存储和传输中的数据、设置复杂的访问密码以及定期更新安全软件。实验室还应实施访问控制，确保只有经过授权的人员才能访问特定的数据和资源。对于违反安全和保密规定的使用者，实验室应有权采取相应的纪律措施，包括但不限于暂停或撤销其使用权限，并依法追究其责任。安全和保密规定还应鼓励使用者培养安全意识，定期参与安全培训和演练，以提高对潜在风险的识别和应对能力。通过这些综合性的安全和保密措施，经管类虚拟仿真实验室能够有效地预防和减少安全事故的发生，保护实验室的知识产权和数据安全，为教学和科研提供一个安全可靠的环境。

5. 资源维护和更新

资源维护和更新是经管类虚拟仿真实验室规章制度中至关重要的一环，它确保实验室的设备、软件和教学资源能够持续适应最新的教学需求和科技发展。这一规定要求实验室管理人员和使用者共同承担起定期检查、维护和升级资源的责任。具体而言，实验室应建立一套完善的设备维护计划，包括日常的清洁保养、定期的性能检测和必要的硬件维修或更换，以确保所有设备始终处于最佳工作状态。对于软件资源，实验室需要及时跟进软件开发商的更新发布，定期对教学软件进行版本升级，以引入新的功能和进行改进，同时要确保系统安全漏洞得到修补。实验室还应鼓励教师和研究人员根据最新的教学法和科研趋势，不断开发和整合新的教学资源和案例库，丰富实验室的教学内容。在资源更新方面，规章制度应鼓励和支持实验室与外部企业和学术机构的合作，引入最新的行业技术和研究成果，使实验室成为教学和科研的前沿阵地。同时，实验室应设立专项基金或寻求外部资助，以支持资源更新的资金需求。通过这些措施，经管类虚拟仿真实验室能够不断提升其服务质量和科研能力，为学生提供与时俱进的学习体验，为教师和研究人员提供先进的研究平台。

6. 违规处理和奖励机制

经管类虚拟仿真实验室的规章制度中，违规处理和奖励机制是维护实验室纪律和激励积极行为的重要工具。其旨在明确界定何种行为构成违规，并为这些行为设立相应的处罚措施，同时表彰和奖励那些遵守规定、作出突出贡献的个人或团队。违规处理措施应当公正、透明，确保所有使用者都清楚地了解违反规章制度的后果，这可能包括警告、暂停使用权限，甚至在严重情况下取消使用资格等。在处罚的同时，规章制度也应当鼓励正面行为，奖励机制的设立能够促进使用者更加积极地参与实验室活动，并致力于提高实验室使用效率。奖励可以采取多种形式，如颁发荣誉证书、提供额外的资源使用时间、优先参与高级培训或研讨会等。这样的激励措施不仅能够增强使用者的归属感和满足感，还能够激发他们的创新精神和学习热情。规章制度还应当设立一个公平的审查和申诉流程，以确保所有的违规指控都经过公正的调查，并且给予使用者申诉和自我辩护的机会。这样的流程有助于保护使用者的权益，避免规章制度的滥用或不当执行。通过这些综合措施，经管类虚拟仿真实验室能够建立起一个既严格又公正的管理环境，既能够防止和纠正不当行为，又能够鼓励和表彰优秀表现，从而促进实验室的长期稳定发展和学术成就的提升。

7. 知识产权保护

知识产权保护在经管类虚拟仿真实验室的规章制度中占据着举足轻重的地位，它旨在确保实验室内外产生的所有知识成果得到合法且公正的认定与保护。这一规定要求实验室的使用者在进行教学、研究或其他相关活动时，必须严格遵守相关的知识产权法律法规，尊重原创成果，防止任何形式的侵权行为发生。这包括但不限于对实验数据、研究成果、软件代码、教学材料等的版权保护，以及对商业秘密、专利和技术秘密的保密义务。为了有效实施知识产权保护，规章制度应当明确规定实验室内所有成果的使用、发布和传播流程，确保在成果转让、合作共享或公开发表前，必要的知识产权审查和授权手续已经完成。实验室还应提供必要的培训和指导，帮助使用者了解知识产权的基本知识，掌握如何在日常工作中维护自己和他人的知识产权。在处理知识产权争议时，规章制度应设立明确、透明的解决机制，包括内部调解、第三方仲裁或法律诉讼等途径，以便在保护当事人权益的同时，维护实验室的和谐与专注的学术氛围。通过这些措施，经管类虚拟仿真实验室不仅能够促进知识的创新与传播，还能够为使用者提供一个安全、公平的学术环境，进一步推动实验室在教育和科研领域的持续发展与繁荣。

8. 规章制度的修订和解释

实验室规章制度的修订和解释条款应当明确规定规章制度的修订程序，包括修订的启动条件、参与主体、审议流程和修订后的发布实施细则。这可以确保规章制度能够根据实验室发展需求、技术进步、法律法规变化以及使用者反馈进行及时更新，同时保障所有利益相关者的权益得到充分考虑和尊重。规章制度的解释权应归属于实验室的管理部门或专门的委员会，他们负责对规定内容进行准确解读,并在出现歧义或不确定性时提供官方的阐释和指导。为了提高规章制度的适应性和透明度,修订和解释过程中,管理部门或专门的委员会应鼓励广泛的沟通和参与,包括但不限于公开征求意见、举办讨论会和工作坊等。这不仅有助于收集多元化的观点和建议,还能够增强规章制度的可接受性和执行力。同时,所有修订和解释的结果都应当以书面形式公布,并进行适当的宣传和培训,确保所有使用者都能够及时了解并遵守最新的规定。通过建立这样一个公正、开放且系统化的规章制度修订和解释机制,经管类虚拟仿真实验室能够确保其管理规定始终保持活力,有效应对各种挑战和机遇,为实验室的稳定运行和持续发展提供坚实的制度保障。

9. 宣传教育和培训

宣传教育和培训是经管类虚拟仿真实验室规章制度中不可或缺的组成部分,它们对于提升使用者对规章制度的认识、增强安全意识和操作技能具有重要作用。这一条款应当明确规定实验室对新使用者和定期对现有使用者进行宣传教育和培训的义务,以确保所有人员都能够充分理解并遵守实验室的各项规定。宣传教育活动应包括但不限于发布规章制度的相关信息、举办安全知识讲座、张贴操作流程图和安全警示标识等,旨在通过多渠道、多形式的方式提高规章制度的知晓率和对其重要性的认识。培训环节则更加注重实践操作和技能提升,通过定期组织的操作演练、模拟紧急情况应对以及专业技能提升课程等,帮助使用者熟悉实验室设备的操作流程、掌握正确的使用方法,并提高应对突发情况的能力。为了确保宣传教育和培训活动的有效性,实验室应建立一套完善的记录和评估体系,追踪使用者的参与情况和培训效果,及时发现并解决存在的问题。同时,实验室还应鼓励使用者提出改进建议,不断优化宣传教育和培训的内容与方法,使之更加贴合实际需求和发展趋势。通过这样全面、系统的宣传教育和培训工作,经管类虚拟仿真实验室不仅能够提升使用者的规范意识和操作水平,还能够营造一个积极、安全的学习研究环境,为实验室的长期稳定运行和高效科研活动打下坚实的基础。

二、设备维护与故障处理

(一)设备维护准则

1. "定期检查与维护"准则

定期检查与维护是经管类虚拟仿真实验室设备管理的核心准则,它要求实验室制定并遵循一套详尽的维护日程，以确保所有设备都能在最佳状态下运行。这一准则的实施不仅能够预防潜在的故障和性能下降，还能够及时发现并解决已经出现的问题，从而最大限度地减少对教学和研究活动的影响。为了实现有效的定期检查与维护，实验室应首先建立一个包含所有设备的详细清单，并为每一件设备制定个性化的维护计划。这个计划应考虑到设备的种类、使用频率、制造商推荐的维护周期以及历史维护记录。例如，高使用频率的计算机和服务器可能需要每月检查一次，而较为稳定的模拟软件设备可能每季度检查一次就足够了。

定期检查应由专业的技术人员执行，他们会根据预先设定的检查项目对设备进行全面的诊断。这包括但不限于检查硬件部件是否有损坏或磨损、软件系统是否有更新、网络连接是否稳定以及安全措施是否得到有效执行。技术人员还应评估设备的清洁状况，因为灰尘和污垢可能会导致过热和其他故障。维护工作不仅限于检查，还包括必要的调整和更换。技术人员应根据检查结果及时更换损坏的部件、升级软件版本、优化系统配置，甚至对设备进行完整的清洁和重组。所有这些工作都应详细记录在维护日志中，以便未来的参考和追踪。为了确保定期检查与维护准则得到有效执行，实验室还应设立一个监督机制，确保维护工作的质量和及时性。这可能包括定期的内部审计、用户反馈收集以及与外部专业服务提供商的合作。通过这些措施，实验室能够及时发现并解决设备问题，确保设备始终处于最佳状态，为经管类虚拟仿真实验室的教学和科研活动提供坚实的技术支持。

2."预防性维护"准则

除了定期检查，经管类虚拟仿真实验室还应实施预防性维护措施。预防性维护旨在通过主动的维护措施来预防故障的发生，从而确保实验室的持续运行和设备性能的最大化。这一准则要求实验室在设备出现明显问题之前，就根据设备的使用情况和制造商的建议，定期进行一系列的检查、清洁、调整和更换活动。预防性维护的首要任务是制定一个详尽的维护计划，该计划应基于设备的使用频率、性能指标和历史维护记录来确定。例如，经常使用的计算机和专业软件，可能需要每季度进行一次全面的系统更新和性能优化；而较少使用的模拟设备，则可能每年进行一次彻底的检查和部件更换。

在执行预防性维护时，技术人员需要对设备进行全面的检查，包括硬件的检查、软件的更新和系统配置的优化。这可能涉及更换磨损的部件、清理灰尘和污垢、更新操作系统和应用程序以及重新校准设备以确保其精确度。预防性维护还应包括对设备的定期清洁，以防止灰尘和污染物的积累，这不仅能够延长设备的使用寿命，还能够提高设备的运行效率。通过实施预防性维护，实验室能够减少意外故障的发生，避免因设备故障导致的研究中断或教学延迟，同时也能够降低长期的维护成本。预防性维护还有助于提高设备的可靠性和安全性，为实验室的使用者提供一个稳定和安全的工作环境。通过这种积极主动的维护策略，经管类虚拟仿真实验室能够确保设备始终保持在最佳状态，支持高质量的教学和科研活动。

3. "用户培训"准则

为防止用户操作不当导致的设备损坏，经管类虚拟仿真实验室应提供充分的用户培训，这可以确保所有使用者都能够正确、高效地利用实验室的资源。这一准则的核心在于提供全面、系统的培训计划，旨在提升使用者的操作技能，增强其安全意识，并促进实验室设备的规范使用。通过定期的培训课程，用户不仅能够熟悉设备的基本功能和操作流程，还能够了解先进的仿真技术和最佳实践方法。用户培训的内容应根据实验室的设备特点和用户的需求进行定制。对于初次接触虚拟仿真实验室的用户，培训内容应着重于设备的基本操作、安全使用规范以及常见问题的解决策略；对于经验丰富的用户，培训内容应倾向于更深入的技术培训，如高级仿真技巧、数据分析方法和软件定制开发等。随着技术的不断进步，实验室还应定期更新培训材料，确保用户能够掌握最新的技术和应用。为了提高培训的效果，实验室应采用多种培训方式，如现场操作演示、互动式研讨会、在线教程和手册等。同时，鼓励用户参与实际操作，通过实践来巩固理论知识和技能。实验室还可以建立一个互助和交流的平台，让用户分享经验、讨论问题，从而形成一个积极的学习氛围。通过这样的用户培训准则，经管类虚拟仿真实验室不仅能够提升用户的满意度和实验室资源的使用效率，还能够促进知识的传播和创新思维的培养。这将极大地增强实验室在教学和科研中的支持作用，为实验室的长期发展和学术成就的提高奠定坚实的基础。

4. "故障响应与记录"准则

实验室应建立快速有效的故障响应机制，确保在设备出现问题时能够及时处理。这一准则要求实验室建立一个高效的故障报告、响应和记录系统，确保在设备出现问题时能够迅速发现并采取措施，同时详细记录故障发生的经过和处理结果，为未来的维护工作提供参考。

首先，实验室应提供一个明确的故障报告渠道，如热线电话、电子邮件或在线提交系统，确保用户能够在发现问题时立即报告。为了鼓励及时报告，实验室应强调故障报告的重要性，并确保用户知晓如何正确地描述问题和提供必要的信息。在接到故障报告后，实验室的技术支持团队应迅速响应，评估问题的紧急程度，并根据既定的优先级进行处理。对于紧急故障，实验室的技术支持人员应尽可能在最短时间内解决，以减少对教学和研究活动的影响；对于非紧急问题，也应制定明确的处理时间表，并及时向用户反馈进展情况。故障处理过程中，技术支持人员应详细记录故障现象、诊断过程、采取的措施、更换的部件以及最终的解决结果。这些记录不仅有助于分析故障原因，还能够为类似故障的预防和处理提供宝贵的数据支持。记录还应包括故障对实验室活动的影响评估，以及可能的改进措施。为了提高故障响应的效率和质量，实验室应定期对技术支持团队进行培训，提升他们的专业技能和问题解决能力。

同时，实验室还应建立一个故障知识库，收集和整理历史故障案例和解决方案，供技术支持人员和用户参考。通过实施故障响应与记录准则，经管类虚拟仿真实验室能够确保设备故障得到及时有效的处理，最大限度地减少故障对实验室运行的影响。这不仅可以提升用户的满意度和信任度，还有助于实验室持续改进维护工作，提高设备的整体可靠性和稳定性。

5. "环境控制"准则

环境控制是确保经管类虚拟仿真实验室设备稳定运行和延长设备使用寿命的重要准则。这一准则要求实验室对环境因素进行严格监控和管理，包括温度、湿度、灰尘、电磁干扰等，以创造一个适宜的设备运行环境。适宜的环境条件不仅能保证设备的高效运作，还能减少意外故障的发生，提高实验的准确性和可靠性。首先，实验室应安装温湿度控制系统，如空调和除湿器，以维持一个恒定的温度和湿度水平。这些设备对于敏感电子设备尤为重要，因为过高或过低的温度可能会影响设备性能，甚至导致损坏。同时，适当的湿度控制可以防止静电和腐蚀问题，保护设备免受环境因素的侵蚀。其次，灰尘和污染物的控制同样重要。实验室应定期进行清洁工作，特别是对设备进行除尘处理，以防止灰尘积累导致的过热和性能下降。应使用适当的防尘措施，如设备罩和封闭存储，以减少灰尘对设备的影响。再次，电磁干扰也是影响设备性能的一个关键因素。实验室应采取措施减少电磁干扰，如使用屏蔽电缆、远离高功率设备和电源线路，以及安装电磁兼容性（EMC）设备。这些措施有助于确保数据传输的稳定性和设备的准确运行。通过实施环境控制准则，经管类虚拟仿真实验室能够为设备提供一个稳定和安全的操作环境，从而提高实验室的整体工作效率和科研质量。这不仅有助于保护实验室的资产，还能够为用户提供一个更加可靠和舒适的研究环境。

6."安全管理"准则

设备的维护和操作应遵循严格的安全管理规定，它涵盖一系列旨在保护使用者、设备和数据免受损害的措施和程序。这一准则要求实验室建立和执行严格的安全标准，确保所有活动都在一个安全的环境中进行。安全管理的首要任务是识别潜在的风险，并制定相应的预防措施，如定期的安全检查、紧急预案的制定和执行，以及对使用者进行安全意识教育。安全管理准则还应包括对实验室设备的安全管理，确保所有设备都按照制造商的指导和行业最佳实践进行操作和维护。例如，实验室对于电气设备，应确保其正确接地、避免过载使用，并定期检查电线和插座的完好性；对于可能产生噪声或振动的设备，应采取隔音和减震措施，以减少对使用者和周围环境的影响。信息安全也是安全管理准则的一个重要组成部分。实验室应采取加密、访问控制和数据备份等措施，以保护敏感数据不受未授权访问、泄露或损坏。同时，应定期进行网络安全审计和漏洞扫描，确保信息系统的安全性。通过实施全面的安全管理准则，经管类虚拟仿真实验室能够为使用者提供一个安全的工作环境，保护实验室资产免受损失，并确保实验室的长期稳定运行。这不仅有助于提升使用者的信心和满意度，还能够增强实验室在教学和科研领域的声誉和影响力。

7."供应商支持"准则

与设备供应商保持良好的合作关系对于设备维护至关重要。这一准则强调与设备供应商建立稳固的合作关系，以确保实验室能够及时获得必要的技术支持、原厂配件、软件更新和专业服务。通过与供应商的紧密合作，实验室能够确保设备始终保持在最佳状态，同时提高其对新技术和新趋势的适应能力。供应商支持准则要求实验室在选择设备和软件时，考虑供应商的技术支持能力和服务质量。这包括评估供应商的响应速度、服务质量、保修政策和后续服务计划。在设备安装和投入使用后，供应商应提供全面的培训，帮助实验室人员熟悉设备的操作和维护。供应商还应定期提供设备的性能评估和升级建议，确保实验室的设备能够跟上行业发展的步伐。在设备出现故障或需要维护时，供应商的支持尤为关键。供应商应提供快速有效的故障诊断和解决方案，减少设备停机时间。对于复杂的技术问题，供应商的工程师应能够提供现场服务或远程协助，快速解决问题。同时,供应商还应提供充足的备件和耗材,以避免因缺少配件而导致的设备停用。供应商支持准则还应涵盖软件的持续更新和升级。随着技术的发展,软件系统需要不断优化和改进,以适应新的教学和研究需求。供应商应提供定期的软件更新服务,包括新功能的添加、性能的提升和安全漏洞的修复。

(二)故障处理流程

1. 故障识别与报告

故障识别与报告是设备故障处理流程的第一步,它的目的是确保故障能够被快速发现和记录,以便及时采取行动。在经管类虚拟仿真实验室中,使用者在使用设备过程中应保持高度警觉,对任何异常表现保持敏感,这包括设备性能下降、软件错误、硬件故障等。一旦发现问题,使用者应立即停止操作,避免故障扩大或造成进一步的损害。为了报告故障,实验室应提供一个简单易用的错误报告系统。这可以是在线提交表格、专用的故障报告邮箱或电话热线。使用者在报告时需要提供详尽的信息,包括设备名称、型号、故障发生的时间、故障现象描述以及可能的原因等。如果可能的话,使用者还应提供故障发生时的屏幕截图或日志文件,这将极大地帮助技术人员进行初步诊断。实验室管理层应确保所有使用者都了解故障报告的流程和重要性,并鼓励他们在发现问题时立即报告。为了提高报告的效率和质量,实验室还可以定期对使用者进行培训,教授他们如何准确描述故障现象和收集相关信息。通过这些措施,实验室能够确保故障在第一时间被识别和记录,为后续的处理工作打下坚实的基础。

2. 初步诊断与响应

初步诊断与响应是故障处理流程中的关键环节,它决定了故障处理的方向和速度。技术支持团队在接到故障报告后,需要迅速对故障进行初步分析,判断故障的严重性和紧急程度。这一阶段的目标是确定故障是否可以通过远程支持解决,或者是否需要现场技术人员的介入。技术人员可以利用多种工具和方法进行初步诊断,例如通过远程桌面连接访问设备、查看设备日志、运行自检程序或与使用者进行详细的沟通。在这一过程中,技术人员需要具备丰富的经验和专业知识,以便能够准确判断故障的性质和可能的原因。根据初步诊断的结果,技术支持团队将决定采取何种响应措施。如果故障可以通过远程支持解决,技术人员将提供详细的操作指导或发送修复指令。如果需要现场维修,技术人员将携带必要的工具和备件前往实验室。在响应过程中,技术支持团队应保持与使用者的沟通,确保他们了解故障处理的进展和预期时间。

3. 现场维修或远程解决

现场维修或远程解决是故障处理流程中的实际执行阶段，它涉及对故障设备的直接干预。在这一阶段，技术人员将根据初步诊断的结果，采取相应的维修措施。对于可以远程解决的问题，技术人员将通过远程连接对设备进行操作，这可能包括软件重置、系统更新、配置更改等。对于需要现场维修的故障，技术人员将前往实验室，携带必要的工具和备件。在现场，技术人员将首先确认故障现象，并进行更为深入的诊断，这可能涉及硬件测试、部件更换或软件调试等。在进行维修时，技术人员应严格遵守安全操作规程，确保自身和周围环境的安全。

4. 故障修复与验证

故障修复与验证是确保设备恢复正常工作的关键步骤。在设备维修完成后，技术人员应进行一系列测试，以验证设备是否已经完全修复。这包括运行设备自带的测试程序、模拟正常操作条件以及监控设备性能等。技术人员还应与使用者沟通，了解设备在实际使用中的表现，确保使用者对设备的性能满意。在验证过程中，如果发现设备仍然存在问题，技术人员应继续进行诊断和修复，直到设备完全恢复正常。这一步骤可能需要多次迭代，直到设备达到预期的工作状态。验证成功后，技术人员应记录下修复的具体措施和结果，以便将来参考。

5. 记录与分析

记录与分析是故障处理流程中的重要环节，它有助于实验室追踪设备的维护历史和故障模式。所有故障处理的详细信息都应详细记录在故障处理日志中，包括故障报告的内容、初步诊断的结果、现场维修的过程、更换的部件、测试验证的结果以及最终的解决方案等。这些记录不仅对于追踪单个设备的维护历史至关重要，还可以用于分析设备的可靠性和故障趋势。通过对故障记录的分析，实验室可以识别出常见的故障原因，从而采取预防措施，减少故障的发生。详细的记录还可以作为设备升级和更换决策的依据。

6. 后续跟进与预防

故障处理流程的最后一个阶段是后续跟进与预防。在这个阶段，技术支持团队应根据故障记录和分析结果，制定和实施相应的预防措施。这可能包括定期的设备检查、预防性维护、用户培训以及设备升级等。通过定期检查，技术支持团队可以发现潜在的问题并及时解决，避免故障的发生。预防性维护有助于延长设备的使用寿命，减少意外故障。用户培训可以提高使用者的操作技能，减少因操作不当导致的故障。设备升级可以引入新技术，提高设备的性能和可靠性。实验室还应定期回顾和评估故障处理流程的效果,根据实际情况进行调整和优化。通过这些措施,经管类虚拟仿真实验室能够确保设备的稳定运行,提高实验室的工作效率和用户的满意度。

第二节 成本控制与财务管理

一、成本核算与控制

（一）实验室运营成本核算

1. 设备购置与维护成本

设备购置与维护成本是经管类虚拟仿真实验室运营成本中的重要组成部分,它直接影响到实验室的建设和维护质量。在设备购置方面,实验室需要投入大量资金购买先进的计算机系统、专业软件、仿真设备以及其他相关的硬件设施。这些设备的选购不仅要考虑其性能和可靠性,还要考虑未来的技术升级和扩展性,以适应不断变化的教学和科研需求。设备购置完成后,维护成本便成为实验室运营过程中持续的支出,这包括对设备的日常保养、定期检查、故障维修以及必要的硬件升级。为了确保设备的正常运行和延长使用寿命,实验室必须制定详细的维护计划,并安排专业人员执行。这些专业人员不仅需要具备相应的技术能力,还需要了解设备的使用和维护要求,以便在设备出现问题时能够迅速响应并解决。随着技术的快速发展,设备和软件的更新换代也成为维护成本中不可忽视的一部分。实验室需要定期评估现有设备的性能和软件的功能,及时进行更新或更换,以保持与行业发展的同步。这不仅能够提升实验室的教学和科研水平,还能够避免因设备过时而造成的效率低下和额外成本。

2. 软件许可与更新成本

软件许可与更新成本在经管类虚拟仿真实验室的运营成本中占据了显著的位置,因为软件是实现虚拟仿真教学和研究的核心工具。首先,软件许可成本涉及购买或租赁专业仿真软件的费用,这些软件通常需要付费才能使用,而且可能是基于订阅模式,这意味着实验室每年都需要支付一定的费用以保持访问权限和使用最新版本的软件。某些软件可能还需要购买额外的模块或功能,以满足特定的教学或研究需求,这也会增加许可成本。随着软件技术的不断进步,软件更新成为实验室运营中不可或缺的一部分。软件更新成本不仅包括获取新版本的许可费用,还包括升级过程中可能产生的额外费用,如技术支持费、培训费以及与新软件版本兼容的硬件升级费用。为了确保实验室的软件资源能够跟上行业发展的步伐,及时的更新和升级是必要的,这不仅可以提供更准确和先进的仿真环境,还可以确保数据的安全性和可靠性。软件更新还可能带来新的教学方法和研究工具,这对于提升教学质量和科研水平具有重要意义。因此,虽然软件许可与更新成本在短期内可能会给实验室带来一定的经济压力,但从长远来看,这是实验室保持竞争力和创新能力的关键投资。

3. 人员成本

人员成本是经管类虚拟仿真实验室运营成本中最为关键的部分之一,它直接关联到实验室的日常管理、技术支持、教学活动和科研工作的质量和效率。这其中包括专业教师、实验技术人员以及其他行政和管理人员的工资、福利、培训和发展等相关费用。专业教师主要负责设计和实施虚拟仿真教学课程,指导学生如何使用仿真软件进行学习和研究。他们不仅需要具备深厚的专业知识,还需要掌握现代教育技术和方法。因此,招聘和培养优秀的专业教师是提高教学质量的关键,也是人员成本中的重要部分。实验技术人员主要负责实验室设备的安装、调试、维护和故障排除,确保实验室的正常运行。他们需要具备专业的技术知识和实践经验,因此吸引和保留这些关键人才所需要支付的高薪,同样是人员成本中重要的部分。为了保持实验技术人员的专业水平和更新其技能,实验室还需要为他们提供定期的技术培训和继续教育机会,这也是人员成本中的重要部分。行政和管理人员则负责实验室的整体运营和管理,包括预算规划、成本控制、人员协调和项目管理等。他们的工作效率和能力直接影响到实验室的运行效率和成本控制效果。

4. 场地与设施成本

场地与设施成本是经管类虚拟仿真实验室运营成本中的重要构成部分,它涵盖实验室的物理空间及其相关设施的建设、维护和升级等费用。首先,实验室需要适宜的场地来安置各种硬件设备、计算机工作站以及必要的教学设施,这些场地的建设费用构成了场地成本的主要部分。设施成本不仅包括初期的装修费用,还涉及实验室内部的网络布线、安全监控系统、消防设施、空调和照明系统等基础设施的建设和维护费用。这些设施对于确保实验室的安全运行、提高工作效率和创造良好的学习环境至关重要。同时,随着技术的发展和实验室需求的变化,这些设施可能需要定期的升级和更新,以适应新的教学和研究活动。

5. 培训与教育成本

经管类虚拟仿真实验室的培训与教育成本包括为实验技术人员、专业教师以及学生提供的各类培训、教育和专业发展活动所产生的费用。对于实验技术人员而言,持续的技术培训是必不可少的,这可以确保他们能够掌握最新的仿真技术、软件应用和设备操作技能。技术培训可能包括专业研讨会、在线课程、工作坊或由设备供应商提供的特定培训。这些培训活动不仅有助于提高实验技术人员的工作效率和问题解决能力,还能够确保实验室设备的高效运行和技术的先进性。专业教师同样需要定期接受培训,以学习如何更有效地利用虚拟仿真工具进行教学设计和课程实施。这可能涉及教学法的创新、课程内容的更新以及评估方法的改进。专业教师还需要了解学生的需求和反馈,以便不断优化教学策略,提高学生的学习体验和成果。对于学生而言,培训与教育成本还包括为他们提供的入门培训、进阶课程和实践操作指导。这些培训活动旨在帮助学生熟悉虚拟仿真环境,提高他们的实践操作能力和创新思维。通过这些培训,学生能够更好地理解和应用经济管理理论,培养解决实际问题的能力。

6. 行政与管理成本

行政与管理成本在经管类虚拟仿真实验室的运营中占据不可忽视的地位,是确保实验室日常运作和长期战略规划得以顺利实施的关键因素。这包括管理人员的工资、办公设备和耗材的购置与维护、实验室网站和信息系统的维护、通信、日常行政事务处理、财务管理、预算编制和审计以及实验室的战略规划和项目管理等相关费用。管理人员负责协调实验室的各项活动,包括设备采购、人员配置、项目申请、用户服务等,他们的工作效率直接影响到实验室的整体运行效率和服务质量。因此,招聘具备专业能力和管理经验的人员对于实验室来说至关重要。同时,为了保持管理人员的专业水平和提升管理质量,实验室还需要为他们提供持续的职业发展和培训机会。除此以外,实验室还需要投入资金进行财务管理和预算控制,确保资金的合理分配和有效使用。

(二)运营成本优化与控制

1. 设备购置与维护成本的优化与控制

设备购置与维护成本的优化与控制是实验室成本控制的关键环节。首先,通过市场调研和需求分析,实验室可以制定合理的设备采购计划,选择性价比高的设备,避免过度投资。在设备采购时,可以考虑与供应商进行长期合作谈判,以获得批量采购折扣或更优惠的售后服务条款。实施设备共享策略,与其他实验室或教育机构建立合作关系,共同使用昂贵的设备,可以有效分摊成本。维护方面,制定预防性维护计划,定期对设备进行检查和维护,可以减少设备突发故障的风险,延长设备寿命,从而降低长期的维修费用。同时,建立设备维护日志,记录设备的使用情况和维护历史,有助于及时发现潜在问题并采取措施,避免小问题演变成大故障。通过这些措施,实验室能够在保证设备正常运行的同时,有效控制设备购置与维护成本。

2. 软件许可与更新成本的优化与控制

软件许可与更新成本的优化与控制对于经管类虚拟仿真实验室来说至关重要。在选择软件时,实验室应充分考虑软件的功能性、兼容性和成本效益。通过对比不同软件的功能和价格,选择最适合实验室需求的软件,避免购买不必要的高级功能。同时,利用开源软件或免费的教育版软件,可以大幅度降低软件许可成本。对于软件更新,实验室应定期评估现有软件的性能和新版本的功能,决定是否需要升级。有时,新版本的软件可能并不带来显著的效益提升,因此可以选择跳过某些版本更新,以节省更新成本。集中管理软件许可,可以避免许可证的浪费和重复购买,确保每一份软件许可都得到充分利用。通过这些策略,实验室可以在满足教学和研究需求的同时,有效控制软件许可与更新成本。

3. 人员成本的优化与控制

人员成本是实验室运营成本中的重要部分,优化与控制人员成本不仅能够提高实验室的运营效率,还能够提升服务质量。实验室通过精细化管理,明确每个岗位的职责和要求,可以有效提高员工的工作效率。同时,通过内部培训和职业发展规划,可以提升员工的技能和职业素养,减少因技能不足导致的额外培训成本。建立绩效激励机制,将员工的薪酬与工作表现挂钩,可以提高员工的工作积极性和忠诚度,降低人员流动率,从而减少招聘和培训新员工的成本。实验室还可以通过多角色兼职和跨部门合作,提高人力资源的利用效率,减少对额外人员的依赖。通过这些措施,实验室可以在保证服务质量的同时,有效控制人员成本。

4. 场地与设施成本的优化与控制

场地与设施成本的优化与控制对于经管类虚拟仿真实验室的运营至关重要。在场地选择上,实验室可以通过租赁或合作方式,选择地理位置适中、租金合理的场地,以降低场地成本。同时,通过优化空间布局,提高空间利用率,可以在有限的空间内安置更多的设备和工作站,减少对额外场地的需求。在设施管理方面,实施节能措施,如使用节能灯具、优化空调系统和采用自然光照,可以显著降低能源消耗。同时,定期维护和及时修理设施,可以延长设施的使用寿命,减少更换和维修的成本。实验室还可以通过共享公共设施,如会议室、休息区等,与其他部门或机构合作,分摊设施成本。通过这些策略,实验室可以在保证良好运行环境的同时,有效控制场地与设施成本。

5. 培训与教育成本的优化与控制

培训与教育成本的优化与控制对于提高实验室人员的专业能力和学生的实践技能至关重要。通过利用在线教育资源和开放课程,实验室可以为员工和学生提供灵活、低成本的培训方式。这种方式不仅可以节省传统培训的时间和场地成本,还可以让员工和学生根据自己的进度和需求进行学习。同时,鼓励内部知识分享和培训,利用实验室内部的专家和经验丰富的员工进行培训,可以提高培训的针对性和实用性,减少外部培训费用。实验室还可以与其他教育机构合作开发培训课程,共享培训资源和成本,提高培训的质量和效率。通过这些措施,实验室可以在提高员工和学生的能力和技能的同时,有效控制培训与教育成本。

6. 行政与管理成本的优化与控制

行政与管理成本的优化与控制对于实验室的高效运营和财务健康至关重要。通过电子化管理和流程优化,实验室可以减少纸质文件的使用,降低办公成本。例如,采用电子文档管理系统,可以方便地存储、检索和共享文档,减少打印和复印的费用。建立高效的沟通和协作机制,如使用项目管理软件和在线协作工具,可以提高行政管理的效率,减少会议和协调的时间成本。实验室还可以通过共享行政服务,如人力资源、财务和采购等,与其他部门或机构合作,降低管理成本。通过这些措施,实验室可以在保证管理效率和服务质量的同时,有效控制行政与管理成本。

二、实验室年度报告与财务管理

(一)编写实验室年度报告的重要性

编写实验室年度报告对于经管类虚拟仿真实验室的运营管理具有至关重要的作用。首先,年度报告是对实验室一年工作的全面总结和反思,它详细记录了实验室在教学、科研、人才培养、团队建设等方面的工作进展和成果,为管理层提供决策支持的依据。通过年度报告，管理者可以清晰地了解实验室的运营状况，评估各项措施的执行效果，为未来的发展方向和策略调整找到数据支撑。其次，年度报告是实验室对外展示自身成就和实力的重要窗口。通过年度报告，实验室可以向教育主管部门、合作伙伴、潜在的捐赠者以及社会各界传达其教学理念、科研成果和社会服务能力，增强其自身的知名度和影响力。这对于吸引更多的资源投入、拓展合作空间、提升学生和教师的参与度具有积极作用。再者，年度报告的编写过程本身就是一种自我监督和自我提升的过程。它要求管理者对各项工作进行梳理和总结，这不仅有助于管理者发现存在的问题和不足，还能够激发团队的创新思维，促进工作方法的改进和优化。报告中对优秀成果的展示可以激励团队成员，增强他们的成就感和归属感，进而提高他们的工作积极性和效率。

年度报告对于实验室的持续改进和创新具有指导意义。通过对过去一年的工作进行回顾，实验室可以总结经验教训，明确新的工作重点和发展方向。例如，在虚拟仿真实验教学方面，报告可以反映学生和教师的使用反馈，指导实验室如何更好地利用现代信息技术，更新和完善实验教学内容，提高教学质量。因此，编写实验室年度报告是经管类虚拟仿真实验室运营管理中不可或缺的一环。它不仅有助于内部管理和外部沟通，还能够促进实验室的持续发展和创新，确保实验室在高等教育和科研领域中保持领先地位。

（二）实验室年度报告的编写要点

1. 报告概述

年度报告中的"报告概述"部分应全面概括经管类虚拟仿真实验室的整体运行状况和主要成就，应以客观、准确、全面的数据和事实为基础，避免使用主观评价性语言，确保内容的真实性和可靠性。首先，报告概述应明确虚拟仿真实验室的名称、所在学校、主管部门、联系方式等基本信息，以确保报告的可追溯性和透明度。其次，报告概述应详细记录虚拟仿真实验室在人才培养、教学改革、科学研究、人才队伍建设、信息化建设、开放运行和示范辐射等方面的关键活动和取得的成效，突出展示实验室在推动教育教学创新、提升学生实践能力、促进科研成果转化等方面的努力与成果。再次，报告概述还应反映虚拟仿真实验室在服务社会、加强与行业企业合作、推动区域经济发展等方面的作用和贡献。最后，报告概述应体现虚拟仿真实验室的发展规划和未来目标，展现引领作用和发展潜力。

2. 人才培养工作和成效

年度报告中"人才培养工作和成效"部分的编写应详尽反映经管类虚拟仿真实验室在实验教学和培养人才方面的策略、实施过程和取得的成果。第一,报告需要概述实验教学的基本情况,包括面向的专业、开设的实验课程数量、实验项目总数、参与学生人数以及实验人时数等关键数据,以展示实验教学的规模和覆盖面。第二,报告应详细描述实验教学资源的建设情况,如实验教材的编制、更新及使用情况,以及实验教学平台和虚拟仿真实验室的建设与应用,特别是虚拟仿真实验室在提供模拟实践环境、增强学生实践能力方面的作用。第三,报告应评估人才培养的成效,包括学生在各类竞赛中的获奖情况、参与科研项目的数量、发表的论文以及获得的专利等,这些都是衡量学生创新能力和实践技能的重要指标。第四,报告还应关注学生的就业情况,如就业率、就业质量和毕业生在专业领域的表现,这些都是评价实验教学成效的重要方面。最后,报告应对存在的问题和改进措施进行分析,提出未来人才培养工作的发展思路和计划,确保经管类虚拟仿真实验室在人才培养方面持续改进和创新。

3. 教学改革与科学研究

年度报告中"教学改革与科学研究"部分的编写应全面反映经管类虚拟仿真实验室在教学改革和科学研究方面的努力与成就。第一,报告需要概述经管类虚拟仿真实验室在教学改革方面的具体措施,如课程体系的优化、教学方法的创新、实验教学内容的更新等,以及这些改革措施的实施效果和对学生学习体验的影响。第二,报告应详细记录经管类虚拟仿真实验室承担的科研项目情况,包括项目名称、负责人、参与人员、项目资金、研究起止时间等关键信息,以及项目取得的研究成果,如发表的论文、获得的专利、形成的专著等。第三,报告还应强调经管类虚拟仿真实验室如何将科研成果转化为教学内容,促进科研与教学的相互融合,提升教学质量和学生的科研能力。第四,报告需关注经管类虚拟仿真实验室在推动教育教学改革、提高科研水平、加强师资队伍建设等方面所取得的进展,以及这些成就对学校整体教育质量的贡献。最后,报告应对存在的问题进行分析,并提出改进措施,为未来的教学改革和科学研究工作指明方向。

4. 人才队伍建设

年度报告中"人才队伍建设"部分的编写要点应详尽地反映经管类虚拟仿真实验室在人员结构优化、专业能力提升和团队协作强化方面的努力与成效。首先,报告需要概述经管类虚拟仿真实验室人员的基本情况,包括固定人员和流动人员的数量、职称结构、学历背景、专业领域分布等，以展示人才队伍的整体构成和特点。其次，报告应详细描述经管类虚拟仿真实验室在人才引进、培养和发展方面采取的措施，如开展的专业培训、学术交流、团队建设项目等，以及这些措施对提升人员专业技能和综合素质的积极影响。再次，报告应强调经管类虚拟仿真实验室如何通过激励机制和职业发展规划，提高员工的工作积极性和满意度，促进人才的稳定和长期发展。最后，报告应体现经管类虚拟仿真实验室在跨学科合作、团队协作创新等方面的实践和成果，展示人才队伍在推动实验室教学科研工作、提升服务质量和效率方面的重要作用。

5. 信息化建设、开放运行和示范辐射

年度报告中"信息化建设、开放运行和示范辐射"部分的编写应展示经管类虚拟仿真实验室在信息技术应用、资源共享和影响力扩散方面的关键成就。在信息化建设方面，报告应详细阐述实验室如何通过先进的信息技术，如云计算、大数据分析和人工智能等，提升实验教学和管理的效率与质量，使学生能够在模拟的商业环境中进行实践操作，从而增强其解决实际问题的能力。这方面的描述可以展示实验室网站的定期更新，对信息的时效性和可访问性的保证，以及对虚拟仿真实验教学项目的持续开发和优化。在开放运行方面，报告需描述实验室如何通过公开实验室资源、举办开放日活动、提供在线实验课程等方式，促进实验室资源的最大化利用。这方面的描述可以展示实验室如何为校内外学生提供了丰富的学习机会，为教师提供了交流和合作的平台，加强了实验室与社会各界的联系。在示范辐射方面，报告应强调实验室如何通过参与或主办学术会议、工作坊、竞赛等活动，将先进的教学理念和科研成果传播给更广泛的受众。这方面的描述可以展示实验室在地区内产生的积极影响，在全国范围内树立的良好声誉，为推动经管类实验教学的改革和发展作出的重要贡献。最后，报告还应提及实验室如何通过与行业企业的合作，将虚拟仿真技术应用于实际商业问题的解决，从而实现学术研究与商业实践的有效结合。

6. 安全工作情况

年度报告中"安全工作情况"部分的编写是体现经管类虚拟仿真实验室对安全管理的重视和实践的重要环节。首先，报告应详细描述经管类虚拟仿真实验室在确保学生和教职工安全使用实验资源方面所采取的措施，包括但不限于定期的安全教育培训、实验室安全规程的制定与执行以及紧急应对预案的建立。其次，针对经管类虚拟仿真实验室的特点，报告需阐明如何保障虚拟实验环境的数据安全和隐私保护,防止未经授权的访问和数据泄露。再次,报告应阐明经管类虚拟仿真实验室如何通过模拟真实的商业风险管理场景,教育学生识别和应对潜在的经济安全威胁,从而在实践中提升他们的安全意识和风险防范能力。最后,报告还应记录安全检查的频次和结果,以及对发现的问题采取的纠正和预防措施,确保实验室的持续安全运行。这些描述可以展示实验室如何做好综合性的安全管理工作,为学生提供了一个安全的实验学习环境,为实验室的长期稳定发展奠定了坚实的基础。

7. 注意事项和附录

年度报告的"注意事项和附录"部分,强调经管类虚拟仿真实验室在确保信息准确性和数据完整性方面的重要性。注意事项和附录应详细列出经管类虚拟仿真实验室在一年内所有虚拟仿真实验项目的清单、参与学生和教师的名单、实验教学的具体内容和成果,以及实验室维护和升级的记录。还应包括实验室安全培训的资料、应急预案以及实验室使用和管理条例等重要文件,确保实验室的运营透明化和规范化。这部分内容还应提供经管类虚拟仿真实验室开放日的活动照片和反馈意见,以及与企业合作开展的案例研究项目报告等,这些都是评估实验室社会影响力和教育价值的重要依据。

(三)财务与预算管理

1. 预算编制与执行

预算编制与执行是经管类虚拟仿真实验室财务与预算管理的核心内容,它直接关系到实验室运营管理的效率和效果。

在编制预算时,首先需要对实验室的运营成本进行全面核算,这包括设备购置与维护成本、软件许可与更新成本、人员成本、场地与设施成本、培训与教育成本以及行政与管理成本等多个方面。针对设备购置与维护成本,预算编制应考虑到实验室现有设备的使用状况、技术发展的趋势以及未来教学和科研的需求。在此基础上,合理规划设备的更新换代和维护计划,确保设备的先进性和可靠性,同时避免不必要的重复投资。预算中应包括设备的日常保养、定期检查、故障维修以及硬件升级等费用,以延长设备寿命并降低长期维护成本。软件许可与更新成本的预算编制需要根据实验室使用的软件种类、许可模式以及更新频率来确定。应选择性价比高的软件许可方案,同时考虑使用开源软件或教育版软件,以降低成本。预算中还应包含软件更新的成本,包括获取新版本的许可费用、技术支持费、培训费以及与新软件版本兼容的硬件升级费用。人员成本的预算编制应基于实验室的人员结构和岗位职责,包括教师、实验技术人员和行政人员的工资、福利、培训和发展等费用。通过精细化管理和绩效激励机制,提高员工的工作效率和满意度,从而控制人员成本并保持团队的稳定性和活力。场地与设施成本的预算编制需要考虑实验室的空间需求、地理位置、设施建设和维护等因素。通过优化空间布局和实施节能措施,提高空间利用率和设施效率,从而控制场地与设施成本。同时,定期维护和及时修理设施,可以延长设施的使用寿命,减少更换和维修的成本。培训与教育成本的预算编制应确保实验室人员和学生能够接受到必要的培训和教育,以提升自身的专业技能和实践能力。利用在线教育资源和开放课程,鼓励内部知识分享,与其他教育机构合作开发培训课程,共享培训资源和成本,从而有效控制培训与教育成本。行政与管理成本的预算编制应确保实验室的日常运营和长期战略规划得以顺利实施。通过电子化管理和流程优化,减少纸质文件的使用,降低办公成本。同时,共享行政服务,提高管理效率,降低管理成本。

在预算执行过程中,应建立严格的监控机制,定期检查预算执行情况,及时调整预算分配,以应对突发事件或新出现的需求。对于超出预算的支出,应进行严格的审批,并分析原因,采取措施避免再次发生。通过这样的预算编制与执行,经管类虚拟仿真实验室能够确保资源的合理分配和有效利用,支持实验室的教学、科研和人才培养活动,促进实验室的长期稳定发展。

2. 财务报告与财务审计

财务报告与财务审计在经管类虚拟仿真实验室的运营管理中扮演着至关重要的角色,它们不仅可以确保实验室财务管理活动的透明度和合规性,而且可以为实验室的持续改进和发展提供重要的数据支持和监督机制。在编制财务报告时,需要详细记录和分析实验室的收入、支出、资产和负债等关键财务指标,这些数据应与实验室年度报告中的相关内容紧密对应,以确保报告的准确性和完整性。

年度报告中的"报告概述"部分提供了实验室整体运行状况和主要成就的宏观视角,而财务报告则需要深入到具体的数字和趋势,展示实验室的财务健康状况和经济活动的效果。例如,报告提到的设备购置与维护成本、软件许可与更新成本等,都应在财务报告中得到详细的体现,包括具体的支出数额、资金来源以及与预算的对比分析。同时,年度报告提到的人才培养工作和成效、教学改革与科学研究、人才队伍建设等方面的内容,也需要在财务报告中找到对应的支出项目和资金分配情况。财务报告应详细列出实验室在这些领域的投入，以及这些投入如何转化为实验室的成果和进步。

财务审计工作则为财务报告提供了独立的验证和评估。内部或外部审计可以确保财务报告的真实性和可靠性，同时识别潜在的风险和问题，为管理层提供改进财务管理和内部控制的建议。审计结果可以作为年度报告中"安全工作情况"和"注意事项和附录"部分的重要内容，帮助实验室完善风险管理和应对策略，提升整体运营的安全性和稳定性。

3. 风险管理与应对

经管类虚拟仿真实验室的风险管理与应对涉及识别、评估、监控和减轻可能对实验室运营管理产生负面影响的各种风险。这些风险可能包括财务风险、技术风险、操作风险、法律和合规风险以及市场和声誉风险等。有效的风险管理策略不仅有助于保护实验室的资产和声誉，还能够确保实验室的教学和科研活动能够持续稳定地进行。首先，实验室需要建立一个全面的风险评估框架，定期对所有潜在风险进行识别和分类。这包括对实验室设备、软件、数据安全、人员操作、财务状况、法律法规遵循等方面的风险进行系统的评估。通过这种评估，实验室管理人员能够了解哪些领域面临较高的风险，并据此制定相应的管理措施。其次，实验室应制定一套有效的风险应对计划，包括预防措施和应急响应策略。预防措施可能包括加强设备维护、更新软件、提高数据备份频率、进行定期的安全培训和演练等。应急响应策略则涉及风险事件发生时的快速反应机制，如立即恢复数据、紧急联系供应商进行设备维修、启动法律咨询等。实验室还应建立一个持续的风险监控系统，实时跟踪风险的变化，并根据情况调整风险管理策略。这可能涉及定期的内部审计、风险评估报告的更新以及与外部专业机构的合作等。在风险管理过程中，沟通和培训也是关键。实验室应确保所有员工都了解风险管理的重要性，并参与到风险识别和应对中来。通过定期的培训和演练，提高员工对风险的认识和应对能力。

4. 内部控制与合规性

经管类虚拟仿真实验室运营管理的内部控制与合规性对于确保实验室的活动符合相关法律法规、维护实验室的财务和运营安全、提高工作效率以及保护实验室资产具有重要意义。一个健全的内部控制体系可以有效地预防和发现错误和舞弊行为，确保实验室资源的合理配置和使用，同时促进实验室各项政策和程序的有效执行。首先，内部控制体系应基于对实验室运营流程的深入理解，明确各个环节的责任和权限,确保每一项决策和操作都有明确的审批流程和监督机制。这包括对财务报告的准确性、资产的保护、合同的履行以及对外部和内部信息的适当访问和披露等方面进行严格的管理和控制。其次,合规性要求实验室在所有活动中都必须遵守国家的法律法规、行业标准和实验室自身的规章制度。这不仅涉及实验室的财务管理,还涉及实验室的人事管理、设备采购、数据安全、知识产权保护等方面。实验室应定期对相关法律法规进行审查和更新,确保所有政策和程序都与最新的法律要求保持一致。内部控制与合规性还需要一个有效的沟通和培训机制。实验室应确保所有员工都了解并遵守内部控制的规定和合规性的要求。通过定期的培训和沟通会议,提高员工的合规意识,确保他们在日常工作中能够识别和防范潜在的风险和不合规行为。最后,实验室应建立一个定期的内部审计和评估体系,对内部控制的有效性和合规性的执行情况进行独立的检查和评价。这包括对实验室的财务报告、运营流程、合同执行、风险管理措施等进行审计,及时发现问题并采取纠正措施。

第七章 经管类虚拟仿真实验室的人才培养与团队建设

第一节 实验室人才培养机制

一、人才培养目标与路径

(一) 人才培养目标

1. 学生层面的培养目标

(1) 理论与实践结合能力

通过模拟真实的商业环境和市场情景,学生能够在虚拟平台上应用所学的理论知识解决实际问题,如市场分析、财务决策和运营管理等。这种模拟实践不仅帮助学生理解理论背后的实际应用,还能够让他们在安全无风险的环境中尝试不同的策略和解决方案,从而更好地掌握经济管理的核心概念和技能。通过这种实践,学生能够识别和分析问题,提出切实可行的解决方案。这对于他们未来的职业生涯发展至关重要。

(2) 创新思维与创业能力

在实验室中,学生被鼓励进行创新实验,开发新的商业模式,设计独特的产品或服务,以及探索市场营销的新策略。通过这样的实践活动,学生能够学习如何在竞争激烈的市场环境中进行创新和差异化竞争。同时,实验室提供的模拟创业经历能够激发学生的创业精神,培养他们承担风险、面对挑战的勇气和能力。无论学生未来是在企业内部创新还是创业,这种创新和创业能力对于他们来说都具有重要的价值。

(3) 数据分析与应用能力

在现代经济管理专业领域,数据的重要性日益凸显。学生通过虚拟仿真实验,可以学习和掌握各种数据分析工具和方法,如统计分析、预测模型和优化算法等。实验室中的模拟项目要求学生对大量数据进行收集、处理和分析,从而作出基于数据的决策。这种能力的提升不仅能够帮助学生在未来的工作中更好地理解市场动态和消费者行为,还能够让他们在数据驱动的决策过程中发挥关键作用。

(4) 团队协作与沟通能力

在实验室的团队项目中,学生需要与来自不同背景和专业的队友合作,共同完成项目任务。这种跨学科的团队合作模式要求学生具备良好的沟通技巧和协调能力,能够有效地表达自己的观点,倾听他人的意见,并在团队中找到共识。通过这样的合作,学生能够学习如何在多元化的工作环境中发挥自己的优势,培养自身的领导力和团队精神。这些能力对于学生未来的职业发展至关重要。

2. 专业教师层面的培养目标

(1) 教学方法创新

教师需要不断探索和实践新的教学方法,以适应数字化和互动化的教学环境。例如,通过引入案例教学法,教师可以让学生分析真实或虚构的商业案例,从而更好地理解理论知识在实际情境中的应用。翻转课堂是另一种有效的教学方法,它要求学生在课前通过虚拟仿真实验自主学习,课堂上则专注于讨论和深入理解。教师还可以利用虚拟仿真技术开展模拟经营、角色扮演等互动式教学活动,使学生在参与和体验中学习,从而提高教学的吸引力和实效性。这些创新的教学方法不仅能够激发学生的学习兴趣,还能够培养他们的批判性思维和问题解决能力。

(2) 教学内容优化

教师应根据最新的行业发展趋势、市场需求以及学科前沿知识,不断更新和调整教学大纲和课程内容。这包括引入新兴的经济管理理念、技术和工具,如大数据分析、人工智能在决策中的应用等。同时,教师应关注跨文化管理和全球市场动态,将国际化视野融入课程中,培养学生的全球竞争力。通过定期评估和反馈,教师可以确保教学内容的实用性和前瞻性,使学生能够掌握最相关和最有价值的知识和技能。

(3) 科研与教学结合

教师应将自身的科研成果转化为教学内容,使学生能够接触到最新的研究成果和学术动态。通过案例研究、模拟实验和项目导向学习等方法,教师可以将科研中的发现和问题带入课堂,激发学生的好奇心和探究欲。学生也可以参与到教师的科研项目中,通过实际操作和研究活动,提高自己的研究能力和创新意识。这种结合不仅能够丰富教学内容,还能够为学生提供实践研究的机会,培养未来的科研人才。

(4) 跨学科交叉

经济管理专业领域本身就涉及多个学科,如经济学、管理学、心理学、信息技术等。教师应具备跨学科整合的能力,将不同领域的知识和技能融合到教学中。例如,在虚拟仿真实验中,教师可以设计涉及市场营销、财务管理、人力资源管理等多个领域的综合项目,让学生从多角度分析和解决问题。教师还可以邀请来自不同学科背景的专家进行讲座或研讨,拓宽学生的知识视野,培养他们的综合素质。通过跨学科交叉,学生能够获得更全面的教育,为未来的职业生涯打下坚实的基础。

3. 实验技术人员层面的培养目标

(1) 技术支持

实验技术人员通过负责实验室硬件设施的搭建、维护和升级,包括服务器、网络设备、计算机系统等,确保这些设备能够稳定运行,满足教学和科研的需求。同时,他们还需要对虚拟仿真软件进行定期更新和优化,以适应不断变化的教学内容和方法。实验技术人员还需要具备快速响应和问题解决的能力,能够在出现技术问题时迅速进行诊断和修复,最小化对教学活动的影响。他们还需要关注最新的技术发展动态,探索如何将新技术应用于虚拟仿真实验中,提升实验的质量和效率。

(2) 资源开发

实验技术人员需要与教师合作,开发和整合适合经管类专业的虚拟仿真教学资源。这包括创建和更新模拟商业环境、市场数据、经济模型等,为学生提供丰富的实验场景和案例。同时,实验技术人员还需要开发互动性强、操作简便的教学工具和平台,使学生能够在虚拟环境中进行有效的学习和实践。实验技术人员还应参与到开放教育资源(OER)的建设和共享中,通过网络平台共享高质量的仿真实验资源,促进教育资源的互联互通和共建共享。

(3) 教学辅助

实验技术人员需要为教师提供技术支持和咨询服务,帮助他们更好地利用虚拟仿真技术进行教学。这包括协助教师设计和实施虚拟仿真实验，提供教学方法和技术应用的建议，以及解决教学过程中遇到的技术问题。同时，实验技术人员还可以参与到课程开发中，与教师一起探索如何将虚拟仿真技术与教学内容相结合，提高教学效果。实验技术人员还需要为学生提供技术培训，帮助他们掌握必要的操作技能和数据分析方法，确保他们能够有效地参与到虚拟仿真实验中。

（4）创新实验项目

实验技术人员根据教学需求和科研方向，不断开发新的实验项目和模拟场景。这些项目应具有一定的创新性和前瞻性，能够反映当前经济管理专业领域的热点问题和未来趋势。例如，实验技术人员可以开发关于区块链技术在金融领域的应用、人工智能在市场营销中的策略分析等方面的实验项目。这些创新实验项目，不仅使学生能够学习到最新的知识和技能，还能够激发他们的创新意识和探索精神。同时，这些项目也能够为教师提供新的教学内容和方法，助力教学和科研的相互促进。

（二）人才培养路径和具体实施手段

1. 学生层面的培养路径和实施手段

经管类虚拟仿真实验室学生层面的培养路径，是通过一系列精心设计的教学活动和实践环节，全面提升学生的综合素质和专业能力。首先，学生需要接受系统的经济管理基础理论知识教育，确保对专业知识有深入的理解。随后，通过虚拟仿真实验，学生将理论知识应用于模拟的商业环境中，进行角色扮演、市场分析、财务决策等操作，从而加深对理论的理解并培养实际操作能力。案例分析与讨论环节让学生通过分析真实或模拟的商业案例，学习如何识别问题、制定策略并进行决策。在团队协作项目中，学生将参与模拟企业运营，这不仅可以锻炼他们的团队合作和领导力，还可以增强他们解决复杂问题的能力。创新与创业实践环节鼓励学生发挥创造力，提出新的商业模式或解决方案，并在虚拟环境中进行测试。最后，数据分析能力的提升是现代经济管理不可或缺的一部分，通过虚拟仿真实验中的数据收集、处理和分析，学生能够培养出基于数据进行决策的能力。整个路径的设计应该注重理论与实践的结合，旨在培养学生的批判性思维、创新精神和终身学习能力。

为了有效实施上述的培养路径，经管类虚拟仿真实验室应采取一系列具体的教学手段并引导学生进行实践活动。在教学过程中，互动式教学平台的建立是关键，该平台应提供丰富的教学资源和模拟工具，使学生能够在模拟的商业环境中进行自主学习和实践操作。案例库的建设应涵盖各种类型的商业情景,包括成功案例和失败案例,以及不同行业和市场环境的案例,以供学生深入分析和讨论。团队竞赛和项目的设计应注重实战性和创新性,如模拟股市交易、商业策划大赛等,这些活动不仅能够提高学生的团队协作能力,还能够激发他们的创新思维和竞争意识。创业孵化平台可以让学生将课堂所学与现实需求相结合,通过模拟创业过程,体验从创意产生到商业计划实施的全过程。在数据分析工具的应用方面,教师应引导学生学习和掌握各种数据分析软件和编程语言,如Excel、SPSS、Python等,以提高他们的数据处理和分析能力。定期的反馈和评估机制能够帮助学生及时了解自己的学习进度和不足,从而调整学习策略,确保学习效果。同时,实验室邀请行业专家和学者举办讲座和研讨会,这不仅能够为学生提供与实践紧密结合的知识,还能够拓宽他们的视野,增强他们对行业发展趋势的敏感性。通过这些具体的实施手段,经管类虚拟仿真实验室能够为学生提供一个全面、深入且富有成效的学习环境,帮助他们成长为适应未来市场需求的高素质经济管理专业人才。

2. 专业教师层面的培养路径和实施手段

在经管类虚拟仿真实验室中,专业教师的培养路径应围绕提升教学能力、更新课程内容、融合科研与教学、培养跨学科能力以及加强专业发展与领导力等关键目标展开。首先,教师需要通过参与教学法培训、研讨会和在线课程,不断提升自身的教学技巧和对新技术的掌握,以便更有效地将理论知识与实践操作相结合。其次,教师应定期回顾和更新课程内容,确保教学材料与当前的经济管理实践和最新研究成果保持同步,增强课程的实用性和吸引力。教师应积极参与科研项目,将科研成果转化应用于教学中,通过案例分析、模拟实验等形式,提高学生的批判性思维和解决问题的能力。再次,跨学科合作能力的培养也是必不可少的,教师应通过与其他学科领域的专家合作,开发跨学科课程和项目,促进学生的全面发展。最后,教师应通过参与学术会议、担任学术期刊审稿人、参与教育政策制定等方式,加强自身的专业发展和领导力培养,以期在未来的教育改革和学科建设中发挥更大的作用。

为了实现上述培养路径,经管类虚拟仿真实验室应采取一系列具体的实施手段。实验室应定期组织教学法培训和教学技术研讨,邀请经验丰富的教师和教学法专家分享他们的知识和经验,帮助其他教师掌握如翻转课堂、项目导向学习等现代教学方法。同时,建立课程开发基金和工作坊,鼓励教师根据最新的行业趋势和技术进步,创新课程内容和教学方式。实验室应提供科研平台和资金支持,鼓励教师将最新的科研成果转化为教学案例和实验项目,同时为学生提供参与科研项目的机会,增强学生的实践能力和创新精神。为了促进跨学科合作,实验室可以建立跨学科研究小组,定期举办跨学科研讨会和联合课程设计活动,鼓励不同领域的教师共同开发综合性课程和项目。最后,为了支持教师的专业发展和领导力培养,实验室应为教师提供参加国内外学术会议、进行学术交流和进修学习的机会,并鼓励他们参与学术组织的工作,如担任学术期刊编委、参与教育政策制定等,以提升他们的学术地位和社会影响力。通过这些具体的实施手段,经管类虚拟仿真实验室将能够有效地提升教师的专业水平和教学质量,为学生提供更高质量的教育体验。

3. 实验技术人员层面的培养路径和实施手段

在经管类虚拟仿真实验室中,针对实验技术人员的培养路径应全面覆盖技术能力提升、教学资源开发、教学辅助支持以及创新实验项目开发等多个方面。首先,实验技术人员需要通过系统的培训计划,掌握计算机硬件、软件、网络技术以及数据库管理等基础技术知识,确保其能够高效地进行实验室的日常维护和故障排除。其次,通过专业培训和实践操作,实验技术人员应进一步提升对虚拟仿真软件的熟练度,掌握 3D 建模、虚拟现实(VR)技术、增强现实(AR)技术等前沿技术,以支持更复杂的实验教学需求。再次,实验技术人员还需要参与到教学资源的开发中,与教师合作,设计和实现符合教学目标的虚拟仿真实验项目,这不仅要求实验技术人员具备一定的教学理解能力,还需要他们具备良好的沟通和协作能力。在教学辅助支持方面,实验技术人员应参与到教学活动的策划和执行中,提供现场技术支持,确保教学活动顺利进行。最后,为了培养实验技术人员的创新能力,实验室应鼓励他们参与创新实验项目的开发,通过实践探索新的教学方法和技术应用,推动实验室教学内容和方法的不断创新。

为了实现上述培养路径,经管类虚拟仿真实验室应采取一系列具体的实施手段。第一,实验室应建立一个持续的技术培训体系,定期为实验技术人员提供最新的技术和软件培训,确保他们能够跟上技术发展的步伐。这可以通过在线课程、工作坊、研讨会等形式进行,内容涵盖从基础的计算机操作到高级的编程和数据分析技能。第二,实验室应建立一个资源开发平台,鼓励实验技术人员与教师合作,共同开发和优化教学资源。这个平台可以提供必要的开发工具和资料,同时设立专项基金支持教学资源的创新和改进。第三,实验室应定期组织教学活动,让实验技术人员参与到教学的各个环节中,从前期的策划、资源准备到现场的技术支持和后期的评估反馈,全面提升他们的教学辅助能力。第四,为了激发实验技术人员的创新精神,实验室可以设立创新基金,鼓励他们提出和实施新的实验项目。第五,实验室还可以建立一个跨学科的协作网络,促进实验技术人员与其他学科的专家交流合作,共同探索新的教学方法和技术应用。通过这些实施手段,实验室不仅能够提升实验技术人员的专业技能,还能够培养他们的教学理解和创新能力,为实验室的长期发展和教学质量的提升作出重要贡献。

二、进修培训与人才激励

(一)在职进修培训

在经管类虚拟仿真实验室的建设与管理过程中,专业教师和实验技术人员的在职进修培训对于实验室人才队伍的建设具有至关重要的作用。首先,随着信息技术和经济管理的快速发展,新的教学理念、技术和方法不断涌现,专业教师需要通过在职培训来更新知识体系,掌握最新的教学内容和手段,以保持教学质量的先进性和有效性。通过培训,教师能够更好地理解并运用虚拟仿真技术,提高教学的互动性和实践性,从而提升学生的学习兴趣和参与度,培养出更具创新精神和实践能力的经济管理人才。同时,实验技术人员的在职培训对于实验室的日常运行和技术更新同样至关重要。实验技术人员需要通过系统的培训,不断提升对实验室设备的维护、管理和操作能力,确保实验室的正常运行和教学实验的顺利进行。随着虚拟仿真技术的不断进步,实验技术人员还需要学习新的软件开发和系统集成技能,以适应实验室技术升级的需求,推动实验室的创新发展。其次,在职培训还有助于提升专业教师和实验技术人员的团队协作能力。通过共同参与培训和研讨,教师和实验技术人员可以增进相互了解,促进跨学科的交流与合作,共同开发综合性课程和实验项目。这种团队合作精神对于实验室的人才培养、科研创新和资源共享等方面都具有积极的推动作用。再次,持续的在职培训有助于构建实验室人才队伍的持续发展机制。定期的培训和考核,可以激励教师和实验技术人员不断提升自身素质,实现个人职业发展,同时也可以为实验室培养一批具有高水平教学和科研能力的储备人才。这种持续发展机制对于实验室长期稳定发展和人才队伍结构优化具有重要意义。最后,在职培训还有助于提升实验室的社会服务能力。通过培训,教师和实验技术人员可以更好地了解行业需求和社会发展趋势,将实验室的研究成果转化为社会服务项目,为社会经济发展提供智力支持和技术保障。

总的来说,经管类虚拟仿真实验室专业教师和实验技术人员的在职进修培训主要可以分为以下四种不同类型:

1. 技术技能提升培训

这种类型的培训专注于提升实验技术人员的技术水平和操作能力。内容可能包括最新的虚拟仿真软件使用、硬件维护、网络管理、数据库管理等。通过此类培训,实验技术人员能够更有效地支持教学活动,解决技术问题,并参与到实验室设备的更新和升级工作中。

2. 教学法与课程开发培训

针对专业教师的教学法培训旨在帮助他们掌握和运用现代教学理念和方法,如案例教学、翻转课堂、项目导向学习等。课程开发培训则侧重于指导教师结合最新的经济管理理论和实践,开发和优化虚拟仿真实验课程,提升课程的教学质量和学生的学习体验。

3. 科研能力提升培训

此类培训鼓励教师参与科研项目,将科研成果转化为实验教学内容。培训内容可能涵盖科研方法论、数据分析技能、科研项目管理等,旨在提升教师的科研能力和创新意识,促进科研与教学的相互融合和共同发展。

4. 跨学科知识整合培训

在经济管理领域,跨学科知识的整合越来越受到重视。此类培训帮助教师和实验技术人员了解其他相关学科的最新发展,如心理学、信息技术、大数据分析等,并探讨如何将这些知识有效地融入经管类虚拟仿真实验教学中,以培养学生的综合素质和解决复杂问题的能力。

(二)人才激励机制

1. 明确职业发展路径

经管类虚拟仿真实验室应为专业教师和实验技术人员明确职业发展路径,这是激励人才的重要策略。首先,实验室应制定清晰的晋升体系和职称评定标准,让每个成员都能了解自己的发展方向和所需的能力要求。这包括从初级到高级的职称晋升路径,以及从技术操作到项目管理、团队领导等多元发展机会。明确的职业规划使成员可以更有目标地提升自己的专业技能和管理能力,同时也有助于吸引和留住优秀人才。实验室还应提供必要的职业咨询和指导服务,帮助成员根据自身情况和市场需求,制定合理的职业发展规划。

2. 提供持续教育机会

持续教育是提升经管类虚拟仿真实验室人才队伍专业水平的关键。实验室应定期组织专业培训和技能提升课程,这些培训和课程涵盖最新的经济管理理论、虚拟仿真技术、数据分析工具等内容。同时,鼓励成员参加国内外的学术会议、研讨会和工作坊,以使其拓宽知识视野和了解行业动态。实验室还可以与高校、研究机构建立合作关系,为成员提供进修学习、参与科研项目的机会。通过这些持续教育机会,成员不仅能够提升自身的教学和科研能力,还能够增强对新技术、新方法的适应能力和创新能力。

3. 建立绩效评价体系

绩效评价体系是激励和引导专业教师和实验技术人员积极工作的重要手段。实验室应建立一个公正、透明、科学的绩效评价机制,对成员的工作表现、教学成果、科研成果等进行全面评价。评价结果可以作为晋升、加薪、奖励等决策的重要依据。同时,绩效评价体系还应包括对成员个人发展的支持和激励措施,如提供额外的培训机会、研究资金支持等。通过有效的绩效评价和反馈,成员可以清晰地了解自己的长处和待改进之处,从而更有针对性地提升自己的工作表现和专业能力。

4. 开展科研成果转换

科研成果的转换是激发经管类虚拟仿真实验室人才创新活力的重要途径。实验室应鼓励和支持教师将科研成果转化为教学内容和实际应用,如将最新的经济管理理论、数据分析方法等应用于虚拟仿真实验教学中。同时,实验室还可以与企业合作,将科研成果转化为商业产品或服务,为社会经济发展作出贡献。通过科研成果的转换,教师和实验技术人员可以看到自己工作的实际价值和影响,从而增强工作动力和创新意识。实验室还应对成功转化的科研成果给予适当的奖励和认可,以进一步激励成员的科研创新活动。

第二节 团队建设与文化建设

一、团队建设与凝聚力提升

(一) 团队构建与领导力

经管类虚拟仿真实验室的团队构建对于实验室的高效运作和经管专业实验

教学的质量提升具有至关重要的作用。一个多元化、互补性强的团队能够集合不同领域的专业知识和技能,从而在实验室的建设和管理、课程开发、教学实施、科研项目等方面发挥协同效应,推动实验室在教学和科研上的创新与进步。团队成员之间的紧密合作和有效沟通能够确保实验室资源的优化配置和教学活动的顺利进行,同时为学生提供一个更加丰富和动态的学习环境。实验室的领导力则是推动经管专业实验教学和学科发展的关键动力。优秀的领导者不仅能够制定清晰的战略目标和发展规划,还能够激励团队成员积极参与实验室的各项活动,充分发挥他们的潜力和创造力。领导者的决策能力和问题解决技巧对于应对实验室面临的各种挑战和变化至关重要,他们的前瞻性思维和创新精神能够引领实验室不断探索新的教学方法和科研方向,提升实验室在经管学科领域的学术影响力和社会服务能力。领导者在文化和价值观建设方面的作用不容忽视,通过塑造积极向上的实验室文化,领导者能够培养团队成员的团队精神和责任感,增强他们对实验室的归属感和忠诚度。这种文化氛围有助于吸引和留住优秀人才,为实验室的长期发展提供人才保障。同时,领导者还应通过建立公正的评价和激励机制,促进团队成员之间的良性竞争和相互支持,从而提升整个团队的工作动力和效率。

1. 团队构建

(1) 多学科背景的团队组成

经管类虚拟仿真实验室的团队构建需要注重多学科背景的团队组成。在经济管理领域,理论知识与实践技能的结合日益重要,这就要求实验室团队成员不仅要有深厚的经济管理理论基础,还应具备计算机科学、数据分析、信息技术等相关专业技能。通过整合不同学科的专家和实验技术人员,实验室能够形成全面的知识体系和技能结构,从而在课程开发、教学实施、科研项目等方面实现创新和突破。多学科团队的构建有助于打破传统学科间的壁垒,促进知识的交叉融合。例如,计算机科学专家可以为实验室带来最新的仿真技术和数据处理工具,而经济管理专家则能够提供实际的商业案例和市场需求分析。团队成员还可以包括心理学、社会学等学科的专家,他们能够从人文角度出发,为实验室的工作提供更全面的视角。这种多学科的融合不仅能够提升实验室的教学和科研水平,还能够为学生提供更为丰富和立体的学习体验。

(2) 跨专业角色明确与互补

在经管类虚拟仿真实验室中,团队成员的角色分工明确性与互补性是确保团队高效运作的关键。每个成员都应该有明确的职责和任务,而这些角色之间应相互支持、相互促进。例如,专业教师负责设计和实施课程,他们需要深入了解经管理论和教学方法;实验技术人员则专注于实验室设备的维护和优化,确保教学活动的顺利进行;而管理人员则负责实验室的日常运营和战略规划,他们需要具备良好的组织和协调能力。角色的明确分工有助于提高团队的工作效率和质量。每个成员都能够在其擅长的领域发挥最大的效能,同时,团队成员之间的互补性也能够确保团队在面对复杂问题时能够迅速集结各方力量,共同寻找解决方案。例如,当实验室需要开发一个新的教学模块时,教师可以提供教学内容的设计思路,实验技术人员可以负责技术实现,而管理人员则可以协调资源和时间安排,确保项目的顺利推进。

(3)持续的团队培养与发展

持续的团队培养与发展是经管类虚拟仿真实验室团队构建中不可或缺的一环。随着技术和市场的快速变化,团队成员需要不断更新知识和技能,以适应新的挑战。实验室应定期为团队成员提供专业培训和学习机会,如国内外学术会议、研讨会和在线课程等。这些培训活动不仅能够帮助团队成员掌握最新的技术和理论,还能够激发他们的创新思维和研究兴趣。实验室还应鼓励团队成员参与科研项目和教学改革活动,通过实践提升他们的专业能力。对于表现突出的团队成员,实验室可以通过提供研究资金支持、晋升机会或奖励机制等方式给予认可和激励。这种持续的培养与发展不仅能够提升团队的整体素质,还能够增强团队的凝聚力和向心力,为实验室的长期发展奠定坚实的基础。

2. 领导力的形成与表现

(1)制定战略规划与愿景

在经管类虚拟仿真实验室的实验教学和学科发展过程中,领导力的形成首先体现在制定清晰的战略规划和愿景上。领导者需要具备远见卓识,能够准确把握经管学科的发展趋势和市场需求,从而为实验室设定长远的发展目标和具体的实施步骤。这包括对实验室的资源配置、人才培养、科研项目等各个方面进行系统规划,确保实验室的工作与学校的整体发展战略相协调,与经管学科的前沿动态保持同步。领导者还需要通过有效的沟通,将这些战略规划和愿景传达给实验室的每一个成员,激发他们的工作热情和创新动力,确保团队朝着共同的目标努力。

(2) 促进团队合作与创新

领导力在经管类虚拟仿真实验室中的另一个重要表现是促进团队合作与创新。领导者应认识到,实验室的工作是一个团队协作的结果,需要不同专业背景和技能的成员共同努力。因此,领导者应建立一个开放和包容的工作环境,鼓励团队成员之间的交流与合作,促进知识和经验的共享。同时,领导者还应倡导创新文化,支持团队成员尝试新的教学方法、开展原创性研究,不断推动实验室的工作向前发展。在这一过程中,领导者需要具备良好的协调和调解能力,能够在团队成员之间建立有效的沟通桥梁,解决可能出现的矛盾和冲突,确保团队合作的顺利进行。

(3) 引领教学改革与科研发展

领导力在经管类虚拟仿真实验室中的第三个表现是引领教学改革与科研发展。实验室的领导者应对经管学科的教学内容和方法进行不断的探索和改革,以适应社会和行业的变化。这可能涉及更新课程体系、引入新的教学技术和工具、开展实践教学等。领导者需要具备敏锐的洞察力,能够及时发现并把握教学改革的方向和机遇。同时,在科研发展方面,领导者应积极争取科研项目和资金,支持团队成员开展高水平的科研工作,提升实验室的学术影响力和社会服务能力。通过引领教学改革和科研发展,领导者能够为实验室的长远发展奠定坚实的基础,为经管学科的进步作出重要贡献。

(二) 团队凝聚力提升

1. 明确共同目标与愿景

提升经管类虚拟仿真实验室团队凝聚力的首要步骤是确立一个清晰的共同目标与愿景。团队成员需要对实验室的发展方向和最终目标达成共识,这有助于增强成员之间的团结和协作。领导者在这方面扮演着至关重要的角色,他们需要通过有效的沟通和引导,确保每个成员都能够理解并认同实验室的长远规划和短期目标。共同的目标和愿景能够激发团队成员的积极性和创造力,使他们在面对挑战和困难时能够保持动力和信心。领导者还应该鼓励团队成员参与到目标设定和愿景规划的过程中,这样不仅能够提高他们的参与感和归属感,还能够促进团队内部的民主和平等氛围,从而增强团队的凝聚力。

2. 强化角色认同与互补合作

在经管类虚拟仿真实验室中,每个团队成员都有其独特的角色和职责。强化这些角色的认同感和互补性对于提升团队凝聚力至关重要。领导者应该确保每个成员都能在其专业领域内发挥最大的潜能,并且他们的工作能够相互支持和补充。通过明确的角色分配和职责界定,团队成员可以更好地理解自己在团队中的位置和价值,这有助于建立相互尊重和信任的氛围。领导者还应该鼓励团队成员之间交流和协作,促进知识和经验的共享,这样不仅能够提高团队的整体效率,还能够增强成员之间的团结和协作。在团队合作中,成员们能够看到彼此的贡献和努力,有助于增强团队的凝聚力和向心力。

3. 培养共享价值观与文化

经管类虚拟仿真实验室的团队凝聚力还体现在共享价值观和文化的培养上。一个拥有共同价值观的团队更有可能在面对挑战时保持一致和团结。领导者应该积极塑造和传播实验室的核心价值观念,如创新、卓越、诚信、合作等,使这些价值观成为团队成员共同遵循的行为准则。通过定期的团队建设活动、工作坊和研讨会,领导者可以帮助团队成员深入理解和内化这些价值观。领导者还应该通过自己的行为榜样来体现这些价值观,以赢得团队成员的尊重和信任。当团队成员在日常工作中都能够体现和践行这些共享价值观时,团队的凝聚力自然会得到加强。

二、实验室文化与价值观塑造

(一)社会主义核心价值观的融入

经管类虚拟仿真实验室的文化和价值观塑造首先需要紧密结合社会主义核心价值观。作为实验室文化建设的核心,社会主义核心价值观的融入有助于引导实验室成员树立正确的世界观、人生观和价值观。在日常运营和教学活动中,实验室应积极倡导富强、民主、文明、和谐等价值理念,将其融入实验室的工作流程、团队合作和科研成果中。例如,通过开展主题讨论、案例分析等活动,让实验室成员在实践中体会和领悟社会主义核心价值观的内涵和意义。同时,实验室的领导者和教师应以身作则,用自己的言行影响和激励学生,使他们在学习和研究中自觉践行社会主义核心价值观。

(二)师德师风建设的强化

师德师风建设是经管类虚拟仿真实验室文化塑造的重要组成部分。作为实验室的教师和实验技术人员,他们不仅要具备扎实的专业知识和技能,还应具备高尚的职业道德和良好的师德师风。实验室应建立完善的师德师风评价和激励机制,鼓励教师和实验技术人员以身作则、关爱学生、严谨治学、公正诚信。在日常工作中,实验室应注重师德师风的培养和实践,通过举办师德讲座、师德论坛等活动,增强教师和实验技术人员的职业道德意识。实验室还应加强对师德失范行为的监督和惩处,确保实验室的文化氛围健康向上。

(三)思政教育与实验教学的结合

思政教育是经管类虚拟仿真实验室文化和价值观塑造的重要内容。实验室应将思政教育与专业教学相结合,通过虚拟仿真实验教学,将思想政治教育内容融入经济管理专业知识的学习中。例如,在模拟企业经营的实验中,教师可以引导学生思考企业的社会责任、诚信经营等议题,使学生在实践中理解和掌握社会主义核心价值观和市场经济道德规范。同时,实验室还可以通过案例分析、角色扮演等教学方法,让学生在模拟的商业环境中体验和学习社会主义核心价值观的实践应用,从而提高他们的思想政治素质和道德修养。

(四)创新精神和团队协作的培养

创新精神和团队协作是经管类虚拟仿真实验室文化和价值观塑造的关键要素。实验室应鼓励成员积极思考、勇于探索,培养他们的创新意识和能力。在科研项目和教学活动中,实验室应提倡创新思维,鼓励成员提出新观点、新方法和新技术。同时,实验室还应注重团队协作精神的培养,通过团队项目、协作研究等方式,让成员在合作中学会相互尊重、相互支持,共同解决问题。实验室的领导者和教师应通过自身的示范和引导,培养学生的团队意识和协作能力,使他们在团队合作中实现自我价值的提升和个人能力的成长。

第八章
经管类虚拟仿真实验室的考核与评估

第一节 考核与评估体系的构建

一、考核与评估的目标与原则

经管类虚拟仿真实验室考核与评估是指依据实验室建设与管理目标与有关规范,按照一定的指标体系,结合实际情况,系统客观地对经管类虚拟仿真实验室的建设与管理,特别是实验教学的组织和教学效果进行定性或定量的检查与评价,评定实验室建设与管理工作的实现程度,并作出相应的价值判断。

(一)考核与评估的目标

经管类虚拟仿真实验室考核与评估的目标是通过考核与评估进一步规范实验室建设与管理体制,健全实验室管理机构,明确岗位职责,提升实验教学效果。做到以考评促建设、以考评促管理、以考评促改革,重在建设与提高。通过经管类虚拟仿真实验室考核与评估发现问题,进而改善实验教学手段,提高实验研究技术,加强实验室的标准化、规范化、科学化管理。目标具体表现为以下几个方面:

第一,通过考核与评估,反映实验室建设与管理工作的实际情况和具体信息;

第二,通过考核与评估,检查并改进实验室的建设与管理工作、教学与研究活动;

第三,通过考核与评估,帮助学校或实验室自身制定贴合实验室实际情况的相应决策;

第四,通过考核与评估,实现实验室建设与管理工作的运营效益并作出价值判断。

(二) 考核与评估的意义

一般来讲,经管类虚拟仿真实验室的考核与评估是为了从根本上保证实验教学、科学研究、实验室建设与管理等多方面工作不偏离基本方向,切实提高经管类虚拟仿真实验室的实验教学效果以及实验室建设与管理工作的水平,充分发挥经管类虚拟仿真实验室在培养经济管理专业人才和促进经济管理专业研究过程中的重要作用。

1. 实验室考核与评估是经济管理专业实验教学与研究发展的决策依据

经管类虚拟仿真实验室的考核与评估主要是对实验教学效果和实验室建设与管理等方面的工作进行系统的监督、检查、考核和评估,检验其预期目标是否与实际建设管理情况相符,同时为学校发展经济管理专业实验教学提供基础资料和决策依据。通过认真组织和开展经管类虚拟仿真实验室的考核与评估,可以发现实验教学工作中存在的问题,对比寻找差距,及时采取相应的对策与措施,加以适当的控制与调节,纠正偏离预期目标的不当部分,使实验教学工作全面持续地保持良性运转。积累实验室考核与评估资料,并对其进行系统科学的分析,能够为今后的建设管理提供可靠的决策依据。

2. 实验室考核与评估是督促实验室建设与管理的必要手段

在我国高校众多经济管理专业实验室中,虽然每一个经济管理专业实验室都有各自的建设目标与管理情况,但是日复一日的常规工作难免会使实验室在教学、研究、管理、人员等各个方面陷入得过且过的状态,如果长此以往,势必对实验室的建设与管理产生巨大影响。因此,需要利用考核与评估管理作为一种督促手段,从制度上着手,每年考核、定期评估,保证实验室建设与管理不偏离基本方向,同时也能与时俱进地对实验室建设与管理进行改革,促其发展。

3. 实验室考核与评估是改革发展现代经济管理专业教育的迫切需要

我国经济管理专业教育要面向现代化、面向世界、面向未来,就要把握经济管理专业教育发展的时代脉搏,建好、管好经管类虚拟仿真实验室,及时发现、调整并纠正在经济管理专业实验室建设、管理、教学、研究中存在或隐藏的问题和不足。要对经管类虚拟仿真实验室的实际工作情况做好分析、把握和决策,就需要对实验室的教学、研究、建设、管理情况进行有效的监督、检查和评价,获取反馈信息,进行调节控制。考核与评估作为系统监督、检查和评价的手段,对于促进经济管理专业实验室的建设与管理是非常重要的。因此实验室考核与评估体现了现代经济管理专业教育走向未来发展的必然方向,是改革发展我国现代经济管理专业教育的迫切需要。

4. **实验室考核与评估是激励现代经济管理专业发展的有效保障**

经管类虚拟仿真实验室的考核与评估不但能起到对照标准寻找差距的自我认识作用,还具有唤起各实验室之间比、学、帮、赶、超的正向激励作用。考核与评估信息的及时反馈,能够反映实验室教学、研究、建设、管理工作的优劣得失,不仅可以使实验室明确需要学习提高的方向,也能促进实验室把客观考评标准转化成内在的奋斗动力,督促实验室不断吸取优秀同行的长处,提升自身素质,并落实到改进和完善实际工作的过程中,从根本上促进现代经济管理专业教学与研究工作的发展。

(三)考核与评估体系的构建原则

1. **客观性原则**

客观性原则指的是经管类虚拟仿真实验室考核与评估体系必须建立在客观基础上,每一个考评指标都应具有客观性、科学性,不随意制定具有主观性的考评指标。首先,要使考核与评估具有充分的客观性,不仅需要有充分的依据、严谨的态度和科学的方法,其核心是依靠经管类虚拟仿真实验室管理的理论和原理,充分把握我国经管类虚拟仿真实验室建设与管理的客观实际、整体脉络和未来方向,建立指标体系并确定每一个考评指标的项目内容。其次,对于经管类虚拟仿真实验室考核与评估指标信息的收集处理要客观、全面、公平、公正,考评时要有认真严谨的态度,追求实事求是,反对形式主义,注意信息收集的可信度、可靠性和合理性。最后,经管类虚拟仿真实验室的考核与评估结果也要客观、可靠、可信,考评结果必须是经过客观科学的考评方法得出的,指标结论可以采用测量、统计等方法来展示,结果评价可以采用定性评语和定量评价的形式表现,对于定性考评等略有主观意识的考评部分,可以采用多位同行平行打分等方法,尽可能规避考核与评估中的主观性。

2. **导向性原则**

经管类虚拟仿真实验室的建设与管理是服从于一个总体目标的,而这个目标就是考核与评估体系的导向。不论是实验室建设与管理,还是对实验室的考核与评估,都需要有一个明确的目标导向,这是一切工作的依据和出发点,没目标的建设与管理，没有目标的考核与评估，都是难以想象的。也就是说，经管类虚拟仿真实验室考核与评估指标体系的建立以及考评产生的实际效果，应对实验室的未来发展具有导向作用。经管类虚拟仿真实验室考核与评估指标体系必须要符合党的教育工作方针，符合我国经济管理专业教育发展的总体目标和方向，体现我国经济管理专业教育改革的基本精神，体现我国高校经管类虚拟仿真实验室为经济管理专业实验教学、实验研究、社会服务和开放而培养我国经济管理专业人才、产出经济管理专业研究成果的最终目标。

3. 代表性原则

经管类虚拟仿真实验室的建设与管理是一项系统工程，因此考核与评估体系的建立需要综合系统中的各项因素，在具体实施的过程中，一般会将整个建设与管理系统分成若干个系统分支，然后逐一建立相应指标进行考评，所以这就要求每一个分支系统的考评指标必须具有代表性，能够代表该分支系统的考评主题。在经管类虚拟仿真实验室考核与评估指标体系的设计过程中，不仅要对每一个系统分支进行考评指标设计，还要对整个系统进行统筹全面的考评，因此既要重视各指标内容对考评主题的代表性意义，又要把握指标在各个分支系统之间的相互关系。从整体上来看，经管类虚拟仿真实验室考核与评估指标体系还应代表国内外该类实验室建设与管理的先进水平和未来发展趋势。考核与评估是对实验室建设与管理的一个过程纠偏和发展指导，如果考核与评估指标体系不能代表国内外先进水平，不能代表经管类虚拟仿真实验室未来发展趋势，那么这样的考评将是没有意义的。

4. 可行性原则

经管类虚拟仿真实验室考核与评估指标体系的建立应从我国高校经济管理专业实验室建设的实际情况出发，具有可行性且行之有效。2008年教育部正式批准成立高等教育国家级实验教学示范中心联席会以来，我国经管类虚拟仿真实验室的建设与管理在联席会经管学科组的指导下已经形成了"国家级、省市级、校级"三个层次的实验室建设与发展梯队，对于不同层次的经济管理专业实验室，应以可行性原则为基础，建立不同水平的考核与评估指标体系。因为，如果用考评国家级虚拟仿真实验室的指标体系来考评校级虚拟仿真实验室，那自然是无意义且不可行的，属于拔苗助长的考评行为。对于我国不同层次的经管类虚拟仿真实验室的考核与评估，考评指标不能要求太高，也不能要求太低，应适当可行，从实验室建设的实际情况出发。

5. 可比性原则

可比性原则是一个相对的原则，我国每个经济管理专业实验室都或多或少具有自身的特点，因此绝对的可比性是不可能的，也是不存在的，因此要抓住经管类虚拟仿真实验室建设与管理的共性部分，从实验教学、信息化管理、实验室安全等共性部分着手，设计考核与评估指标。可比性原则是为了能够使考评结果具有自比和他比的效果，有了比较才能发现差距所在、寻找问题根源，才能切实提高虚拟仿真实验室的建设与管理水平。

6. 量化性原则

量化性原则是建立在可比性原则基础上的，为了使经管类虚拟仿真实验室的考核与评估能够自比和他比，必须要使考核与评估指标能够量化，这样也能在一定程度上体现客观性原则。我国经管类虚拟仿真实验室的考核与评估要突出实验室建设与管理水平的高低、贡献大小，就不能只有一个定性评论，必须做定量分析，把考核与评估结果反映在数量上。量化性原则是经管类虚拟仿真实验室考核与评估指标体系建立的一个重要原则，指标量化才能进行定量比较，实验室设备条件、实验课程开课率、实验室利用率等考核与评估指标都可以进行量化。实验室体制、教学方法等不易量化的因素，也可以使用间接量化法对其进行转化。

二、考核与评估体系的构建内容

由于我国各个地区的经济、文化、教育特点不一，经济管理专业人才的需求方向也不尽相同，因此，对于经管类虚拟仿真实验室的考核与评估指标体系也不存在一种概括所有实验室的标准方案。这里提出的经管类虚拟仿真实验室考核与评估指标体系的具体内容是从实验室建设与管理的主体内容、模式结构等方面寻找到的共性内容，主要包括以下三个方面、八个项目。

（一）经管类虚拟仿真实验室考核与评估指标体系的三个方面

1. 实验室物质条件

经管类虚拟仿真实验室一般具有三个重要元素，分别是人、财、物。人指的是实验室相关人员，包括专业教师、实验研究人员、实验技术人员、实验室管理人员、校内校外学生等，财指的是实验室经费和财产，物指的是实验设备、软件、系统等。在实验室考核与评估指标体系中，这三个元素反映经管类虚拟仿真实验室的物质条件，可以量化形成实验教学效果、实验技术水平、实验队伍人员数量和结构、实验设备数量和配置、实验室用地面积等指标,考评体现实验室的硬环境。

2. 实验室管理水平

假设两个经管类虚拟仿真实验室具有相同的物质条件,那么决定这两个实验室优劣的就是管理水平的高低。加强实验室管理,对于提高实验教学效果、实验技术水平、仪器设备使用等多方面均具有重要影响,对于促进实验室建设与管理工作具有极其重要的作用。经管类虚拟仿真实验室管理水平可以从实验室体制建设、实验设备管理、实验教学管理、实验室安全管理等几个方面设计指标体系进行考核与评估,考评体现实验室的软环境。

3. 实验室建设成果

经管类虚拟仿真实验室的建设与管理是以完成实验教学组织为主旨,以改革促进教学培养、科学研究,提高学生的实验技能和创新能力而展开的。因此,在完成实验教学过程中形成的实验室建设成果也是考核与评估指标体系中重要的一部分,比如实验室获得的教学成果奖、科研成果奖、全国专业竞赛奖等,均是反映实验室建设成果的考核与评估指标。

(二)经管类虚拟仿真实验室考核与评估指标体系的八个项目

1. 实验室体制建设考评项目

实验室体制建设考评项目指标包括实验室建立的基本情况、实验室建设历程、实验室的管理机构、实验室建设规划、实验室分级管理体制、实验室管理手册等。

2. 实验教学考评项目

实验教学考评项目指标包括实验教学组织的完成情况、出版实验教材数、自编实验指导手册数、实验课程讲义数、实验课程数、实验课程项目数、实验课程人时数、面向专业开放数、实验学生人数、实验考试成绩、实验教学改革项目数、实验教学成果获取情况、精品实验课程数等。

3. 实验研究考评项目

实验研究考评项目指标包括实验科研项目申报数、实验科研项目立项数、国家级科研项目立项数、省部级科研项目立项数、实验科研项目经费总额等。

4. 实验设备考评项目

实验设备考评项目指标包括实验设备数、实验设备经费投入总额、分年度实验设备经费投入明细、实验设备完好率、实验设备利用率、实验设备使用人时数、实验设备配置情况、实验设备管理情况等。

5. 实验室队伍建设考评项目

实验室队伍建设考评项目指标包括实验室主任基本信息、实验室主任职责情况、实验室主任教学与研究经历、实验室主任教学与研究成果、实验教师数、实验研究人员数、实验技术人员数、实验室管理人员数、实验室专兼职人员配比、实验室队伍年龄结构、实验室队伍学历结构、实验教学人员与实验技术人员配比、实验室队伍岗位职责建立与执行情况、实验室队伍考核办法与材料、实验室队伍培养制度等。

6. 实验室环境与安全考评项目

实验室环境与安全考评项目指标包括实验室用房占地面积、实验室建筑设施及环境情况、实验室安全检查制度、实验室安全管理制度、实验室安全管理实施情况、实验室安全检查记录情况、实验室学生安全教育记录情况、实验室安全隐患排查情况、实验室环境保护情况、实验室卫生情况等。

7. 实验室管理制度考评项目

实验室管理制度考评项目指标包括实验室管理制度、实验室设备管理制度、实验室设备采购制度、实验室安全检查制度、实验室安全管理制度、实验室学生实验手册、实验室信息化管理制度、实验室工作档案管理制度、实验室人员管理制度、实验室人员考核制度等。

8. 实验室建设特色考评项目

实验室建设特色考评项目指标包括实验室建设特色情况、实验教学改革成果、实验教学改革项目数、实验教学成果获奖情况、实验研究成果获奖情况等。

上述三个方面、八个项目列举了经管类虚拟仿真实验室考核与评估指标体系中的基本项目和共性部分，在制定考核与评估指标体系具体内容时，可根据被评实验室的层次、水平来增减内容，形成具体的考评标准、考评方法和实施细则。经管类虚拟仿真实验室的考核与评估要客观、科学、严谨，从实际出发，因地制宜，才能行之有效、实事求是地考核与评估出实验室的真实情况。

第二节　教学效果的考核与评估方法

一、教学组织与教学效果的关联

在我国高校经管类学科的专业教学中，实验教学占据着非常重要的地位，是经管类虚拟仿真实验室考核与评估的重中之重。实验教学效果的提高与经管类专业教学和实验室建设与管理水平的提高有密切的关联,因此,理解实验教学组织与教学效果的关联对于高校经管类专业人才培养和实验室的考核与评估具有十分重要的意义。图8-1给出了经管类虚拟仿真实验室的实验教学组织结构图,从各个实验教学体系的组织模块可以看出,我国高校经管类虚拟仿真实验室的实验教学组织讲究阶段分明、循序渐进。

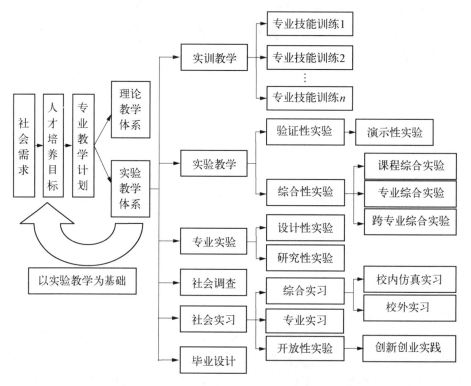

图8-1 经管类虚拟仿真实验室的实验教学组织结构图

(一)重视学生的实验基础教育

在经管类虚拟仿真实验室的实验教学组织过程中,教师应重视学生进行实验前的基础理论、基本实验方法的教育。理论教学体系与实验教学体系并行可以保证实验教学任务的相对独立性和系统性。教师对学生实验基础教育的重视可以使学生进一步养成课前认真研习实验指导手册的习惯,明确每次实验的目的、要求和步骤,进而逐步养成认真准确记录实验数据、分析实验结果、完成实验报告的习惯。

（二）实训教学与实验教学各有侧重

实训教学和实验教学在经管类虚拟仿真实验室的实验教学组织结构中是两个并重的组织模块，各有侧重。实训教学强调的是技能的培养，而实验教学强调的是素质的培养。在我国经管类虚拟仿真实验室的实验教学组织结构中，实训教学多存在于重视职业技能的高等专科或高等职业院校，侧重于通过教学培养学生的一技之长；而实验教学多存在于重视综合素质的财经院校或综合性大学，侧重于通过教学培养学生的综合能力和素质。当然，实训教学和实验教学也并没有绝对的分水岭，在现代经管类专业人才需求迅速发展的今天，学生既要有能又要有技，因此实训教学和实验教学这两个组织模块往往被高校同时采用，只是在具体的实验教学组织过程中根据自身的人才培养目标和考核与评估机制各有侧重。

（三）有序组织与管理实验教学

同理论学习一样，学生的实验学习过程也是分阶段的，由浅入深、由简单到复杂、由抽象到具体、由单元素到多元素。因此经管类虚拟仿真实验室的实验教学组织应遵循这一原则，循序渐进。从简单的验证性实验开始，逐步培养学生独立正确使用各种实验工具、实验方法和实验手段，有目的地、综合地运用所学知识分析和解决问题，完成综合性实验，并奠定学生实验能力的基础。在此基础上，通过实验教学任务的引导和安排，培养学生自主进行设计性实验和研究性实验等专业实验的能力。学生可以自拟实验课题，或通过社会调查和社会实习等组织模块，在实验教师或实验技术人员的指导下，结合社会实践经历，最终完成开放性实验和毕业设计。

（四）能力培养是实验教学任务的目标

我国高校经管类虚拟仿真实验室的实验教学组织结构的存在主要是与理论教学组织结构形成互补，通过实验教学的组织，贯彻学校的专业教学计划，达到培养学生综合能力和创新精神的目标，以满足复杂的社会需求。经管类虚拟仿真实验室的实验教学组织要使学生从低年级到高年级接受的培养具有连续性、系统性，把基础课、专业基础课、专业课串联起来，建立一个由浅入深、有机系统的整体，通过统筹组织与管理，才能最终实现学生综合能力的培养。

二、学生反馈收集机制

建立学生反馈收集机制对经管类虚拟仿真实验室教学评估尤为重要，因为它直接关系到教学质量的提升和学生学习体验的优化。通过多渠道收集反馈，教师可以确保从不同角度和层面理解学生的需求和感受，为教学改进提供全面的信息支持。定期组织座谈会有助于深入探讨和解决教学中的问题，增强师生之间的沟通与理解。实施匿名反馈机制，鼓励学生提供真实、无保留的意见，可以获得更准确的教学评估数据。利用技术工具可以高效地收集和分析学生反馈，为教学决策提供科学依据。最后，反馈响应与改进联动机制可以确保学生的反馈能够及时转化为具体的教学改进措施，形成一个持续优化的教学环境。综上所述，学生反馈收集机制是连接教师教学和学生学习的重要桥梁，对提高经管类虚拟仿真实验室的教学效果和学生的学习成效具有显著的推动作用。

（一）多渠道收集反馈

为了全面提升经管类虚拟仿真实验室的教学效果，建立一个多渠道的学生反馈收集机制非常重要。首先，教师可以通过在线平台和移动应用程序设计多样化的反馈问卷，这些问卷应该涵盖课程内容、教学方法、实验操作、互动体验等多个维度。问卷应简洁明了，便于学生快速填写，同时保证灵活性，让学生有足够的空间提出具体建议。除了在线问卷，教师还可以在实验室设置意见箱，鼓励学生书面提交反馈，特别是对于硬件设施和实验环境的意见。此外，教师可以在课堂上留出时间，邀请学生现场提出问题和反馈，这样可以即时解决问题，增强互动性。通过这些渠道，教师可以收集到来自不同背景、不同学习阶段学生的广泛反馈，为教学改进提供宝贵的第一手资料。

（二）定期组织座谈

定期组织座谈会是深入了解学生需求和感受的有效途径。通过座谈会，教师可以与学生面对面交流，更直接地了解学生对虚拟仿真实验室的看法。座谈会可以按学期或者按课程模块定期举行，确保覆盖所有学生群体。在座谈会上，教师可以设置议程，引导讨论，例如讨论虚拟仿真实验的教学目标、课程设计、实验操作流程等。同时，教师应该鼓励学生提出批评性意见，对于建设性的意见给予积极回应和奖励。座谈会不仅能够帮助教师发现教学中的问题，还能够促进学生之间的交流，使其共同探讨学习策略。通过这种方式，教师可以收集到更深入、更具体的反馈信息，为教学改进提供方向。

（三）实施匿名反馈

实施匿名反馈机制可以保护学生的隐私，鼓励他们提供更真实、更坦率的反馈。在虚拟仿真实验室的教学环境中，学生可能会因有所顾虑而不敢对某些敏感问题或者教师的教学方法等提意见，匿名反馈可以消除其顾虑。教师可以利用在线匿名调查工具，如 Google 表单或者专门的反馈平台，让学生在不透露身份的情况下提交反馈。这种方式可以提升反馈的数量和质量，使得反馈更加多元和全面。同时，教师在处理匿名反馈时，应该保持公正和客观，对所有反馈一视同仁，确保每一条反馈都得到认真对待和及时响应。

（四）利用技术工具

利用技术工具可以提高学生反馈的效率和质量。现代教育技术提供了多种收集和分析反馈的工具，如学习管理系统（LMS）、数据分析软件和移动应用等。这些工具可以帮助教师自动收集学生的在线学习行为数据，如登录频率、完成任务的速度、在线讨论的参与度等，从而分析学生的学习习惯和偏好。此外，教师还可以利用虚拟现实（VR）和增强现实（AR）技术，收集学生在虚拟仿真实验中的操作数据和体验反馈。通过这些技术工具，教师可以更精确地了解学生的学习过程和结果，从而更有针对性地进行教学调整和改进。

（五）反馈响应与改进联动

建立一个有效的反馈响应和教学改进联动机制是确保学生反馈能够转化为教学质量提升的关键。首先，教师需要对收集到的反馈进行分类和优先级排序，确定哪些问题最紧迫、哪些建议最可行。然后，教师应该制定一个明确的行动计划，针对每一条反馈提出具体的改进措施。这些措施可以包括调整教学内容、改进实验指导、优化实验室设施等。教师还需要定期回顾和评估改进措施的效果，确保每一项改进都能够带来实际的教学效果提升。此外，教师应该与学生保持沟通，让学生了解他们的反馈是如何被采纳和应用的，这样可以增强学生的参与感和满意度。这种反馈响应与改进联动的机制的实行，可以形成一个持续改进的教学环境，不断提升虚拟仿真实验室的教学效果。

三、定量与定性评估工具

经管类虚拟仿真实验室的教学效果评估是确保教学质量和学生学习成效的关键环节，它涵盖学生学习成果、教学过程、技能提升、教学资源和环境以及综合评价工具等多个方面。定量评估工具通过考试成绩、操作测试、问卷调查等方法，提供可量化的数据支持，使对教学效果的衡量更加客观和精确。而定性评估则通过访谈、观察、案例分析等手段，深入探讨学生的学习体验、教师的教学方法和课堂互动的质量，为教学提供更为丰富和细致的视角。这两种评估方式相辅相成,一方面为教师提供明确的教学反馈和改进方向,另一方面也帮助学生更好地了解自己的学习进展和存在的问题。教学资源和环境评估可以确保教学活动所需的硬件和软件资源的有效性和适宜性,为高质量的教学提供坚实的基础。综合评价工具则整合了多种评估方法,提供一个全面的评价框架,使对教学效果的评估更加系统和全面。这些评估工具的应用不仅可以促进教学方法的不断优化,还可以提高学生的学习动力和满意度,从而显著提升经管类虚拟仿真实验室的教学效果。

（一）学生学习成果评估

学生学习成果评估直接反映学生通过参与虚拟仿真实验所获得的知识和技能。这种评估不仅关注学生对理论知识的掌握,更重视他们在实际情境中应用这些知识解决问题的能力。教师可以通过设计一系列标准化的测试题目来评估学生对课程核心概念的理解。这些题目应涵盖课程的关键知识点,包括理论知识和实际应用案例。通过在线测试或纸质考试的形式,教师可以定量地分析学生对知识的掌握程度。此外,教师还可以通过模拟实际经营决策的情景,让学生在虚拟环境中运用所学知识进行操作,从而评估他们的实践能力和决策水平。为了更全面地评估学生的学习成果,教师可以采用多元化的评价方式。例如,通过小组项目或案例分析,让学生在团队合作中展示他们的沟通、协作和领导能力。在这些活动中,学生需要将理论知识与实际问题相结合,提出解决方案并进行实施。教师可以通过观察学生的表现和成果,对他们的团队合作能力和创新思维进行评价。自我评价和同伴评价也是学习成果评估的重要组成部分。学生可以通过撰写学习日志或参与反思会议,记录自己的学习过程、遇到的挑战以及取得的进步。同伴评价则可以促进学生之间的交流与互动,帮助他们从他人的视角看待自己的学习成果,从而更客观地认识自己的优势和不足。为了提高评估的有效性,教师还应该定期收集学生的反馈意见。通过问卷调查、访谈或小组讨论,了解学生对虚拟仿真实验室的使用体验、教学内容的满意度以及他们认为需要改进的地方。这些信息对于优化教学设计、提升教学质量具有重要价值。值得注意的是,学习成果评估应具有持续性和动态性。这意味着评估不应仅限于课程结束时的一次性测试,而应贯穿于整个教学过程。通过定期的检查点和进度评估,教师可以及时了解学生的学习状况,为他们提供必要的支持和指导。同时,学生也可以通过持续的反馈和评价,不断调整自己的学习策略,以达到更好的学习效果。

（二）教学过程评估

教学过程评估涉及教学活动的每个方面，从教学设计、教学实施到教学反馈的全过程。这一评估旨在确保教学活动能够有效地促进学生的学习和发展，同时也为教师提供改进教学方法的依据。教学设计评估关注的是教学计划的合理性和创新性。这包括课程目标的明确性、教学内容的相关性和时效性、教学方法的多样性和互动性，以及评估方式的公正性和有效性。在虚拟仿真实验室中，教学设计还应考虑到技术的应用，如仿真软件的选择、虚拟场景的构建等。教师需要根据学生的需求和背景，设计出既能够激发学生兴趣，又能够有效传递知识的课程内容。教学实施评估关注的是教师在课堂上的表现和学生的参与情况。教师的教学技巧、组织能力和对学生的引导至关重要。在虚拟仿真实验室中，教师需要熟练操作各种教学工具，有效地管理课堂，确保学生能够充分利用虚拟环境进行学习。同时，教师还应鼓励学生积极参与讨论和实践活动，通过提问、小组合作等方式，提高学生的参与度和学习动力。教学反馈评估则关注的是教学活动后的效果评价和持续改进。这包括学生的学业成绩、满意度调查、学习成果展示等。教师应定期收集和分析这些反馈信息，以便及时发现教学中的问题，并采取相应的措施进行调整。例如，如果发现某个虚拟仿真实验的操作流程过于复杂，导致学生难以掌握，教师可以简化流程或提供更多的指导。教学过程评估还应考虑到教学资源的有效利用。虚拟仿真实验室提供了丰富的教学资源，包括各种仿真软件、数据库和在线资料。教师需要评估这些资源的教学价值，合理地将它们融入教学中，以提高教学效率和学生的学习体验。最后，教学过程评估还应关注教师自身的专业发展。教师应不断更新自己的知识和技能，掌握最新的教学理念和技术，以便更好地适应虚拟仿真实验室的教学需求。通过参加专业培训、学术交流等活动，教师可以不断提升自己的教学质量。

（三）技能提升评估

技能提升评估不仅可以衡量学生在模拟实践中的表现，还能反映教学方法的有效性和学生的实际操作能力。这种评估通常涉及对学生在虚拟环境中的操作技能、决策制定、问题解决和团队合作等多方面能力的考核。在操作技能方面，评估可以通过设计一系列仿真任务来实施，这些任务应模拟真实的经济管理场景，如市场分析、财务决策、项目管理等。学生需要在虚拟环境中运用所学的理论知识和工具，完成这些任务。通过观察学生在完成任务过程中的表现，教师可以评估他们对软件操作的熟练程度、对数据分析的准确性以及对复杂情境的应对策略。决策制定能力的评估则更加注重学生在面对不确定性和风险时的选择和判断。在虚拟仿真实验中，学生可能会遇到需要迅速作出决策的情况，这些决策往往伴随着潜在的风险和可能的收益。通过分析学生的决策过程和结果，教师可以了解学生的逻辑思维、风险评估和战略规划能力。问题解决能力的评估则关注学生在面对突发状况和挑战时的应对策略。在虚拟仿真实验中，学生可能会遇到各种预料之外的问题，如市场突变、资源短缺或突发事件。教师可以通过观察学生如何分析问题、寻找解决方案并实施这些方案来评估他们的问题解决能力。团队合作能力的评估则涉及学生在团队项目中的表现。在经管类虚拟仿真实验中，学生往往需要与他人协作，共同完成一项任务或项目。教师可以通过观察学生在团队中的角色分配、沟通协调和集体决策等方面的表现来评估他们的团队合作能力。为了确保评估的全面性和客观性，技能提升评估应结合定量和定性的多种方法。例如，教师可以通过设置评分标准和检查清单来量化学生的表现，同时通过访谈、问卷调查和自我反思等方式来收集学生的主观感受和反馈。此外，教师还可以邀请行业专家参与评估，提供更专业的意见和反馈。

（四）教学资源和环境评估

教学资源和环境评估是对经管类虚拟仿真实验室教学基础设施和辅助材料的系统性评价，旨在确保教学资源的有效利用和教学环境的优化，从而提高教学质量和学生的学习体验。这一评估涵盖了从硬件设施到软件工具，从教学内容到互动平台的全方位考察，是确保虚拟仿真实验室能够满足教学需求和学生发展的关键环节。首先，硬件设施的评估关注于实验室的物理条件和设备配置。这包括计算机的配置、网络的稳定性、仿真设备的先进性以及实验室的空间布局等。一个良好的硬件环境能够为学生提供顺畅的操作体验，支持复杂的仿真实验运行，同时也是激发学生学习兴趣和创新思维的重要条件。因此，定期对硬件设施进行检查和维护，确保其能够满足不断更新的教学需求，是教学资源和环境评估的重要组成部分。其次，软件工具的评估着眼于教学软件的功能、易用性和兼容性。在经管类虚拟仿真实验室中，软件工具是实现教学目标的核心。评估应考虑软件是否能够提供丰富的教学场景、是否支持多样化的教学方法、是否能够与现有的教学体系和课程内容无缝对接。此外，软件的更新频率和技术支持也是评估的重要内容，它们直接关系到教学活动的连续性和稳定性。教学内容的评估则关注于教材、案例、数据和其他教学材料的质量和适用性。这些内容应与最新的经济管理理论和实践相结合，能够反映行业的发展趋势和市场需求。

评估时,需要检查教学内容是否准确、全面、更新及时,以及是否能够有效支持教学目标的实现。同时,教学内容的多样性和灵活性也是评估的重点,它们能够满足不同学生的学习需求和兴趣。互动平台的评估则涉及教学过程中的沟通和协作工具。在虚拟仿真实验室中,学生和教师之间的互动对于学习效果至关重要。评估应考虑互动平台是否支持高效的信息交流、是否能够促进学生的参与和合作、是否提供了便捷的反馈和评估机制。一个优秀的互动平台不仅能够促进知识的传递,还能够激发学生的创造力和批判性思维。最后,教学资源和环境评估还应包括对教学支持服务的评价。这包括技术支持、学习咨询、资源更新等方面的服务。这些服务的质量和效率直接影响到教学活动的顺利进行和学生的学习体验。因此,评估时应关注服务团队的专业能力、响应速度和服务态度,确保他们能够为教学和学习提供强有力的支持。

(五)综合评价工具

综合评价工具结合了多种评价方法和技术,能够从不同角度和层面对教学活动进行深入分析,以便更准确地反映教学的质量和效果。首先,综合评价工具通常包括定量评价和定性评价两个方面。定量评价通过数值和统计数据来衡量学生的学习成绩、参与度、满意度等可量化的指标。例如,可以通过在线测试、问卷调查和学习管理系统(LMS)收集学生的学习数据,从而对学生的学习成效进行客观分析。定性评价则侧重于对学生学习体验、教师教学方法和课堂互动等方面的深入理解。通过访谈、观察和文档分析等方法,教师可以收集到丰富的第一手资料,这些资料可以帮助教师和教育管理者深入了解教学过程中的各种现象和问题。其次,综合评价工具强调多源反馈的重要性。这意味着评价不应仅仅依赖于单一的数据来源或个体,而应广泛收集来自学生、教师、同行专家和行业合作伙伴的意见和建议。通过多元化的反馈,教师可以更全面地了解教学活动的优势和不足,从而为教学改进提供更有针对性的建议。再次,综合评价工具还注重教学过程的持续性评价。与传统的终结性评价不同,持续性评价关注教学活动的每一个环节,这意味着评价和反馈贯穿于教学活动的每个阶段——从课前准备、课堂实施到课后反思。这有助于教师及时发现和解决教学中的问题,确保教学活动能够持续改进和优化。在实施综合评价时,教师还需要考虑到评价的可行性和有效性。评价工具和方法应易于操作,不会对正常的教学活动造成过多干扰。同时,评价结果应具有实际的应用价值,能够为教学决策提供有力的支持。最后,综合评价工具的设计和应用应具有一定的灵活性,能够根据不同的教学目标和需求进行调整。在经管类虚拟仿真实验室中,由于教学内容和方法的多样性,评价工具需要能够适应不同的课程设置和教学策略。同时,随着教育技术和教学理念的发展,评价工具也需要不断更新和完善,以适应新的教学环境和挑战。

四、教学效果与学生表现分析

在经管类虚拟仿真实验室中,教学效果和学生表现的分析可以通过结合上述的五种定量和定性评估工具进行:在定量分析方面,教师利用标准化测试和模拟操作考核来量化学生的知识掌握和技能应用情况,通过教学活动记录和频率分析来监测教学活动的实施和学生参与度,运用学习管理系统数据分析来追踪学生的学习行为和进度,设置技能评估标准和评分体系来衡量学生在特定技能上的表现,最后通过教学资源使用情况统计来评估资源的有效性。在定性分析方面,教师可以通过问卷调查和学生反馈收集学生的主观体验,通过课堂观察和同行评议来深入了解教学互动,利用访谈和焦点小组讨论来探索学生的深层感受,通过案例分析和小组讨论来评估学生的综合能力,以及通过自我反思和教师日志来促进教学和学习的持续改进。这种综合运用定量和定性评估工具的方法,能够为经管类虚拟仿真实验室的教学提供全面而深入的效果评估和学生表现分析。

(一)定量分析

1. 标准化测试和模拟操作考核

通过设计针对课程内容的标准化测试,教师可以定量评估学生对理论知识的掌握程度。这些测试通常包括多项选择题、计算题和案例分析题,通过统计学生的成绩分布,教师可以得出学生掌握知识的整体水平。此外,通过模拟操作考核,例如模拟股市交易或企业经营决策,教师可以量化学生的操作技能和决策能力。这些考核的结果可以提供关于学生技能水平的直接证据,为教学成效提供明确的数据支持。

2. 教学活动记录和频率分析

教师可以利用教学日志记录每一次课堂的教学活动,包括讲授时间、学生提问次数、小组讨论时长等。通过频率分析,教师可以了解哪些教学环节最受欢迎,哪些环节需要改进。例如,发现学生在小组讨论环节特别活跃,教师可以意识到这一教学方法可能有效提高了学生的参与度。这种分析有助于教师调整教学策略,以更好地满足学生的学习需求。

3. 学习管理系统(LMS)数据分析

现代的虚拟仿真实验室通常配备有学习管理系统,这些系统能够记录学生的学习行为,如登录次数、完成作业的情况、在线讨论的参与度等。通过分析这些数据,教师可以评估学生的在线学习行为和学习进度,从而对学生的学习习惯和效果进行定量评估。这些数据还可以用于识别学生的学习模式,为个性化教学提供依据。

4. 技能评估标准和评分体系

在虚拟仿真实验中,教师可以设定一系列技能评估标准,如项目管理、财务分析等,并为每项技能设定评分体系。通过对学生在模拟实验中的表现进行打分,教师可以定量衡量学生的技能提升情况。这种方法有助于教师了解学生在特定技能上的优势和不足,从而提供针对性的指导和支持。

5. 教学资源使用情况统计

对教学资源的使用情况进行统计分析,如软件工具的使用频率、教学材料的下载次数等,可以评估教学资源的受欢迎程度和实际效果。这些数据可以帮助教师了解哪些资源对学生最有帮助,从而优化资源配置和教学内容。此外,通过分析学生对虚拟仿真实验室的访问模式,教师可以发现潜在的技术问题或资源不足,及时进行调整和改进。

(二)定性分析

1. 问卷调查和学生反馈

教师设计包含开放式问题的问卷,让学生表达对课程内容、教学方法和学习体验的看法。通过对学生反馈的定性分析,教师可以获得关于教学效果的深入见解,了解学生的需求和期望。这些反馈可以帮助教师识别教学中的问题,调整教学策略,以更好地满足学生的学习需求。

2. 课堂观察和同行评议

通过课堂观察,教师或教育专家可以直接了解教学活动的实施情况,包括教师的教学策略、学生的参与情况和课堂氛围。同行评议则可以提供同行之间的专业反馈,帮助教师从不同角度审视自己的教学实践。这些观察和评议可以揭示教学过程中的互动模式和学生参与度,为教学改进提供依据。

3. 访谈和焦点小组

教师定期组织学生参与访谈或焦点小组讨论,深入了解他们对虚拟仿真实验室教学的感受和建议。这些定性数据可以揭示学生的学习动机、面临的挑战和满足感,为教学改进提供宝贵的第一手资料。通过这些深入的讨论,教师可以更好地理解学生的需求,优化教学内容和方法。

4. 案例分析和小组讨论

在虚拟仿真实验中,学生通常需要完成一系列的案例分析和小组讨论任务。通过分析学生在这些活动中的表现,教师可以评估学生的批判性思维、问题解决能力和团队合作精神。这些活动的结果可以提供关于学生综合运用知识的能力的证据,有助于教师了解学生在实际应用中的表现。

第九章
经管类虚拟仿真实验室的政策环境与法规遵守

第一节　国家教育政策与实验室建设

一、实验室政策环境的构建规则

(一)遵守国家和地方教育部门的相关规定

遵守国家和地方教育部门的相关规定是构建我国高校经管类虚拟仿真实验室政策环境的首要前提。在这一过程中,高校需要严格遵循国家教育部门制定的教育方针和政策,同时结合地方教育部门的具体要求,确保实验室建设和管理的合法性、规范性和有效性。国家层面的教育政策为实验室的建设和发展提供了宏观指导。例如,《教育信息化2.0行动计划》强调信息化在教育领域的重要性,提倡利用现代信息技术提升教育质量和效率。高校在建设虚拟仿真实验室时,应充分利用信息化手段,推动教育资源的数字化、网络化和智能化,以满足经管类学科的教学和研究需求。地方教育部门的规定为实验室的具体实施提供了操作指南。各地教育部门根据本地区的实际情况,制定了一系列实验室建设和管理的具体规定,包括实验室的建设标准、安全规范、经费使用等。高校在遵循国家政策的基础上,还需结合地方规定,细化实验室的建设和管理措施,确保实验室的顺利运行。

此外,高校在遵守国家和地方教育部门规定的过程中,还需注重实验室的规范化管理。这包括建立健全实验室管理制度,明确实验室人员的职责和权限,制定实验室的使用规则和安全操作规程,以及建立实验室的监督和考核机制。这些措施的施行可以确保实验室资源的合理利用和实验室活动的有序进行。高校还需关注实验室的持续改进和发展。在遵守国家和地方教育部门规定的基础上，高校应根据自身的实际情况和经管类学科的特点，不断探索和创新实验室的建设和管理模式，如更新实验室技术、改革教学方法、引入科研项目等，旨在提升实验室的教学和科研水平，更好地服务于经管专业学科的发展。

（二）建立健全实验室管理规章制度

实验室管理规章制度的建立健全是确保高校经管类虚拟仿真实验室高效运行和可持续发展的关键。一套完善的管理制度能够规范实验室人员的行为，明确各自的职责和权利，同时也为实验室的日常管理和应急处理提供明确的指导和依据。高校应根据国家和地方的相关法律法规，结合实验室的实际情况，制定一系列详尽的管理制度。这些制度应涵盖实验室的开放时间、使用权限、设备管理、安全操作、数据保护、卫生清洁等多个方面。例如，实验室应设定固定的开放时间，并根据教学和科研的需要适时调整；关于实验室设备的使用，应明确操作规程和维护责任，确保设备的正常运行和长期有效利用。实验室管理规章制度应明确实验室人员的职责。实验室负责人负责实验室的整体规划和管理，包括实验室的日常运行、人员安排、经费使用等；技术管理人员负责设备的维护和技术支持，确保实验室的技术环境与时俱进；安全管理人员则负责实验室的安全监督和风险控制，预防和处理安全事故。此外，所有实验室人员都应遵守实验室的行为准则，包括但不限于保密规定、废弃物处理、访客管理等。实验室管理规章制度还应包括对实验室使用情况的监督和考核机制。高校通过定期的检查和评估，对实验室的运行情况进行量化分析，及时发现问题并采取措施进行改进，考核结果可以作为对实验室人员奖惩的依据，这可以激励实验室人员积极参与实验室的管理和维护工作。实验室管理规章制度的建立和完善是一个动态的过程。随着科技的发展和社会的变化，实验室可能会面临新的挑战和需求。因此，高校应定期对现有的管理制度进行审查和更新，确保其与时俱进，满足实验室发展的实际需要。同时，高校还应鼓励实验室人员参与制度的制定和改进，充分发挥他们的专业知识和实践经验，共同推动实验室的持续改进和发展。

（三）保障实验室安全，做好风险控制

安全是实验室管理的首要任务，而风险控制则是确保实验室长期稳定运行的重要保障。在这一过程中，高校需采取一系列措施，以预防和减少潜在的安全事故，保护实验室人员和设备的安全。高校应根据国家和地方的安全法规，结合实验室的具体情况，制定一套全面的安全管理制度。数据安全是经管类虚拟仿真实验室需要重点关注的领域。实验室通常会存储和处理大量的敏感数据，包括个人信息、商业数据和研究资料等。为此，高校应建立严格的数据管理制度，确保所有数据的存储、传输和访问都符合相关的法律法规和标准。此外，应采取加密技术、访问控制和定期备份等措施，防止数据泄露、篡改或丢失。网络安全同样是经管类虚拟仿真实验室不可忽视的安全领域。实验室的计算机系统和网络设施可能遭受病毒攻击、黑客入侵和拒绝服务攻击等网络安全威胁。因此，高校需要部署防火墙、入侵检测系统和安全事件管理系统等，以监控和防御潜在的网络攻击。同时，定期进行网络安全评估和漏洞扫描，及时修补安全漏洞，提高系统的抵御能力。设备安全也是保障经管类虚拟仿真实验室正常运行的关键。实验室中的计算机硬件、服务器和其他电子设备需要在适宜的环境中稳定工作。高校应确保实验室的电力供应稳定，配备不间断电源(UPS)和电源管理系统，防止因电力问题导致设备损坏。同时，应定期对设备进行维护和检查，确保其良好运行。人员操作安全是实验室安全与风控工作的另一个重要方面。实验室人员应接受专业的安全培训，包括数据安全、网络安全和设备操作等方面，以提高他们的安全意识和操作技能。此外，实验室应制定明确的操作规程和应急预案，指导人员在遇到紧急情况时如何正确响应。最后，高校应建立一个全面的风险评估和管理体系，定期对实验室的安全状况进行评估，识别潜在的风险点，并制定相应的预防和应对措施。持续的监控、评估和改进可以有效地降低安全风险，保障经管类虚拟仿真实验室的稳定运行和持续发展。

（四）明确实验室人员职责，加强专业培训

实验室人员不仅需要具备相应的专业知识和技能，还应了解实验室的各项规章制度，以及如何在确保安全的前提下进行高效的实验操作和数据分析。实验室负责人应承担起整个实验室管理与运营的重任。他们需要制定实验室的发展规划，确保实验室资源的合理配置和有效利用。同时，负责人还需监督实验室的日常运行，包括设备维护、数据管理、安全保障等，并对实验室人员进行定期评估和指导。为了胜任这些职责，负责人需要具备较强的组织协调能力、决策能力和领导力。实验室的技术管理人员负责确保实验室设备的正常运行和技术更新。他们需要定期检查计算机硬件、服务器和其他相关设备的状态，及时发现并解决技术问题。此外，技术管理人员还应跟踪最新的技术发展趋势，为实验室引进先进的仿真软件和分析工具，提升实验室的科研水平。安全管理人员则专注于实验室的安全事务,包括制定和执行安全操作规程、开展安全教育培训、管理危险化学品和应对紧急情况等。他们需要具备相关的安全知识和应急处理能力,以便在发生安全事故时能够迅速有效地采取措施,保障人员和设备的安全。关于实验室的其他工作人员,包括研究人员、实验技术人员和学生等,他们需要在明确自身职责的基础上,接受相关的专业培训。培训内容应涵盖实验室的基本操作、数据采集与处理、仿真软件的使用、安全知识等方面。通过培训,实验室人员能够熟练掌握必要的技能,提高工作效率,同时增强安全意识,确保实验室的安全运行。

（五）共享与开放实验室资源

资源共享能够充分发挥实验室资源的价值。经管类虚拟仿真实验室通常配备有先进的软件系统、丰富的数据库资源和高性能的硬件设施。资源共享机制的建立,不仅可以避免资源的重复投入和浪费,还可以使更多的师生和研究人员受益于这些高质量的科研资源。例如,在线平台共享的数据库资源,可以让不同学科和研究领域的人员进行跨学科的数据分析和合作研究,从而激发其新的研究思路和创新点。开放的实验室环境有助于促进学术合作与交流。对外开放实验室资源,可以吸引来自不同高校、研究机构和企业的专家学者参与到实验室的科研项目中来。这种开放式的合作模式不仅有助于提升实验室的研究水平和影响力,还可以为实验室人员提供更多的学习和成长机会。通过与外部专家学者的交流合作,实验室人员可以及时了解行业动态,掌握前沿技术,提升自身的科研能力和创新思维。资源共享与开放还可以为经管类虚拟仿真实验室带来更多的社会服务机会。实验室可以通过与政府、企业等社会机构合作,将科研成果转化为实际应用,为社会经济发展提供决策支持和咨询服务。同时,实验室还可以通过举办培训班、研讨会等活动,向社会公众普及经管知识,提高公众的经济素养和管理能力。高校应当建立健全的资源共享与开放管理制度,确保资源共享与开放的有序进行。这包括制定资源共享的规则和标准、建立资源开放的申请和审批流程、保护知识产权和数据安全等。通过规范管理,资源共享与开放既可以满足科研需求,又可以保障资源的安全性和可持续性。

（六）验收与评价实验室教学项目

通过系统化的验收与评价政策,高校可以对经管类虚拟仿真实验室的虚拟仿真实验教学项目进行全面的评估,确保项目达到预期的教学目标和科研要求,同时也为实验室的持续改进和创新提供反馈和指导。虚拟仿真实验教学项目的验收应当遵循科学、客观、公正的原则。验收过程中,高校需要对项目的教学内容、教学方法、教学资源、教学效果等方面进行全面考察。这包括评估虚拟仿真软件的功能是否完善、操作是否便捷、是否能够有效支持经管类课程的教学需求;教学内容是否符合课程标准、是否能够反映最新的经济管理理论和实践;教学资源是否丰富、是否能够有效支持学生的学习和研究等。评价政策应当注重教学效果的实际反馈。通过收集学生的反馈意见、分析学生的学习成果、考察学生的学习进步程度和满意度,可以对教学项目的实际效果进行评估。此外,还可以通过对比实验组和对照组的学习成效,采用量化的评价方法来衡量虚拟仿真实验教学项目的优势和不足。这些评价结果可以为教学方法的改进和教学内容的更新提供依据。虚拟仿真实验教学项目的验收与评价还应当关注项目的创新性和前瞻性。评价过程中,应当鼓励和识别那些能够结合最新技术、创新教学理念、提升学生实践能力的教学项目。同时,也应当关注项目对于未来发展趋势的适应性,评估其在新技术应用、跨学科融合等方面的潜力和价值。

二、国家教育政策与实验室建设支持政策解读

(一)国家层面的政策解读

1.《关于一流本科课程建设的实施意见》(教高〔2019〕8 号)

《关于一流本科课程建设的实施意见》(教高〔2019〕8 号)是教育部为深化教育教学改革、提升本科课程质量而制定的重要政策文件。该政策对于经管类虚拟仿真实验室的建设和发展具有显著的指导意义和深远的影响。该政策强调课程建设的核心地位,明确提出要通过三年左右时间建成万门左右国家级和省级一流本科课程,这为经管类虚拟仿真实验室的发展提供了明确的目标和方向。实验室作为课程教学的重要支撑,需要根据这一目标,不断提升自身的教学资源、教学方法和教学管理,以满足一流课程建设的需求。政策中提出的分类建设原则,要求高校根据办学定位和人才培养目标,建设适应创新型、复合型、应用型人才培养需要的一流本科课程。经管类虚拟仿真实验室在这一过程中扮演着关键角色,通过提供高质量的虚拟仿真实验教学资源和环境,其有助于培养学生的创新思维和实践能力,满足新时代对经济管理人才的需求。政策鼓励提升课程的高阶性、创新性和挑战度,这要求经管类虚拟仿真实验室在课程设计和教学实施中,注重培养学生解决复杂问题的综合能力和高级思维。实验室可以通过引入前沿的经济管理理论和实践案例,设计具有挑战性的实验项目,激发学生的学

习兴趣和探究精神。政策中提到的严格考核考试评价和增强学生成就感的要求，也为经管类虚拟仿真实验室的教学评价体系提供了改革的方向。实验室需要建立科学合理的评价机制，不仅评价学生的知识掌握程度，还要评价他们的实践能力和创新成果，从而促进学生全面发展。

2.《教育部办公厅关于2017—2020年开展示范性虚拟仿真实验教学项目建设的通知》（教高厅函〔2017〕47号）

《教育部办公厅关于2017—2020年开展示范性虚拟仿真实验教学项目建设的通知》（教高厅函〔2017〕47号）是教育部为推动高等教育信息化和实践教学改革而发布的重要文件。该政策明确了示范性虚拟仿真实验教学项目建设的目标，即通过现代信息技术的应用，提高实验教学的质量和效率，培养学生的实践能力和创新精神。这意味着经管类虚拟仿真实验室需要充分利用信息技术，如大数据、云计算、人工智能等，开发和完善高质量的虚拟仿真教学资源和平台，为学生提供接近真实商业环境的学习体验。政策中提出的建设内容，包括以学生为中心的实验教学理念、准确适宜的实验教学内容、创新多样的教学方式方法等，为经管类虚拟仿真实验室的教学改革提供了具体的方向。实验室应当以学生的需求为导向，设计符合经济管理学科特点的实验教学内容，采用案例分析、模拟经营、决策支持等多样化的教学方法，激发学生的学习兴趣和创新潜能。政策强调实验教学项目的先进可靠性和技术的创新性，这对经管类虚拟仿真实验室的技术建设和更新提出了更高要求。实验室需要不断探索和引入最新的信息技术，提升虚拟仿真教学项目的吸引力和教学效果，确保教学内容和方法与时代发展同步。政策中提到的持续改进的实验评价体系和显著示范的实验教学效果，也为经管类虚拟仿真实验室的教学评价和质量监控提供了重要参考。实验室应当建立和完善教学评价机制，确保教学质量的持续提升，并形成可复制、可推广的示范效应，为其他实验室的建设和改革提供借鉴。

3.《教育部关于开展国家虚拟仿真实验教学项目建设工作的通知》（教高函〔2018〕5号）

《教育部关于开展国家虚拟仿真实验教学项目建设工作的通知》（教高函〔2018〕5号）是教育部为深化高等教育教学改革、提升实验教学质量而发布的重要文件。该政策明确提出了利用现代数字化技术拓展实验教学的广度和深度，延伸实验教学的时间和空间，提升实验教学的质量和水平的国家虚拟仿真实验教学项目建设目标。这意味着经管类虚拟仿真实验室需要利用先进的数字化技术,如虚拟现实、增强现实、人工智能等,开发和实施高质量的虚拟仿真实验教学项目,为学生提供更加丰富和真实的经济管理实践学习环境。政策中强调的以学生为中心的实验教学理念,要求经管类虚拟仿真实验室在课程设计和教学实施中,更加注重学生的主体地位和个性化需求。实验室应根据经济管理学科的特点和学生的实际需求,设计和开展与真实商业环境紧密结合的虚拟仿真实验,培养学生的实际操作能力和决策分析能力。政策提出的创新多样的教学方式方法,也为经管类虚拟仿真实验室的教学模式创新提供了方向。实验室应探索和实行基于问题、案例的互动式、研讨式教学,鼓励学生进行自主学习、合作学习和探究学习,从而提高学生的创新思维和团队协作能力。政策中提到的稳定安全的开放运行模式和敬业专业的实验教学队伍,为经管类虚拟仿真实验室的管理和师资建设提出了要求。实验室需要建立健全的管理和运行机制,确保虚拟仿真实验教学项目的稳定运行和数据安全。同时,实验室应加强师资队伍建设,培养和引进一批既懂经济管理专业知识,又精通信息技术应用的高水平教师,为学生提供高质量的教学指导和服务。

(二)上海市层面的政策解读

1.《上海高等学校一流本科课程建设的实施意见》(沪教高〔2020〕30号)

《上海高等学校一流本科课程建设的实施意见》(沪教高〔2020〕30号)是地方政府根据国家教育部门的指导方针,结合本地高等教育实际情况,制定的针对性政策。该政策在推动上海市高等教育质量提升的同时,特别强调地方特色和实际需求,为经管类虚拟仿真实验室的建设和发展提供了独特的支持和指导。该政策在强调课程建设的重要性时,特别提出结合上海市经济社会发展的特点和需求,这为经管类虚拟仿真实验室的课程内容和实验项目的设计提供了地域性指导。实验室可以结合上海作为国际金融中心的特点,开发与金融市场、国际贸易、企业运营等相关的虚拟仿真实验项目,使学生能够在虚拟环境中深入理解和掌握经管学科的实际应用。政策中提出的分类建设原则,鼓励高校根据各自的办学特色和优势,建设一批具有上海特色的一流本科课程。这意味着经管类虚拟仿真实验室可以依托上海市丰富的企业资源和经济活动,设计具有地方特色的实验教学内容,如模拟上海自贸区的运营、分析上海股市的动态等,从而更好地服务于地方经济的发展。政策鼓励提升课程的实践性和创新性,这要求经管类虚拟仿真实验室在教学方法上进行创新,加强与企业的合作,引入真实的商业案例和问题,提高学生的实践操作能力和解决问题的能力。实验室可以与上海的企业和金融机构合作,共同开发实训项目,使学生能够在虚拟环境中接触到真实的商业环境和挑战。政策中提到的严格考核考试评价和增强学生成就感的要求,也为经管类虚拟仿真实验室的教学评价体系提供了改革的方向。实验室应建立与地方经济发展相适应的评价体系,不仅评价学生的知识掌握程度,还要评价他们对上海市场环境的理解和适应能力,以及他们在解决地方经济问题中的创新和实践成果。

2.《上海市教育委员会关于开展虚拟教研室试点建设工作的通知》(沪教委高〔2021〕44号)

《上海市教育委员会关于开展虚拟教研室试点建设工作的通知》(沪教委高〔2021〕44号)是上海市针对高等教育领域的实验室建设提出的专门指导文件,旨在推动实验室建设和管理的现代化,提升实验室的教学科研水平。对于经管类虚拟仿真实验室而言,这一政策的实施具有重要的促进作用,特别是在推动实验室与地方经济发展紧密结合、满足产业需求方面提供了明确的方向。该政策鼓励实验室结合上海市的经济特色和发展需求,开发与经管学科相关的虚拟仿真项目。这意味着经管类虚拟仿真实验室应重点关注上海作为国际经济、金融、贸易和航运中心的特点,设计与之相关的实验教学项目,如金融市场模拟、供应链管理仿真、国际贸易模拟等,使学生能够在虚拟环境中深入理解并实践经管理论与操作。政策倡导实验室加强与行业企业的合作,这为经管类虚拟仿真实验室提供了与地方企业共同研发实训项目的机会。实验室可以与上海的企业合作,共同开发符合行业需求的虚拟仿真实验,使学生能够在学习过程中接触到最新的商业实践和行业动态,提高其就业竞争力和创新能力。政策还强调实验室在教学内容和方法上的创新,鼓励实验室采用案例驱动、问题导向的教学方法,提高学生分析和解决问题的能力。经管类虚拟仿真实验室可以利用虚拟仿真技术,模拟复杂的商业决策过程,培养学生的批判性思维和决策能力。政策提出的示范性实验室建设目标,要求实验室在管理和服务上达到高标准,这为经管类虚拟仿真实验室的管理和运营提供了指导。实验室需要建立健全的管理体系,提供优质的教学服务,确保实验室资源的高效利用和教学活动的顺利进行。

3.《上海市级虚拟仿真实验教学项目认定工作的通知》(沪教委高〔2019〕18号)

《上海市级虚拟仿真实验教学项目认定工作的通知》(沪教委高〔2019〕18号)是上海市教育行政部门为规范和提升虚拟仿真实验教学项目的质量和效果

而制定的政策。该政策通过明确的认定工作流程和评价标准，为经管类虚拟仿真实验室提供了一个质量提升的方向。实验室需要根据这些标准，对现有的虚拟仿真实验教学项目进行全面的梳理和优化，确保项目内容的科学性、实用性和创新性。这有助于实验室提高教学项目的质量和效果，更好地满足学生的学习需求和产业发展的实际要求。政策的实施鼓励经管类虚拟仿真实验室加强与行业企业的合作，开发符合市场需求的教学项目。实验室可以结合上海市的经济发展特点，与金融、贸易等行业的企业合作，共同开发紧贴行业发展趋势的虚拟仿真实验项目，如金融风险管理模拟、企业战略决策仿真等，从而提高学生的实践能力和就业竞争力。政策强调对认定的虚拟仿真实验教学项目给予一定的支持和推广，这为经管类虚拟仿真实验室提供了发展的机遇。通过认定的项目不仅能够获得政府的支持，还能够在更广泛的范围内进行推广和应用，从而提升实验室的影响力和知名度。政策的实施有助于推动经管类虚拟仿真实验室建立和完善教学质量监控和评价体系。实验室需要根据认定标准，定期对教学项目进行自我评估和改进，确保教学质量的持续提升。同时，实验室还可以通过参与认定工作，学习和借鉴其他优秀实验室的经验，不断提升自身的教学水平和管理能力。

第二节　相关法律法规与实验室合规性

一、相关法律法规框架

（一）数据保护法律法规

在高校经管类虚拟仿真实验室的管理中，对数据保护法律法规的遵守是确保数据安全和个人隐私不受侵犯的关键。随着信息技术的快速发展，数据已成为重要的资产和研究资源，因此，人们对数据的保护和合规使用提出了更高的要求。《中华人民共和国网络安全法》作为数据保护的基石，规定了网络运营者应当采取技术措施和其他必要措施保障网络安全，防止数据泄露、损毁或丢失，要求在发生安全事件时及时采取补救措施，并向有关主管部门报告。此外，该法律还强调个人信息保护的重要性，禁止未经授权收集、使用个人信息，确保个人信息的合法、正当、必要使用。《中华人民共和国数据安全法》进一步强化了数据保护的法律要求,规定了数据处理活动的安全规范和数据安全审查制度,特别是对于重要数据的处理和跨境数据流动提出了更为严格的管理措施。该法律要求数据处理者在数据收集、存储、使用、传输等环节中,必须确保数据的完整性和保密性,不得损害国家安全、公共利益或个人合法权益。在实际操作中,高校经管类虚拟仿真实验室需要建立和完善内部的数据管理制度,明确数据分类、权限控制、访问审计等措施,确保数据的合法合规使用。同时,实验室还应当对实验室人员进行数据保护法律法规的培训,提高他们的数据安全意识和能力,防止数据泄露和滥用事件的发生。此外,实验室在与外部机构合作时,也应当签订数据保护协议,明确数据保护的责任和义务,确保合作过程中数据的安全和合规。

（二）知识产权法律法规

知识产权法律法规旨在保护和激励创新,确保知识产权的创造、运用、保护和管理得到合法、合规的处理。《中华人民共和国著作权法》为原创作品提供了保护,包括但不限于教科书、研究报告、软件代码等,确保创作者的智力成果不被非法复制和传播。《中华人民共和国专利法》则保护实验室可能研发的新技术、新方法和新工艺,鼓励科研人员进行技术创新和发明创造。《中华人民共和国商标法》保护实验室的品牌标识,确保实验室的名誉和知名度不受侵犯。《中华人民共和国民法典》中的知识产权编,为实验室内部的知识产权归属、使用和保护提供了全面的法律依据。这包括合同中知识产权的归属、技术转让或许可,以及知识产权的侵权责任等问题。实验室在开展科研项目、技术开发和成果转化等活动时,必须依法申请和维护知识产权,防止侵权行为,促进科技创新和知识传播。此外,随着经济全球化和互联网技术的发展,知识产权的国际保护也变得越来越重要。我国加入了多项国际知识产权条约,如《世界知识产权组织版权条约》和《与贸易有关的知识产权协议》等,这些国际条约要求我国在知识产权保护方面与国际标准接轨,加强跨境知识产权保护和执法合作。在实践中,高校经管类虚拟仿真实验室应当建立健全知识产权管理制度,加强知识产权的申请、使用、维护和监督工作。实验室应当对研究人员进行知识产权法律法规的培训,提高他们的知识产权意识,鼓励合法合规的知识产权交易和合作。同时,实验室还应当加强与知识产权局、司法机关和行业协会的沟通与合作,及时处理知识产权纠纷,维护实验室的合法权益。通过这些措施,高校经管类虚拟仿真实验室能够在法律框架内充分发挥知识产权的潜力,推动科研和教育事业的发展。

(三) 合同履行法律法规

合同履行法律法规是确保经管类虚拟仿真实验室资源有效利用和合作顺利进行的基础。《中华人民共和国民法典》合同编为合同的订立、效力、履行、变更、转让、解除以及违约责任等方面提供了明确的法律规范。该法律要求合同当事人应当遵循诚实信用原则，依法履行合同义务，保障合同的顺利执行。合同履行是合同法律关系的核心环节，直接关系到合同目的的实现和合同当事人权益的保护。当事人应当按照约定全面履行自己的义务，包括但不限于提供服务、交付货物、支付报酬等。在合同履行过程中，合同当事人应当注意保护对方的合法权益，避免给对方造成不必要的损害。在高校经管类虚拟仿真实验室中，合同履行法律法规尤为重要。实验室可能涉及的合同类型繁多，包括但不限于设备采购合同、技术服务合同、合作研究合同等。这些合同的有效履行，不仅关系到实验室日常运作的顺畅，也关系到科研成果的产出和转化。因此，实验室应当建立健全的合同管理制度，明确合同的审批、签订、履行、变更和终止等流程，确保合同的合法性和有效性。实验室还应当加强对合同法律法规的学习和培训，提高管理人员和研究人员的法律意识和风险防控能力。在合同履行过程中，合同应当注意及时沟通和协调，妥善解决可能出现的问题和争议。一旦发生违约情况，应当依法采取措施，维护自身的合法权益。同时，实验室也应当注重合同履行的记录和证据保存，为可能出现的法律纠纷提供必要的证据支持。

(四) 教育法规与政策遵循

《中华人民共和国教育法》和《中华人民共和国高等教育法》为高等教育机构的教学、科研活动提供了基本法律框架，确保教育质量和教育公平。它们明确了高校的法律地位、教学目标、教育内容、教育管理等方面的基本要求，为高校的自主办学、学术自由和教育创新提供了法律保障。在实验室管理方面，教育法规要求高校建立健全的内部管理制度，包括实验室的设立、运行、监督和评估等各个环节。《教育部重点实验室建设与运行管理办法》(教技〔2015〕3号)等规章对实验室的教学活动、科研管理、质量监控等方面提出了具体要求，强调实验室在人才培养、科学研究和社会服务中的重要作用。实验室应当遵循这些规定，确保实验室活动的合法性、规范性和有效性。教育政策的制定和实施也对实验室的发展方向和战略规划产生重要影响。教育部等相关部门会根据国家的教育发展战略和经济社会发展需求，出台一系列政策措施，如支持实验室建设、鼓励科研创新、促进产学研合作等。实验室应当积极响应这些政策，充分利用政策资源，推动实验室的建设和发展。在实际操作中，高校经管类虚拟仿真实验室应当加强与教育主管部门的沟通和协调，及时了解和掌握最新的教育法规和政策动态。实验室应当根据法律法规和政策要求，制定和调整实验室的发展规划和管理措施，确保实验室的发展方向与国家教育政策保持一致。

（五）跨境数据流动法律法规

跨境数据流动法律法规对于高校经管类虚拟仿真实验室的国际化合作与数据管理具有深远的影响。随着全球化的不断推进，数据的跨境传输已成为常态，尤其是在科研合作、国际学术交流、远程教学等领域。《中华人民共和国网络安全法》和《中华人民共和国数据安全法》等法律法规，对数据跨境流动提出了明确的要求和规范，旨在保障数据在国际传输过程中的安全和合规性。《中华人民共和国网络安全法》规定了网络运营者在进行数据跨境传输时应当遵守的安全评估和审查程序，特别是对于涉及国家安全、社会公共利益以及个人隐私的重要数据。此外，《数据出境安全评估办法》进一步明确了数据出境的安全评估要求，确保数据在跨境传输过程中不被非法获取、泄露或者滥用。在高校经管类虚拟仿真实验室中，跨境数据流动法律法规要求实验室在与国际合作伙伴进行数据交换时，必须遵守相关法律法规，进行必要的安全评估和审批程序。实验室需要建立严格的数据管理制度，明确数据分类、传输流程、访问权限和安全保护措施，确保数据在跨境流动中的安全性和合规性。实验室还应当加强对师生和研究人员的法律法规培训，提高他们的跨境数据流动安全意识和法律素养，防止因不了解相关法律法规而导致的数据安全事故。同时，实验室应当与国际合作伙伴建立数据保护协议，明确双方在数据跨境传输中的责任和义务，确保合作过程中的数据安全和隐私保护。

二、合规性检查与审计

（一）实验室设备、软件与服务的采购管理与合规性检查

经管类虚拟仿真实验室的设备、软件与服务采购的合规性管理与检查对于保障实验室资源的合理配置、有效利用，以及科研活动的顺利进行至关重要。依据《中华人民共和国政府采购法》等相关法律法规，实验室在采购过程中必须遵循公开、公平、公正的原则，确保采购活动的透明性和合法性。实验室在采购前应进行充分的市场调研和需求分析，制定科学合理的采购计划。采购计划应明确所需设备、软件和服务的规格、性能、预算等关键信息，以确保采购内容符合实

验室的实际需求和科研目标。在采购过程中,实验室应通过正规的政府采购平台进行公开招标或竞争性谈判,确保采购活动的公开透明,避免任何形式的不正当竞争和利益输送。合规性检查要求实验室在采购合同的签订、执行和变更过程中严格遵守法律法规和采购文件的规定。合同内容应详尽明确,包括价格、交付时间、质量保证、售后服务等关键条款,以及违约责任和争议解决机制。实验室应建立合同管理制度,对合同的履行情况进行跟踪监督,确保供应商履约到位,及时发现并解决合同执行中的问题。实验室应建立设备和软件的验收制度,对采购的设备和软件进行严格的质量检验和技术验收,确保其符合采购要求和相关标准。对于服务类采购,实验室应要求服务提供方出具相应的资质证明,并对其服务质量进行评估和监督。在采购管理的全过程中,实验室还需注重对相关人员的法律法规培训,提高其法律意识和职业道德水平,防止采购过程中的腐败行为。同时,实验室应建立健全内部监督机制,对采购活动进行定期审计和评估,确保采购管理的规范性和有效性。

(二)实验室信息技术安全管理与合规性检查

随着信息技术的深入应用,实验室面临着日益复杂的网络安全威胁和风险挑战。因此,依据《中华人民共和国网络安全法》等相关法律法规,实验室必须建立健全的信息技术安全管理体系,确保信息系统的完整性、保密性和可用性。实验室应制定全面的信息技术安全政策和程序,明确信息安全管理的责任、目标和要求。这包括对实验室网络架构、数据存储、访问控制、加密技术、入侵检测系统等方面的规范和要求。合规性检查应确保这些政策和程序得到有效执行,并对执行情况进行定期评估和审查。实验室应实施严格的物理安全措施和逻辑安全措施。物理安全措施包括对实验室服务器、网络设备和工作站的物理保护,防止未授权访问和设备损坏。逻辑安全措施则涉及防火墙、反病毒软件、安全补丁管理、系统漏洞扫描和修复等,防止恶意软件攻击和数据泄露。合规性检查需要确保这些安全措施得到持续更新和维护,以应对新的安全威胁。实验室还应加强人员安全意识培训,提高实验室人员对网络安全的认识和防范能力。这包括定期开展安全教育和演练,教授如何识别网络钓鱼、社交工程等常见的安全威胁,以及如何采取适当的防范措施。合规性检查应包括对培训的有效性的评估,并根据反馈进行调整和改进。在信息技术安全管理中,实验室还应建立应急响应和事故处理机制。一旦发生安全事件,实验室能够迅速启动应急预案,进行有效的事故分析、控制和恢复工作,减少安全事件对实验室运营的影响。合规性检查应验证应急预案的完整性和实用性,确保实验室在面对安全挑战时能够作出快速反应。

(三)实验室数据安全管理与合规性检查

实验室数据安全管理与合规性检查是高校经管类虚拟仿真实验室维护数据完整性、保密性和可用性的关键措施。在当前信息化快速发展的背景下,数据已成为实验室宝贵的资产,同时也是科研工作的重要基础。因此,依据《中华人民共和国数据安全法》等相关法律法规,实验室必须建立和完善数据安全管理体系,确保数据处理活动符合法律法规的要求,防范数据安全风险。实验室应明确数据分类和数据保护等级,对不同类别的数据采取相应的安全管理措施。对于敏感数据和重要数据,实验室应实施更为严格的保护措施,如加密存储、访问控制和数据备份等。合规性检查需要确保这些措施得到有效执行,并对数据处理的全流程进行监督,包括数据的收集、存储、处理、传输和销毁等环节。实验室应建立数据安全风险评估机制,定期对数据安全状况进行评估,识别潜在的安全威胁和脆弱性。根据评估结果,实验室应制定和实施相应的风险缓解措施,如加强网络安全防护、更新安全策略和技术防护措施等。合规性检查应验证这些措施的有效性,并确保实验室能够及时响应新的安全挑战。实验室还应加强数据安全意识教育和培训,提高实验室人员对数据安全的认识和责任感。这包括定期组织数据安全知识讲座、操作技能培训和应急演练等,确保实验室人员能够正确处理数据,防止数据泄露和滥用。合规性检查应评估培训效果,并根据反馈进行调整。在数据安全管理中,实验室还应建立数据安全事件应急响应和事故处理机制。一旦发生数据安全事件,实验室能够迅速启动应急预案,进行有效的事故分析、控制和恢复工作,减少事件对实验室运营的影响。合规性检查应验证应急预案的完整性和实用性,确保实验室在面对数据安全事件时能够作出快速反应。

(四)实验室师德师风管理与合规性检查

师德师风不仅关系到实验室的学术声誉和社会形象,更是维护学术诚信、促进科研创新和培养高质量人才的基础。依据《中华人民共和国高等教育法》《中华人民共和国教师法》等相关法律法规,实验室必须加强师德建设,规范教师和研究人员的职业行为,确保科研活动的健康发展。实验室应明确师德规范和行为准则,制定具体的师德师风管理规定,包括学术诚信、教学规范、科研道德、团队合作、学生指导等方面的要求。这些规定应与国家法律法规和高等教育政策相一致,并结合实验室的实际情况和特点进行细化。合规性检查需要确保所有实验室人员都能够理解和遵守这些规定,将其内化为自觉行为。实验室应建立师德师风教育培训制度,定期对教师和研究人员进行师德教育和职业规范培训。通过举办讲座、研讨会、案例分析等多种形式,强化实验室人员的法律意识和职业道德观念,提高他们识别和防范学术不端行为的能力。合规性检查应评估培训的覆盖面、参与度和效果,确保教育培训活动的有效性。实验室还应建立师德师风监督和评价机制,对教师和研究人员的职业行为进行定期检查和评估。这包括对学生、同事和合作者的反馈征集,对科研成果和教学活动的审核,以及对师德师风问题的调查和处理。合规性检查应确保监督评价机制的公正性和透明性,及时发现和纠正师德失范行为。实验室还应注重建立激励和约束相结合的机制,对表现优秀的教师和研究人员给予表彰和奖励,对违反师德规范的人员进行批评和惩处。通过这些措施,实验室能够营造一个尊重知识、崇尚创新、诚实守信的良好学术氛围,促进科研工作的健康发展。

（五）实验室财务风险管理与财务审计

财务风险管理与财务审计是确保经管类虚拟仿真实验室经济活动合法合规,保证资金使用效率和防范财务风险的关键环节。依据《中华人民共和国会计法》《中华人民共和国审计法》等相关法律法规,实验室必须建立健全财务管理制度和内部控制体系,规范经济行为,提高资金使用的透明度和效率。实验室应建立严格的财务管理制度,包括预算编制、资金分配、费用报销、资产管理、财务报告等方面的规定。这些制度应当符合国家财务管理的法律法规和高等学校的财务管理规定,确保实验室的经济活动合法、合规、有序。财务风险管理的核心在于识别、评估和控制财务风险,包括资金短缺风险、预算超支风险、财务欺诈风险等。实验室应定期进行财务风险评估,制定相应的风险应对策略和预案,以降低潜在的财务风险。实验室应实施有效的内部控制措施,确保财务管理制度得到有效执行。这包括建立分工明确、相互监督的工作机制,实行财务收支两条线管理,规范财务收支行为,防止财务欺诈和挪用资金等违法行为。同时,实验室应加强对财务人员的职业道德教育和业务培训,提高其职业素养和业务能力,确保财务信息的真实性、准确性和完整性。实验室应定期开展财务审计工作,对实验室的财务状况和经济活动进行独立、客观的审查和评价。财务审计可以发现财务管理中的问题和不足,提出改进建议,促进财务管理水平的提升。审计工作应由具备专业资质的审计人员或审计机构进行,确保审计结果的权威性和可信度。合规性检查应关注审计过程的规范性、审计报告的准确性和审计建议的落实情况。实验室还应注重财务风险管理和财务审计的信息化建设,利用财务管理软件和信息系统提高财务管理的效率和水平。通过建立电子化财务管理平台,实验室可以实现财务数据的集中管理、实时监控和快速分析,提高财务决策的科学性和财务风险的可控性。

第十章
经管类虚拟仿真实验室的未来展望与战略规划

第一节 技术进步趋势与实验室创新

一、未来技术趋势预测

(一)增强现实(AR)与虚拟现实(VR)的融合应用

AR 与 VR 的融合应用正成为经管类虚拟仿真实验室中的一项革命性技术。这种融合不仅极大地丰富了学习体验,还为教学和研究提供了前所未有的深度和广度。通过结合 AR 的现场增强能力和 VR 的完全沉浸式环境,虚拟仿真实验室能够模拟真实世界中的商业场景,让学生以一种全新的方式进行学习和实践。在经济管理专业实验教学中,AR 与 VR 的融合意味着学生可以穿戴 AR 眼镜或使用 VR 头盔,进入一个逼真的商业世界。例如,在一个模拟的股市交易大厅中,学生可以通过 AR 技术看到实时更新的股票价格、交易量和市场新闻,同时还能与虚拟的交易员和分析师互动,获取即时的市场分析和建议。这种互动不仅可以提高学习的互动性,还可以增强学生对市场动态的理解和反应能力。VR 技术则可以创建一个完全虚拟的商业环境,让学生体验到在不同商业角色中的工作。例如,在一个模拟的企业运营中,学生可以扮演 CEO 的角色,面对一系列复杂的决策挑战,如产品开发、市场定位、团队管理等。在这个过程中,学生不仅能够学习到理论知识,还能够通过实践掌握商业决策的技巧和策略。此外,AR/VR 融合技术还可以用于跨地域的团队协作和国际交流。学生可以与世界各地的同伴一起,在虚拟环境中共同完成项目,进行实时的沟通和协作。

这种跨文化的互动不仅可以拓宽学生的视野,还可以培养他们的国际合作能力。随着技术的不断进步,AR/VR融合应用在经管类虚拟仿真实验室中的潜力将得到进一步的挖掘。未来的实验室可能会配备更加先进的设备和软件,提供更高清晰度的视觉效果、更精确的动作捕捉和更真实的物理反馈。这将使得商业模拟更加真实,让学生能够在一个安全无风险的环境中尝试各种商业策略,并立即看到结果。同时,这种技术还可以帮助教师更好地评估学生的学习进度和效果,提供个性化的指导和反馈。

(二)人工智能(AI)的深度整合

AI的深度整合正在彻底改变经管类虚拟仿真实验室的教学和研究模式。通过将AI融入虚拟仿真环境,实验室不仅能够提供更加智能化的学习体验,还能够极大地提高学生的决策能力和问题解决技巧。首先,AI可以作为虚拟仿真实验室中的智能助教,为学生提供个性化的学习路径和实时反馈。例如,在模拟的商业决策过程中,AI可以根据学生的操作和选择,提供定制化的建议和指导。这种智能反馈机制不仅能够帮助学生及时纠正错误,还能够引导他们深入思考和探索不同的解决方案。其次,AI可以模拟复杂的商业环境和市场动态,为学生提供丰富的实践机会。在虚拟仿真实验室中,AI可以生成虚拟的竞争对手和合作伙伴,与学生进行互动。这种模拟不仅能够让学生体验到真实商业环境中的竞争和合作,还能够锻炼他们的应变能力和战略思维。AI还可以用于数据分析和模式识别,帮助学生理解复杂的经济现象和市场趋势。通过分析大量的历史数据和实时信息,AI可以预测市场的变化,为学生提供决策支持。这种数据驱动的学习方法不仅能够提高学生的分析能力,还能培养他们的数据素养。未来的经管类虚拟仿真实验室将随着AI的不断进步提供更加高级的模拟和分析工具。例如,通过深度学习和自然语言处理技术,AI可以分析新闻报道、社交媒体动态和消费者评论,为学生提供全面的市场洞察。同时,AI还可以模拟全球经济的运行,让学生研究国际贸易、货币政策和宏观经济调控的影响。

(三)区块链技术的引入

区块链技术的引入正在为经管类虚拟仿真实验室带来一场深刻的变革。作为一种分布式账本技术,区块链以其独特的不可篡改性、透明性和安全性,为经济管理教育提供了全新的视角和工具。在虚拟仿真实验室中,区块链技术的应用不仅能够增强学生的学习体验,还能够为他们提供关于这一前沿技术的实际知识和应用技能。首先,区块链技术可以用于创建高度透明和安全的虚拟经济系统。在模拟的商业环境中,学生可以体验到区块链如何确保交易记录的真实性和完整性。例如,通过模拟供应链管理,学生可以看到产品从生产到分销的每一个环节,而且每一笔交易都被记录在区块链上,确保信息的可追溯性和防篡改性。这种透明度不仅有助于提高效率,还能够减少欺诈和错误,增强消费者对品牌的信任。其次,区块链技术的引入使得虚拟仿真实验室能够模拟复杂的金融交易和资产管理。学生可以通过创建和管理虚拟的加密货币,学习区块链在金融领域的应用。同时,学生还可以体验到智能合约的自动执行,了解如何在没有中介的情况下进行资产转移和合同履行。这种实践经验将有助于学生深入理解区块链技术的潜力和挑战,为他们将来在金融科技领域的工作打下坚实的基础。区块链技术还可以用于促进虚拟仿真实验室中的协作和共享。通过建立一个去中心化的平台,学生和教师可以共享数据、资源和研究成果,同时确保知识产权的保护。这种开放的协作模式不仅能够激发创新和知识共享,还能够促进跨学科和跨地域的合作。未来的经管类虚拟仿真实验室将随着区块链技术的不断发展实现更加复杂和真实的模拟环境。例如,学生可以参与到模拟的区块链创业项目,从项目发起、资金筹集到产品开发和市场推广的全过程中。这种全面的学习体验将使他们能够全面理解区块链技术如何影响商业运作和社会结构。

(四)大数据挖掘与分析技术的运用

大数据挖掘与分析技术的运用正在经管类虚拟仿真实验室中发挥着至关重要的作用。随着数据量的爆炸性增长,大数据技术为经济管理领域提供了前所未有的洞察力和决策支持。在虚拟仿真实验室中,学生和研究人员可以利用大数据工具来挖掘和分析复杂的数据集,从而揭示市场趋势、消费者行为、竞争对手策略等关键信息,这些都是制定有效商业决策的基础。首先,大数据挖掘技术使学生能够在模拟的商业环境中进行深入的市场分析。通过分析消费者的购买历史、搜索行为、社交媒体互动等数据,学生可以识别目标市场的潜在需求和偏好,从而制定更加精准的市场定位和产品策略。例如,在模拟的市场营销活动中,学生可以利用大数据技术来预测不同营销渠道的效果,优化广告投放和促销策略,提高 ROI(投资回报率)。其次,大数据分析技术在财务管理方面也发挥着重要作用。学生可以通过分析财务报表、股票市场数据、宏观经济指标等,来评估企业的财务状况和市场风险。通过大数据技术,学生可以实时监控企业的现金流、盈利能力和负债状况,及时发现潜在的财务问题,并采取措施进行风险控制和财务优化。大数据技术还可以用于人力资源管理和运营决策。在虚拟仿真实验室中,学生可以利用大数据分析来优化招聘流程、员工绩效评估和人才发展规划。在运营决策方面,大数据技术可以帮助学生分析生产流程、库存管理和物流配送等环节,提高运营效率,降低成本。未来的经管类虚拟仿真实验室将能够提供更加高级的数据分析工具和模型。例如,通过机器学习和人工智能,学生可以构建预测模型,对市场变化和消费者行为进行更加精确的预测。同时,大数据可视化工具可以帮助学生更直观地理解数据,发现数据之间的关联和模式。

(五)云计算技术与移动学习的结合

云计算技术与移动学习的结合正在彻底改变经管类虚拟仿真实验室的教学模式和学生的学习方式。云计算提供了强大的数据存储、处理和管理能力,而移动学习则使这些资源可以随时随地被访问和利用。这种结合不仅提高了教育资源的可访问性,还增加了学习的灵活性和便捷性,为经管教育带来了革命性的变化。首先,云计算技术使经管类虚拟仿真实验室的资源和服务可以无缝集成到云平台中。学生可以通过互联网连接到这些资源,无论他们身处何地,都可以进行学习和实践。例如,学生可以在云端访问到最新的市场分析工具、财务软件和商业模拟平台,进行实时的数据分析和决策制定。这种随时随地的学习体验可以极大地提高学习的效率和质量。其次,移动学习的普及使学生可以通过智能手机、平板电脑等移动设备进行学习。这些设备轻便易携,操作简单,使学习可以发生在任何时间、任何地点。学生可以在通勤途中、图书馆、咖啡馆甚至户外进行学习,这种灵活性极大地丰富了学习的场景和体验。同时,移动设备上的应用程序(App)可以提供个性化的学习内容和互动式学习活动,增强学生的学习动力和参与度。此外,教师可以通过云平台跟踪学生的学习进度、评估学习成果,并提供及时的反馈和辅导。教师还可以利用云端资源创建丰富的教学材料和互动式课程,提高教学的吸引力和有效性。未来的经管类虚拟仿真实验室将能够提供更加智能化和个性化的学习体验。例如,利用大数据分析和人工智能,云平台可以分析学生的学习习惯和偏好,为他们推荐最适合的学习资源和路径。同时,VR技术和AR技术也可以与云计算和移动学习相结合,提供更加沉浸式的学习环境和实践体验。

二、创新实验室大模型与创新驱动战略

(一)集成跨学科跨专业的创新实验室大模型

集成跨学科跨专业的创新实验室大模型是一种创新的实验教学模式和战

略,它通过整合不同学科和专业的知识和技术资源,为经管专业实验教学提供一个综合性的学习、研究和创新大模型平台。这种大模型不仅涵盖了经济学、管理学等传统经济管理专业领域的核心内容,还融合了计算机科学、数据科学、人工智能、心理学、社会学等多学科的前沿理论和实践方法,形成了一个多元化、互动性强的教育环境。在这个集成的创新实验室大模型中,学生可以体验到一个模拟的商业生态系统,其中包含了市场调研、产品开发、运营管理、财务决策、人力资源管理、市场营销等多个环节。通过这种模拟环境,学生不仅能够学习到各个领域的专业知识,还能够理解这些知识如何在实际商业环境中相互关联和作用。例如,学生可以在虚拟环境中进行市场调研,收集和分析消费者数据,然后利用计算机编程和数据分析技能来优化产品设计,最后通过市场营销策略将产品推向市场。跨学科的集成可以鼓励学生运用创新思维和技术手段来解决复杂的商业问题。在实验室中,学生可以参与到多学科团队中,与来自不同背景的同学合作,共同开发新的商业模式、管理策略或技术解决方案。这种合作不仅可以促进学生之间的交流和学习,还能激发他们的创新潜能和团队协作能力。集成跨学科跨专业的创新实验室大模型还强调实践性和体验性学习。通过模拟真实的商业案例和情境,学生可以在虚拟环境中进行实际操作和决策,从而获得宝贵的实践经验。例如,学生可以模拟经营一家虚拟公司,面对市场竞争、经济波动等挑战,需要运用所学的知识和技能来制定战略、优化运营、管理财务等。这种实践性的学习经历不仅可以提高学生的职业技能,还能增强他们的创新意识和风险管理能力。集成跨学科跨专业的创新实验室大模型将不断扩展和深化。例如,通过引入人工智能和大数据技术,实验室可以提供更加智能化和个性化的学习体验,帮助学生更有效地掌握知识和技能。同时,通过与企业和行业专家的合作,实验室可以引入最新的商业案例和先进技术,保持教育内容的前沿性和实用性。

(二)促进创新驱动的教学改革战略

促进创新驱动的教学改革战略是经管类虚拟仿真实验室面向未来发展的核心指导方针。该战略旨在通过改革传统的教学模式和方法,激发学生的学习兴趣和创新潜能,培养他们成为能够适应快速变化的商业环境的未来领导者。这一战略的实施,不仅要求教育者更新教学理念,还涉及教学内容、教学手段、评估体系等多个方面的创新。首先,创新驱动的教学改革战略强调以学生为中心的教学理念。在这种理念指导下,教师不再是知识的单向传递者,而是成为学生学习的引导者和促进者。教学过程中,学生被鼓励主动探索、提出问题、解决问题,教师则提供必要的指导和支持。这种教学模式鼓励学生的批判性思维和创造性思考,使他们能够在解决实际问题时展现出独立和创新的能力。其次,该战略倡导采用多样化的教学手段,如项目式学习、翻转课堂、协作学习等,以增强学生的实践能力和团队合作能力。在项目式学习中,学生需要围绕一个实际问题或挑战进行团队合作,运用跨学科的知识和技能来提出解决方案。翻转课堂则要求学生在课前通过在线资源自学新知识,课堂上则专注于讨论、实践和深入理解。这些教学手段不仅可以提高学生的学习动机和参与度,还可以锻炼他们的自主学习和终身学习能力。创新驱动的教学改革战略也要求对传统的评估体系进行改革。评估不再仅仅依赖于考试成绩和记忆知识,而是更加注重学生的理解、应用、创新和批判性思维能力。项目评估、同行评审、自我评估等多样化的评估方法的采用,可以更全面地反映学生的学习成果和发展潜力。创新驱动的教学改革战略将不断深化利用信息技术和虚拟仿真技术,使学生能够在模拟的商业情境中尝试不同的策略和决策,从而获得宝贵的实践经验和技能。同时,云计算、大数据、人工智能等技术的应用,也为教学内容的更新和个性化学习提供了可能。

(三)构建开放共享的创新实验教学生态

构建开放共享的创新实验教学生态是经管类虚拟仿真实验室面向未来发展的重要战略。这一战略的核心在于打造一个互联互通、资源共享、协作创新的教育环境,旨在通过促进知识、技术、资源和经验的开放交流,加速创新成果的孵化和应用,培养学生的创新能力和协作精神。在这个开放共享的生态中,虚拟仿真实验室不仅是学生学习的平台,也是教师教学、研究人员科研、企业创新和社会发展的共同资源。通过打破传统教育的边界,实验室将学校与企业、政府、社会组织等紧密联系起来,形成一个多方参与、协同工作的创新网络。这种跨界合作不仅可以为学生提供接触真实商业环境和解决实际问题的机会,也可以为教师和研究人员提供丰富的教学案例和研究材料。开放共享的生态鼓励实验室内部的协作与交流。学生可以跨专业组队,共同完成项目和研究,通过不同学科背景的交流和合作,激发新的创意和解决方案。教师之间也可以共享教学资源和经验,共同开发课程和实验项目,提高教学质量和效果。此外,实验室还可以定期举办研讨会、工作坊和竞赛等活动,为学生和教师提供展示和交流的平台。在技术层面,开放共享的生态依赖于云计算、大数据、人工智能等先进技术的支持。通过云平台,实验室的资源可以随时随地被访问和使用,这将大大提高资源的利用效率。大数据技术可以帮助分析学生的学习行为和成果,为个性化教学和精准评估提供支持。人工智能则可以提供智能辅导、自动评估和模拟决策等服务,增强学习体验和教学效果。构建开放共享的创新实验教学生态还需要一个完善的管理和运营机制。这包括确保资源的公平分配、保护知识产权、维护平台的安全和稳定等。同时,还需要建立合作共赢的机制,鼓励各方积极参与和贡献,实现共同发展和进步。

第二节 面向未来的实验室发展战略规划

一、教育政策变化对实验室的影响

(一)服务全民终身学习的现代教育体系建设

服务全民终身学习的现代教育体系建设是响应国家教育政策变化的重要举措,对于经管类虚拟仿真实验室的未来战略规划具有深远的影响。这一体系的建设旨在满足不同年龄、不同背景、不同需求的人群不同阶段的学习需求,实现从学前教育到成人教育,再到继续教育和老年教育的全生命周期覆盖。在这样的教育体系下,经管类虚拟仿真实验室需要转变传统的教育模式,开发出更加灵活多样、个性化的学习资源和课程,以适应全民终身学习的需求。首先,虚拟仿真实验室需要设计出能够适应不同学习者特点和需求的课程内容。也就是说,课程不仅要涵盖经济管理专业的基础理论和实务操作,还要包括最新的行业动态、前沿技术和创新管理理念。同时,实验室应提供多样化的学习路径和模块化的学习单元,使学习者可以根据自己的兴趣和职业发展需要选择适合的课程进行学习。其次,为了实现全民终身学习,虚拟仿真实验室应充分利用信息技术,特别是互联网、移动通信、大数据和人工智能等技术,提供在线学习和远程教育服务。通过构建云端的虚拟仿真平台,学习者可以随时随地访问实验室的资源,进行自主学习和实践操作。此外,实验室还可以通过智能推荐系统,根据学习者的学习历史和偏好,提供个性化的学习建议和资源。再次,虚拟仿真实验室应加强与企业和行业的合作,开发出与实际工作紧密结合的实训课程和项目。通过模拟真实的商业环境和工作场景,学习者可以在虚拟环境中进行实战演练,提升解决实际问题的能力。同时,实验室还可以举办职业规划和发展的课程,为学习者提供职业发展指导和咨询,为他们的职业转型和终身发展提供支持。最后,为了促进全民终身学习的现代教育体系的建设,虚拟仿真实验室还需要积极参与社会教育和公共教育服务。通过与社区、公共图书馆、博物馆等机构合作,实验室可以将优质的教育资源和仿真实验平台向社会公众开放,提供公益教育和科普教育服务,推动学习型社会的建设。

（二）高等教育核心竞争力的提升

高等教育核心竞争力的提升是当前中国教育改革的重要目标之一,对于经管类虚拟仿真实验室的未来战略规划具有显著的指导意义。在全球化和知识经济时代背景下,高等教育机构面临着日益激烈的国际竞争和不断变化的社会需求。为了提升竞争力,经管类虚拟仿真实验室必须不断优化教育质量、创新教学模式、加强科研能力,并积极参与国际合作与交流。首先,提升教育质量是增强核心竞争力的基础。经管类虚拟仿真实验室需要持续更新教学内容,确保课程与最新的经济管理理论和实践同步。通过引入行业专家和企业案例,实验室可以丰富教学资源,提高学生的实践操作能力和解决问题的能力。同时,实验室应注重培养学生的创新思维和进行批判性思考的能力,鼓励学生开展独立研究和创新项目,以培养未来的领导者和创新者。其次,创新教学模式是提升竞争力的关键。虚拟仿真实验室应充分利用现代信息技术,如虚拟现实（VR）、增强现实（AR）、人工智能（AI）等,开发沉浸式和互动式的学习体验。通过模拟真实的商业环境和市场情景,学生可以在虚拟环境中进行角色扮演和决策制定,从而更好地理解经管知识的应用和商业运作的复杂性。此外,实验室还可以探索翻转课堂、在线课程、混合学习等新型教学模式,提高教学的灵活性和个性化水平。再次,加强科研能力是提升高等教育核心竞争力的重要途径。经管类虚拟仿真实验室应鼓励教师和学生参与科研项目,通过实证研究和案例分析,提升学术水平和研究能力。实验室可以与企业、政府机构和其他研究机构合作,开展跨学科的研究项目,推动知识创新和成果转化。最后,积极参与国际合作与交流是提升竞争力的有效手段。经管类虚拟仿真实验室应与国际知名高校和研究机构建立合作关系,共享教育资源和研究成果。通过举办国际研讨会、开展学术交流活动和联合研究项目,实验室不仅可以提升自身的国际影响力,还可以为学生和教师提供更广阔的学术视野和更大量的合作机会。

（三）教育信息化与数字化转型

教育信息化与数字化转型是推动教育现代化的关键路径,对于经管类虚拟仿真实验室的未来战略规划具有重要指导作用。随着信息技术的飞速发展,教育信息化不仅改变了教学方式和学习模式,还极大地提升了教育的质量和效率。数字化转型涉及教育内容、教学过程、管理服务等多个方面,要求经管类虚拟仿真实验室在战略规划中充分考虑如何利用现代信息技术优化教育资源配置、提高教学互动性和个性化学习体验。首先,教育信息化要求虚拟仿真实验室加强数字资源的建设和管理。这意味着实验室需要投入更多资源来开发和整合高质量的数字教材、案例库、模拟软件等教学资源,确保这些资源能够覆盖经济管理领域的各个方面,并与最新的行业发展同步。同时,实验室应建立有效的资源管理系统,实现资源的快速更新和便捷访问,为教师和学生提供高效的服务。其次,数字化转型强调教学过程的互动性和参与性。虚拟仿真实验室可以利用云计算、大数据、人工智能等技术,开发智能教学平台和虚拟实验环境。通过这些平台和环境,学生可以进行模拟操作、案例分析和决策演练,教师可以实时监控学生的学习进度和反馈,及时调整教学策略。同时,实验室还可以通过在线讨论、远程协作等方式,促进学生之间的交流和合作,提高学习的互动性和实践性。再次,数字化转型还涉及教育管理服务的创新。虚拟仿真实验室应利用信息技术优化实验室的运营管理,如通过智能排课系统、在线预约平台等工具提高实验室的使用效率。同时,实验室还可以通过数据分析和可视化技术,对学生的学习行为、成绩分布等进行深入分析,为教学决策和质量评估提供科学依据。最后,教育信息化与数字化转型还要求虚拟仿真实验室加强网络安全和知识产权保护。随着大量数字资源的产生和流通,实验室需要建立健全的信息安全管理体系,保护教学资源和个人数据的安全。同时,实验室应尊重和保护知识产权,确保所有教学资源的合法使用和传播

二、长期发展目标制定

随着教育部对高校实验教学政策的不断更新和完善,经管类虚拟仿真实验室的长期战略发展目标制定必须紧密跟随教育改革的步伐,以适应新的教育环境和需求。这些政策变化主要体现在对实验教学质量的提升、教学内容的创新、教学方法的多样化、教育技术的融合应用以及教育国际化的推进等方面。因此,经管类虚拟仿真实验室的长期战略发展目标应围绕以下几个关键点进行制定:

(一)实验教学质量的持续提升

实验室的战略目标应聚焦于实验教学质量的持续提升。这意味着实验室需要不断更新和完善实验教学内容,确保与最新的经济管理理论和实践同步。同

时，实验室应加强师资队伍建设，提升教师的教学能力和科研水平，以保证教学质量。此外，实验室还应建立健全的质量监控和评估体系，通过定期的教学评估和反馈机制，不断优化教学过程和学习体验。

（二）教学内容与方法的创新

随着教育部对实验教学内容与方法创新的鼓励，实验室的战略目标应包括教学内容与方法的创新。实验室应积极探索跨学科的教学模式，将经济管理学科与信息技术、数据分析等领域相结合，开发新的课程和实验项目。同时，实验室还应采用项目式学习、翻转课堂、协作学习等多样化的教学方法，提高学生的主动学习能力和团队合作精神。

（三）教育技术的融合应用

教育部强调教育技术在实验教学中的应用，因此实验室的战略目标还应包括教育技术的融合应用。实验室应充分利用虚拟现实（VR）、增强现实（AR）、人工智能（AI）、大数据等现代信息技术，提升实验教学的互动性和实践性。通过构建智能化的虚拟仿真环境，实验室可以为学生提供更加真实和沉浸式的学习体验，同时为教师提供更加高效的教学工具和资源。

（四）教育国际化的深化

为了响应教育部对教育国际化的推进，实验室的战略目标还应包括教育国际化的深化。实验室应积极参与国际合作与交流，与国外知名高校和研究机构建立合作关系，共享教育资源和研究成果。通过举办国际研讨会、联合研究项目和学生交换项目，实验室不仅可以提升自身的国际影响力，还可以为学生提供全球化的学习视野，培养学生的跨文化沟通能力。

（五）终身学习体系的构建

教育部倡导构建服务全民终身学习的现代教育体系，因此实验室的战略目标还应包括终身学习体系的构建。实验室应开发适合不同学习阶段和背景人群的课程和资源，提供灵活的学习模式和个性化的学习路径。通过在线学习平台和远程教育服务，实验室可以为在职人员、成人学习者和继续教育学生提供高质量的教育资源，帮助他们提升专业技能和职业素养。

三、战略规划方法与实施

（一）环境分析与趋势预测

环境分析与趋势预测是经管类虚拟仿真实验室战略规划的首要步骤，它要求实验室对内外部环境进行全面审视,并据此预测未来可能影响其发展的各种趋势。内部分析主要关注实验室现有的资源、技术能力、教学质量、师资力量、管理制度等方面。通过深入分析,实验室可以识别自身的强项和弱点,明确哪些领域需要保持优势,哪些方面亟待改进。例如,评估现有的虚拟仿真技术是否先进,教学内容是否与最新的经济管理实践保持同步,教师队伍是否具备足够的科研和教学能力,以及管理制度是否能够支持实验室的高效运作。外部分析则涉及对教育政策、市场需求、技术进步、行业标准、竞争态势等外部因素的考察。实验室需要关注国家教育政策的变化,如教育信息化、终身学习体系构建等政策导向,以及这些变化对实验室未来发展的潜在影响。同时,实验室还应密切关注市场需求的变化,了解企业和行业对经济管理人才的新要求,以便及时调整教学内容和培养方案。此外,技术的快速发展,尤其是人工智能、大数据、云计算等领域的创新,为虚拟仿真实验室提供了新的发展机遇,实验室需要预测这些技术的发展趋势,并探索如何将它们融入教学和研究中。在环境分析的基础上,实验室需要进行趋势预测,这包括对教育行业的长远发展趋势、技术革新的方向、经济社会发展的需求等进行预判。通过趋势预测,实验室可以制定更具前瞻性的战略规划,确保学生在未来的市场竞争中保持领先。例如,预测未来经管类人才可能更加需要跨学科知识和国际视野,实验室就可以在课程设置中加入跨学科内容和国际案例分析,同时开展国际合作项目,以提升学生的全球竞争力。

(二)目标分析与战略制定

目标分析与战略制定是经管类虚拟仿真实验室长期发展规划的核心,它要求实验室在深入分析内外部环境的基础上,结合国家教育政策和教育部对高校实验教学的政策的变化趋势,制定出既切实可行又富有前瞻性的战略目标和实施计划。第一,实验室需要明确其在教育现代化进程中的角色和使命。根据《中国教育现代化2035》提出的总体目标,实验室应设定成为培养创新型、应用型经济管理人才的重要基地的目标。这要求实验室在教学内容上不断更新,引入最新的经济管理理论和实践案例,同时加强与行业的合作,确保教学内容与实际需求紧密结合。第二,针对教育部对高校实验教学政策的强调,实验室应制定提升实验教学质量和创新能力的目标。这包括采用现代化教学手段和技术,如虚拟现实、大数据分析等,以提高实验教学的互动性和实践性。同时,实验室应鼓励学生参与科研项目和创新实验,培养学生的科研兴趣和创新思维。第三,实验室的战略规划应考虑到教育公平和资源共享的要求。这意味着实验室需要探索开放和远程教学模式，通过网络平台向更广泛的学生群体提供高质量的教育资源。第四，实验室应与其他高校和研究机构建立合作，共享教学资源和研究成果，促进教育资源的优化配置。第五，实验室的战略规划应积极响应教育国际化的号召。通过与国际知名高校和研究机构合作，实验室不仅可以引进国际先进的教学理念和技术，还可以为学生和教师提供国际交流和合作的机会，提升实验室的国际影响力。第六，实验室的战略规划还应关注终身学习体系的构建。实验室应开发适合不同学习阶段和背景人群的课程，提供灵活的学习模式和个性化的学习路径，以满足全民终身学习的需求。

（三）资源配置与技术整合

资源配置与技术整合是经管类虚拟仿真实验室战略规划实施的关键环节，它要求实验室在明确发展目标的基础上，合理分配和利用有限的资源，同时整合和应用最新的技术，以提升实验室的教学、研究和管理效能。这一过程不仅涉及硬件设施的建设和更新，还包括软件资源的开发、人才队伍的构建以及合作伙伴关系的建立。首先，在硬件设施方面，实验室需要投资于先进的计算机系统、虚拟现实设备、数据分析工具等，以支持高质量的虚拟仿真教学和研究活动。这些设施的配置应考虑到未来的技术发展趋势，确保实验室能够适应不断变化的教育需求和技术进步。同时，实验室还需要建立稳定可靠的网络基础设施，确保资源的高效传输和数据的安全存储。其次，在软件资源的开发上，实验室应注重构建丰富的教学资源库，包括模拟软件、案例库、在线课程等，以满足不同学生的学习需求。这些资源的开发应结合最新的教学理念和行业实践，确保内容的时效性和实用性。此外，实验室还应开发易于操作的用户界面和管理平台，提高教学和管理的便捷性。在人才队伍的构建方面，实验室需要吸引和培养一支具有专业知识和技能的教师队伍。这包括提供持续的专业发展和培训机会，鼓励教师参与科研项目和技术培训，以提升其教学和科研能力。同时，实验室还应建立一支技术团队，负责实验室的日常维护、技术支持和新技术研发。最后，在合作伙伴关系的建立上，实验室应积极与高校、企业、研究机构等建立合作，共享资源和信息，共同开展教学和研究项目。通过这些合作，实验室不仅可以获取更多的外部资源和支持，还可以拓宽学生和教师的国际视野和合作网络。

（四）战略规划的实施和评估调整

战略规划的实施和评估调整是确保经管类虚拟仿真实验室长期发展目标得以实现的关键一步。这一过程要求实验室在战略规划的基础上，采取具体行动，同时建立有效的监控和评估机制，以确保战略规划的实施效果，并根据反馈进行必要的调整。首先，在战略规划实施阶段，实验室需要制定详细的行动计划，包括具体的任务分配、时间节点和预期成果。这要求实验室管理层具备出色的项目管理能力，确保各项任务能够按照既定的时间表顺利推进。例如，实验室可能需要采购新的设备、开发新的课程内容、培训教师使用新技术等，这些都需要精心的规划和协调。在实施过程中，实验室还需要保持与各利益相关方的沟通，包括学生、教师、合作伙伴等，确保他们对战略规划的理解和支持。其次，评估调整阶段是战略规划实施的重要组成部分。实验室需要建立一套科学的评估体系，定期对战略规划的实施效果进行评估。这包括对教学质量、学生满意度、科研成果、资源利用效率等关键指标的监测和分析。通过这些评估，实验室可以了解战略规划的实施是否达到了预期目标，哪些方面取得了成功，哪些方面存在不足。例如，如果发现某项新技术的应用没有达到预期效果，实验室可能需要对相关的培训和支持策略进行调整。最后，根据评估结果，实验室需要及时进行战略调整。这可能涉及资源的重新分配、教学方法的改进、合作伙伴关系的调整等。实验室应保持灵活性，以确保能够根据外部环境的变化和内部条件的发展进行快速响应。例如，如果行业需求发生变化，实验室可能需要调整课程设置，增加与新兴市场需求相关的教学内容。

参 考 文 献

[1] MAK K. Building an investment lab[R]. California：Stanford Graduate School of Business，Stanford University，2015.

[2] CHUI M. Big Data：The next frontier for innovation, competition, and productivity[R]. New York：Mckinsey Global Institute，2011.

[3] NORTON K M, JAEHOON K. Establishing Financial Leadership Lab/Trading Room with Limited Resources[J]. SSRN Electronic Journal，2012. DOI：10.2139/ssrn.2048506.

[4] EDWARD L. Student Managed Funds：An International Perspective[J]. Journal of Applied Finance，2008(18)：67-83.

[5] COOLEY P L, HUBBARD C M. FAQs about Student Managed Funds[J]. Advances in Financial Education，2012(10)：72-83.

[6] 白延虎,罗建利. 经管类虚拟仿真实验教学项目申报热点分析[J]. 实验技术与管理,2020(8).

[7] 白延虎,罗建利,梁远香,等. 高校经管类专业实验的知识图谱分析[J]. 实验室研究与探索,2021(8).

[8] 毕继东. 经管学科虚拟仿真综合实验教学体系设计[J]. 管理观察,2018(7).

[9] 蔡海燕,刘昭. 实验室信息化管理初探[J]. 实验室研究与探索,2010(11).

[10] 陈锋,熊胜绪. 财经类国家级实验教学示范中心管理体制与运行机制探索[J]. 实验技术与管理,2012(1).

[11] 陈保国. 基于"互联网＋云技术"的大商科实验室建设研究与实践[J]. 现代

经济信息,2017(11).

[12] 陈美燕,林国超.经管类跨专业虚拟仿真综合实验教学效果实证分析[J].吉林农业科技学院学报,2022(5).

[13] 陈诗含,张浩.虚拟仿真实验对学生职业倾向的影响研究——以经济管理类专业为例[J].实验室研究与探索,2020(12).

[14] 陈岩,高洁.如何提高虚拟仿真实验教学项目的学习效果?——基于国际经济与贸易专业159份问卷的分析[J].现代教育技术,2021(5).

[15] 初汉芳,李锋.高校实验教学示范中心管理模式与运行机制的研究与实践[J].实验室科学,2010(6).

[16] 戴悦,王梦晨,孙姓.高校经管类实验室"创客空间"建设探究[J].实验室研究与探索,2018(4).

[17] 邓迅."互联网+"时代会计学专业学生应用能力培养研究——以经管类跨专业虚拟仿真综合实训课程为例[J].农村经济与科技,2019(12).

[18] 范绕."互联网+"教育环境下基于智慧校园的高校教育信息化建设研究[J].江苏科技信息,2017(29).

[19] 范君柳,罗宏,樊斌,等.创新研究型实验的探索和实践[J].实验室研究与探索,2010(10).

[20] 房成鑫,黄婉秋.经济管理实验室的运行管理[J].中国现代教育装备,2009(7).

[21] 冯登国,张敏,李昊.大数据安全与隐私保护[J].计算机学报,2014(1).

[22] 付顺,程夏,殷丽娟.经济管理实验室的创新性建设探讨[J].实验室研究与探索,2008(4).

[23] 甘健胜,李训耀.基于开放环境的高校信息化评价指标体系研究[J].福建江夏学院学报,2015(5).

[24] 高新,杨丽颖,喻洪.实验教学示范中心建设研究[J].高校实验室工作研究,2010(1).

[25] 高文曦.基于商科多科融合的虚拟仿真实验教学平台建设探究[J].中国现代教育装备,2022(17).

[26] 韩春田.高等院校实验室建设与管理工作的探讨[J].实验技术与管理,2011(8).

[27] 何非,何克清.大数据及其科学问题与方法的探讨[J].武汉大学学报,

2014(2).

[28] 胡帮胜.经济管理学科实验室开放模式探讨[J].江苏社会科学,2010(1).

[29] 黄璐,邢姝,高峰,等.面向"管工融合"的新商科虚拟仿真实验基地建设[J].实验技术与管理,2023(S1).

[30] 纪晓丽,王庆.高校经济管理类实验教学中心建设模式探索[J].现代教育技术,2009(6).

[31] 江勇.经管类虚拟仿真实验室建设路径与实践[J].实验室研究与探索,2024(3).

[32] 孔艺权,金义富.面向语义Web智能实验教学辅助系统的研发[J].实验技术与管理,2011(11).

[33] 雷鸿斌.地方高校商科实验教学示范中心建设研究[J].实验技术与管理,2015(8).

[34] 李秀芳,秦海英,吴晓晨,等.高校经济管理类实验室建设模式初探——基于南开大学经济学实验教学中心建设经验的探析[J].实验技术与管理,2007(7).

[35] 李均熙.高校实验室信息化建设途径探析[J].中国管理信息化,2017(18).

[36] 李志荣,姚国权,王珏辉.经济管理类专业综合实验室建设的实践与思索[J].实验室研究与探索,2005(1).

[37] 李金昌.全面开放实验室 培养复合型人才[J].实验室研究与探索,2011(3).

[38] 李红梅,张红延,卢苇.面向能力培养的软件工程实践教学体系[J].高等工程教育研究,2009(2).

[39] 李津石.建设实验教学示范中心 构筑创新人才培养平台[J].中国高等教育,2009(6).

[40] 李淑华.经济与管理实践中心实验室开放模式的探索——以齐齐哈尔大学为例[J].理论观察,2014(6).

[41] 李以明.地方高校实验室管理信息化建设实践[J].实验技术与管理,2015(8).

[42] 梁晓彤,徐践,高超.高校教育信息化评价指标体系探讨——以北京市高校为例[J].河北农业大学学报(农林教育版),2014(4).

[43] 刘芳,高梓源,陈雨花.进阶教育背景下经管类实验室建设探究——以地方

新申硕高校为例[J].教育理论与实践,2023(24).
[44] 刘海宁,王晓磊,楚丹琪,等.现代商科实验室信息化平台环境的构建与效用[J].实验技术与管理,2019(1).
[45] 刘海宁,王晓磊,楚丹琪,等.基于行为科学的大数据技术对经济学实验教学的影响[J].实验室研究与探索,2019(2).
[46] 刘晓琴,戴桂君,代显华.基于AHP的高校多媒体教学有效性指标的权重确定[J].实验技术与管理,2017(10).
[47] 刘星.经济管理实验室建设与管理导论[M].重庆:重庆大学出版社,2007.
[48] 刘家明.公共管理实验室建设探讨[J].实验技术与管理,2010(1).
[49] 刘美英,金永昌,左合君,等.建设开放实验室 培养学生的创新能力[J].实验室研究与探索,2015(12).
[50] 马国巍,王国军.经济管理类实验室开放的利弊及对策研究[J].边疆经济与文化,2011(11).
[51] 马同涛,牛东晓,郭鑫.经管类虚拟仿真实验教学中心建设研究——以华北电力大学为例[J].教育教学论坛,2017(51).
[52] 莫秋云.管理心理学在学生创新能力培养方面应用的探索与实践[J].科技创新导报,2010(2).
[53] 孟磊,周艳山.基于虚拟仿真实验的经管专业实践教学体系探究[J].教育教学论坛,2023(17).
[54] 彭宇,庞景月,刘大同,等.大数据:内涵、技术体系与展望[J].电子测量与仪器学报,2015(4).
[55] 钱方明.地方高校经济管理实验教学示范中心建设的若干问题探讨[J].实验室研究与探索,2008(12).
[56] 乔兴旺,曹端,李洋,等.经济管理类实验室建设实践与探索[J].实验技术与管理,2007(2).
[57] 乔兴旺.高校经济管理实验队伍建设方法研究[J].河南商业高等专科学校学报,2011(6).
[58] 全晓莉,周南权,余永辉.基于虚拟仪器技术的网络实验系统的研究[J].计算机工程与设计,2011(9).
[59] 任竹芸.高校经济管理类实验教学示范中心建设的思考[J].中国集体经济,2008(Z1).

[60] 尚珊珊,尤建新.高校经济管理实验室建设研究[J].陕西师范大学学报(自然科学版),2007(2).

[61] 石岩,陈雷,易杰,等."一个中心,两个平台,三支队伍"实验室建设模式探索[J].实验室研究与探索,2008(6).

[62] 沈羽嚣,彭敏俊.国家实验室管理体制与运行机制思考[J].科技与管理,2009(1).

[63] 盛苏英.创新实验项目建设的实践[J].实验室研究与探索,2011(9).

[64] 宋杰鲲.经济管理类数据挖掘技术课程教学探析[J].价值工程,2011(9).

[65] 宋刘斌,肖忠良,曾巨澜.论地方高校实验教学示范中心建设[J].实验科学与技术,2013(3).

[66] 孙金凤,安贵鑫,苏辉,等.ERP沙盘模拟教学质量提升的关键点控制研究[J].实验技术与管理,2021(3).

[67] 陶熠.实现高质量就业的经管类专业创新创业教育体系构建与实践[J].高教学刊,2022(11).

[68] 覃雄派,王会举,杜小勇.大数据分析——RDBMS与MapReduce的竞争与共生[J].软件学报,2012(1).

[69] 汤洁,杨祖幸,赵西雄,等.国家级实验教学示范中心建设的探讨[J].实验科学与技术,2008(5).

[70] 涂宇清.关于经济管理学科实验室建设的分析与思路[J].实验技术与管理,2008(6).

[71] 万桂怡,崔建军,张振果.高校虚拟实验平台的设计及实践[J].实验室研究与探索,2011(3).

[72] 王子健.集成化财务管理实验室建设研究[J].财会学习,2017(8).

[73] 王梅源,郑双怡,张劲松,等.基于"云"的信息管理实验室建设分析与思考[J].实验技术与管理,2015(11).

[74] 王晓磊,刘海宁.浅析高校经管类实验教学建设的困难与对策——从经管类与理工类实验教学差异角度[J].高校实验室工作研究,2016(1).

[75] 王晓磊,刘海宁.论数据科学在经管专业实验教学中应用的重要性[J].实验技术与管理,2016(4).

[76] 王晓磊,刘海宁,楚丹琪.北美高校金融实验室建设特点分析及借鉴[J].实验技术与管理,2018(3).

[77] 王晓华,王杰,李海燕,等.高校开放实验室建设的探索[J].实验室研究与探索,2013(9).

[78] 王丽琼,王超.以经济管理专业实验教学示范中心的建设为契机促进实验室开放[J].中国管理信息化,2012(7).

[79] 王毅,张瑞华,彭美华,等.工商管理实验室前期建设的基础性研究[J].实验科学与技术,2012(2).

[80] 王礼贵.国家级经济管理实验教学示范中心的建设与实践[J].实验室研究与探索,2011(2).

[81] 王生年,谢军.对经济与管理实验教学示范中心建设的实践与思考[J].石河子大学学报(哲学社会科学版),2009(6).

[82] 王艳武,吴睿.企业协同运营虚仿实验教学设计研究[J].信息系统工程,2023(3).

[83] 王改性.经济管理类开放实验室建设与管理研究——以河南科技学院经济管理实验教学示范中心为例[J].河南科技学院学报,2012(12).

[84] 韦素娟.经管类专业虚拟仿真实验教学资源建设与实践[J].福建江夏学院学报,2019(5).

[85] 魏瑾瑞,蒋萍.数据科学的统计学内涵[J].统计研究,2014(5).

[86] 蔚赵春,凌鸿.商业银行大数据应用的理论、实践与影响[J].上海金融,2013(9).

[87] 肖玉巍,高智琛.高校实验室管理体制改革的实践[J].实验技术与管理,2011(8).

[88] 肖泽磊,韩顺法,张镁予.商科专业管理心理学实验室的建设[J].实验室研究与探索,2012(12).

[89] 谢青,吴元喜,杨广笑.开放实验室管理模式的探索[J].实验科学与技术,2013(4).

[90] 徐瑶,顾晓燕."VR情境"模式下经管类专业实训教学体系研究[J].江苏科技信息,2019(26).

[91] 许娜.经济管理实验室服务器虚拟化策略[J].科技情报开发与经济,2010(8).

[92] 杨晓燕,钱伟兴,陈宁.培养创新性人才的实验教学体系与模式探究[J].实验室研究与探索,2009(11).

[93] 尹龙,张莉,赵莉,等.虚拟仿真技术与创新创业教育深度融合研究[J].实验技术与管理,2018(4).

[94] 印德中.高校公共管理实验室建设现状及对策探讨[J].实验技术与管理,2014(1).

[95] 俞立平.大数据与大数据经济学[J].中国软科学,2013(7).

[96] 袁良蓉,刘勋章.经济管理类专业"综合仿真模拟实验室"建设初探[J].高校实验室工作研究,2008(1).

[97] 袁涛,钱铭杰,余菡,等.土地资源管理专业实验教学中心建设研究[J].实验技术与管理,2012(1).

[98] 张蕾,王兴华,路璐.开放实验室与创新型人才培养[J].教育教学论坛,2016(2).

[99] 张玲.高校经济管理实验中心实验室开放项目优化研究——以嘉兴学院为例[J].嘉兴学院学报,2014(5).

[100] 张丽莲.基于信息化手段的实验室管理模式探索[J].实验室研究与探索,2010(7).

[101] 张清祥.地方高校创建省级实验教学示范中心的探索与实践[J].实验技术与管理,2013(8).

[102] 赵霞,林天华,王素贞.新财经教育改革下的实验室建设[J].实验室研究与探索,2021(7).

[103] 赵宇虹,裴育希.高校经管类实验教学中心的建设与发展[J].知识经济,2012(19).

[104] 周娅,魏德强,廖维奇,等.机电综合工程训练中心建设的探索与实践[J].实验技术与管理,2011(12).

[105] 朱扬勇,熊赟.数据学[M].上海:复旦大学出版社,2009.

[106] 朱莹,朱名日.国家级示范中心实验教学管理模式的探索与实践[J].实验室科学,2010(6).

后　　记

经过深入的探讨和详尽的分析，本书全面地展示了虚拟仿真技术在我国高校经济管理专业实验教学领域的应用现状与发展潜力。通过论述，本书不仅为读者提供了一个关于经管类虚拟仿真实验室建设与管理的宏观认识，也为致力于提升我国高校经管类实验室建设与管理工作水平的各位教师提供了理论经验和实践参考。

在全书的各个章节中，我们可以清晰地认识到虚拟仿真实验室在我国高校经管类专业实验教学中扮演着日益重要的角色。它不仅为学生提供一个模拟真实商业环境的学习平台，使他们能够在没有实际风险的情况下进行实践操作，而且通过高度模拟的商业活动，培养学生的决策能力、创新思维和团队协作能力。虚拟仿真实验室的建设和应用，有效地提高了教学资源的利用效率，降低了实验成本，同时也为教师提供了新的教学方法和研究手段。

未来，随着技术的不断进步，尤其是人工智能、大数据、云计算等前沿技术的融合，虚拟仿真实验室的发展前景将更加广阔。可以预见，未来的虚拟仿真实验室将更加智能化和个性化，能够根据学生的学习行为和需求提供定制化的学习内容和路径。同时，虚拟现实（VR）和增强现实（AR）技术的应用，将使学习体验更加沉浸式，增强学生的学习兴趣和参与度。此外，5G网络的普及将支持更大规模的在线协作和远程访问，打破地理和资源的限制，提供更加丰富和多样化的教育资源。在教育政策和法规遵守方面，本书强调实验室建设必须遵循国家教育政策和相关法律法规，确保实验室的合规性。这不仅涉及实验室的建设标准、经费使用、数据保护等方面，还包括知识产权保护、合同履行等法律问题。通过合规性检查与审计，实验室能够确保其运行的合法性和规范性，为高质量的教学和科研活动提供坚实的法律保障。在战略规划方面，本书提出了面向未来的实验室发展战略规划，包括教育政策变化对实验室的影响、长期发展目标的制定、战略规划方法与实施等。这些规划不仅需要考虑实验室内部的资源配置和技术整合,还需要关注外部环境的变化,如市场需求、技术进步等。通过科学的环境分析、趋势预测和目标设定,实验室能够制定出符合时代发展趋势的战略规划,从而在未来的教育竞争中保持领先。

随着技术的革新和教育模式的变革,虚拟仿真实验室必将迎来更加辉煌的明天。我们非常期待,我国的经管类虚拟仿真实验室能够培养出更多适应未来商业环境的高素质人才,为我国经济社会的发展作出更大的贡献。

本书是上海大学建设地方高水平大学项目的阶段性成果,是教育部产学合作协同育人项目(2024年8月批次,项目编号:240806396281923)的阶段性成果。在本书的编写过程中,上海大学的沈瑶教授、殷凤教授、尹应凯教授等多位专家教授对书稿提出了宝贵的建议和意见,上海大学出版社编辑对书稿进行了认真的审校。对于各方给予的支持和帮助,我们在此表示衷心的感谢!本书由王晓磊和刘海宁负责撰稿、统稿和修订。由于编者能力水平有限,书中不免有错误之处,恳请各位读者批评赐教。